하나님의
뜻과 세계 역사

하나님의 뜻과 세계 역사

발행일	2023년 2월 3일

지은이	김수태		
펴낸이	손형국		
펴낸곳	(주)북랩		
편집인	선일영	편집	정두철, 배진용, 김현아, 윤용민, 김가람, 김부경
디자인	이현수, 김민하, 김영주, 안유경	제작	박기성, 황동현, 구성우, 권태련
마케팅	김회란, 박진관		
출판등록	2004. 12. 1(제2012-000051호)		
주소	서울특별시 금천구 가산디지털 1로 168, 우림라이온스밸리 B동 B113~114호, C동 B101호		
홈페이지	www.book.co.kr		
전화번호	(02)2026-5777	팩스	(02)3159-9637

ISBN	979-11-6836-715-9 03230 (종이책)	979-11-6836-716-6 05230 (전자책)

(주)북랩 성공출판의 파트너
북랩 홈페이지와 패밀리 사이트에서 다양한 출판 솔루션을 만나 보세요!
홈페이지 book.co.kr • **블로그** blog.naver.com/essaybook • **출판문의** book@book.co.kr

작가 연락처 문의 ▶ ask.book.co.kr
작가 연락처는 개인정보이므로 북랩에서 알려드릴 수 없습니다.

하나님의 뜻과 세계 역사

지구촌의 역사가 곧 하나님의 역사하심이다

하나님의 뜻에 근거하여 분석한
세계 주요 국가들의 흥망성쇠

김수태 지음

서문

이 책을 쓰게 된 것은 온전히 우리 하나님의 은혜입니다. 제가 감히 이 엄청난 제목을 생각이나 했겠습니까? 어찌 이러한 제목의 책을 써 내려갈 수가 있었겠습니까? 이는 오로지 하나님께서 깨닫게 해 주시고 지혜를 주셔서 가능한 일이었습니다. 무한하신 사랑의 하나님께 감사를 드립니다.

평소에 저는 이러한 생각들을 해 왔습니다.

'나라의 흥망성쇠(興亡盛衰)는 무엇 때문일까?', '한 개인의 흥망성쇠는 무엇 때문일까?', '세계를 호령하던 대제국 영국이 왜 그 주도권을 식민지였던 미국에 주고 말았을까?', '하나님의 사랑과 경제는 어떠한 관계일까?' 등에 대한 것들은 필자의 주된 관심사(關心事)들이었습니다.

하나님의 뜻과 세계 역사

(1) 성경 번역의 역사가 무엇을 말하고 있을까?

ⓐ 구약성경은 히브리어(이스라엘어)로 쓰여져 있다

ⓑ 신약성경은 헬라어(그리스어)로 쓰여져 있다

필자는 여기서 한 가지 의문을 제시하고자 한다. 왜 신약성경이 히브리어가 아닌 헬라어로 기록되었을까 하는 의문이다.

예수 그리스도께서는 유대인이요, 탄생하신 곳도 이스라엘 땅 베들레헴이다. 주된 활동 장소도 이스라엘 땅이다. 그렇다면 예수 그리스도께서 탄생하신 히브리어로 쓰여짐이 당연한 것이다.

더구나 신약성경은 예수 그리스도의 복음 전파에 대하여 쓰여진 말씀들인데, 이는 당연히 히브리어로 기록이 되어야 하는 것이다. 그런데 신약성경은 헬라어로 쓰여져 있다. 그 이유는 무엇일까? 이렇게 된 이유가 무엇일까? 과연 신약성경이 헬라어로 쓰여진 데 대한 하나님의 뜻은 무엇일까? 하고….

필자가 갖는 의문에 대하여 하나님의 뜻을 찾아가는 일도 흥미로운 일이라 생각을 해 본다.

"네가 만일 네 아비 다윗의 행함같이 마음을 온전히 하고 바르게 하여 내 앞에서 행하며 내가 네게 명한 대로 온갖 것을 순종하여 나의 법도와 율례를 지키면…(중략)…이스라엘 왕위를 영원히 견고히 하려니와 만일 너희나 너희 자손이 아주 돌이켜 나를 좇지 아니하며 내가 너희 앞에 둔 나의 계명과 법도를 지키지 아니하고 가서 다른 신(神)을 섬겨 그것을 숭배하면 내가 이스라엘을 나의 준 땅에서 끊어 버릴 것이요 내 이름을 위하여 내가 거룩하게 구별한 이 전(성전)이라도 내 앞에서 던져 버리리니 이스라엘은 모든 민족 가운데 속담거리와 이야기거리가 될 것이며(열왕기상 9:4-7)"

필자는 위의 말씀에서 분명한 하나님의 뜻을 알 수가 있다. 그것은 하나님의 말씀을 지켜 행하면 복을 받을 것이고 반대로 말씀을 지켜 행하지 아니하면 이스라엘을 하나님이 주신 가나안 땅에서 끊어버리신다는 점이다. 심지어 성전까지도 던져 버리신다. 그리하여 이스라엘은 만방으로부터 속담거리와 이야기거리가 되게 하신다는 것이다.

이상의 깨달음에서 신약성경이 히브리어가 아닌 헬라어로 쓰여진 사실에 대해 해석해 볼 수가 있는 것이다. 하나님의 뜻은 이사야 선지자(B.C. 700년경)를 통하여 '메시야'를 보내신다고 예언해 오셨다. 이스라엘 사람들도 자신들을 구원하실 '메시야(구세주: 예수 그리스도)'를 기다렸다. 그럼에도 불구하고 이스라엘 사람들은 메시야이신 예수 그리스도를 환영하지 아니하였고 오히려 십자가에 못을 박아 죽인 것이다. 그 죄가 너무나 크다는 것을 알아야한다. 그리하여 신약성경이 히브리어가 아닌 헬라어로 쓰여진 것이다. 예수 그리스도의 복음이 전파된 지역들이 헬라어를 사용하던 헬라 문화권이었다. 하나님은 예수 그리스도를 환영하는 사람들이 사용하는 언어로 신약성경을 쓰게 하신 것이다.

ⓒ 헬라어로 성경이 번역되고 쓰여졌다

※ 헬라어로 구약성경을 번역하다

'70인역' 성경은 구약성경(히브리어)을 '헬라어'로 번역한 최초의 번역본이다. B.C. 3세기에서 B.C. 1세기까지 조금씩 번역되고 편집된 번역 성경이다.

이는 당시 헬라 지역으로 흩어진 유대인들을 위한 성경 번역이며, 이때는 헬라 문화가 꽃을 피웠던 시기였다. 중요한 것은 헬라어로 구약성경이 번역되어서 널리 읽혀졌다는 사실이다.

※ 신약성경이 헬라어로 쓰여졌다

신약성경이 헬라어로 쓰여진 1세기부터 4세기까지는 헬라 문화가 꽃을 피웠던 시기라 할 수가 있다. 그러나 그리스 문화가 시들어지는 때가 오고 말았다.

그 이유는 에피큐로스 학파의 사상이 그리스인들을 타락하게 했기 때문이다. 에피큐로스 사상은 '쾌락'이 일상생활의 잡다한 일을 초월한 정신 상태라 했다. 그리스인들은 이 학파의 사상에 흠뻑 빠져서 일찍이 타락했다(로마인의 흥망성쇠 원인론, 몽테스키외, p. 112). 따라서 저들은 헬라어로 번역한 구약성경의 복과 헬라어로 쓰여진 신약성경의 복을 3~4세기 만에 차 버리고 만 것이다.

ⓓ 라틴어로 성경을 번역하다

로마의 황제 '콘스탄티누스'가 313년 밀라노 칙령을 통하여 기독교를 로마의 합법적인 종교로 인정을 하였다. 그후 4세기 후반

'다무수스 1세' 교황이 로마 교회가 사용할 라틴어 번역본을 만들라는 지시를 '히에로 니무스'에게 내렸다. 그리하여 라틴어 번역본이 만들어진 것이다. 그 번역본을 '불가타'본이라 한다. 즉, 세계에서 최초로 성경이 라틴어로 번역된 것이다. 이때부터 세계의 중심이었던 로마가 라틴어판 성경을 사용함으로써 지중해 중심의 라틴 문화가 꽃을 피우게 된 것이다. '구텐베르크'가 1450년 인쇄한 성경이 바로 불가타 성경이다. 이처럼 라틴어 성경이 번역됨으로써 라틴 문화의 꽃이 1,000여 년 이상 지속되었음을 알 수가 있다.

ⓔ 영어로 성경을 번역하다

✠ 위클리프 성경

영국의 종교개혁가 '존 위클리프'가 영어로 성경을 번역하였다. 그때가 1382년이었으며 그 번역본을 '위클리프 성경'이라 했다. 이때 사용한 성경이 라틴어판 '불가타' 성경이었다.

✠ 윌리엄 틴들의 성경

'영어 성경의 아버지'라 불리는 '윌리엄 틴들'은 히브리어 구약과 헬라어 신약성경을 텍스트로 하여 영어로 성경을 번역한 사람이다. 그는 1535년 네덜란드에서 교황의 사자에게 체포되어 1536년 화형에 처해지기까지 영어로 성경을 번역하기에 온 힘을 기울였다. 그의 영어 성경 번역이 마침내 결실을 거두어서 '킹 제임스'의 명령으로 영어 성경을 완성하기에 이른다.

✛ 킹 제임스 성경

　'킹 제임스'는 1604년 47명의 학자들에게 영어로 성경을 번역을 하게 했다 그리하여 마침내 1611년에 완역을 하게 되었다. 그 성경이 바로 '킹 제임스 성경'이다. 킹 제임스 성경은 영어권의 사람들이 가장 많이 읽는 성경이 되었으며, 1789년 '조지 워싱턴' 미국의 초대 대통령이 취임식 때 사용한 성경이기도 하다. 이때로부터 영국은 그간의 성경 번역의 노력 등으로 인하여 세계의 강대국으로 발돋움하게 된 것이다. 영국이 세계의 최강대국으로 발전된 나라가 됨이 결코 우연이 아닐 것이다.

ⓕ 독일어로 성경이 번역되다

　종교개혁가 '마틴 루터'는 교황의 온갖 박해에도 굴하지 아니하고 마침내 독일어로 성경을 번역하기에 이른다.
　그가 번역에 사용한 성경은 히브리어 구약성경과 헬라어 신약성경이었다. 그는 1522년에 멜랑히톤과 의논하여 신약성경을 번역 출판하였으며, 1534년에는 신·구약성경을 완역하기에 이른다. 이로써 독일어로도 성경을 읽을 수 있게 된 것이다.

ⓖ 필자의 깨달음

　성경 번역의 역사는 그 시대 문화의 꽃을 피우는 계기가 되었음을 분명히 알 수가 있다 할 것이다. 헬라어로 구약성경이 번역되고(70인역) 헬라어로 신약성경이 쓰여졌을 때에는 그리스 문화가 꽃을 피웠으며,

라틴어로 성경이 번역되었을 때에는 라틴 문화가 세계를 지도하는 문화가 되었으며, 영어로 번역이 되었을 때에는 영어권의 문화가 세계를 지도하는 문화가 되어 있음을 알 수가 있다.

그리고 분명히 알 수가 있는 것은 하나님의 말씀을 지키는 나라였을 때와, 지키지 않았을 때의 나라의 운명은 다르다는 것이다. 하나님의 선택을 받은 이스라엘이라 해도 하나님의 말씀을 지켰을 때와 지키지 않았을 때가 다르다는 것이다. 하나님의 말씀은 무엇일까? 그것은 성경에 잘 나타나 있다.

'다윗 왕'과 '솔로몬 왕' 사이에는 큰 차이가 있다. 오늘날의 세계는 영국에서 미국으로 그 주도권이 넘어가 있다고 할 수가 있다. 결코 우연이 아니라는 것이다.

우리가 힘 쓸 일은 어떻게 하면 하나님의 뜻을 잘 따를 수 있을까 하는 문제다. 그 일이 나라와 개인의 흥망성쇠의 이유가 되기 때문이다.

2023년 2월
김수태

 '인류의 역사는 어떻게 진행되어 왔는가?', '누가 이 세계의 역사를 운행하고 있는가?' 이 질문에 대답할 사람이 있을까? 그에 대답을 한다 해도 일부분일 것이며 온전한 답은 할 수가 없다 할 것이다.

 그러함에도 불구하고 필자는 그 답을 해 보려고 시도하고 있다. '세계의 역사는 누가 운행하는 것인가?' 그 대답을 해 보려는 것이다.

 『100년 후』라는 책에서 저자인 '조지 프리드만'은 미래를 예측할 때 "상식은 어김없이 인간을 배반한다(100년 후, p. 357)"라고 주장하고 있다. 그 이유를 세계의 역사를 들어서 설명하고 있다. 인간의 상식대로 세계의 역사는 운행되어 오지 않았다는 것이다.

 21세기 세계 최강대국인 미국에서 2001년 9·11 사태가 일어났다. 그 누가 이러한 사건이 일어날지 상상이나 했겠는가?

 과학 발전의 큰 진전으로 인류는 더욱더 안전하고 평화로우며 번영 속에 살아가리라는 인간의 상식에 2019년 코로나19는 엄청난 도전으로 다가왔다. 참으로 인간의 상식대로 세계의 역사가 운행되지 않고 있다는 것이 사실(fact)로 우리 앞에 다가온 것이다.

그렇다면 과연 인간의 상식을 뛰어넘은 그 무엇이 있는 것인가? 분명히 그 무엇인가가 있기에 인간의 상식대로 역사가 운행되지 않는 것이다.

그 무엇은 분명히 있다.

필자는 그 무엇의 자리에 창조주 하나님을 넣는다.

하나님께서 이 세계의 역사를 운행하시는 분이시다.

성경은 이미 그것을 증언하고 있다.

세계는 하나님의 것이라고(출애굽기 19:5 - the whole earth is mine). 그리고 세계의 운행자는 하나님 자신이라고(시편 104편).

성경이 증언하고 있는 것을 그 누가 부정하겠는가? 그렇다면 우리는 성경이 증언하는 그 말씀을 세계의 역사를 보는 관점으로 삼고 세계의 역사를 진단하며 대답을 해 보아야 한다.

필자는 그것을 하려고 하는 것이다.

(1) 책을 쓰는 관점

필자는 하나님께서 사람을 향해 주시는 중요한 하나님의 뜻이 있음을 생각하면서 아래의 4가지 관점으로 이 책을 써내려 가고자 한다.

ⓐ 하나님의 일을 하는 자

✠ 보시기에 좋았더라(it was good)

창조주 하나님께서는 6일 동안 천지창조를 하시고는 그 창조물을 보시고는 보시기에 좋았더라 하셨다. 창세기 1:10에 하나님이 뭍을 땅이라 칭하시고 물을 바다라 칭하시니라. 하나님이 보시기에 좋았더라(it was good) 하셨다. 하나님의 창조물들은 좋은 것이며 선한 것이다. 그러므로 하나님의 일은 선하고 좋은 것들이다.

✠ 예수 그리스도를 믿음이 하나님의 일이다

어떤 사람이 예수께 묻기를 "우리가 어떻게 하여야 하나님의 일을 하오리이까." 예수님의 대답은 "하나님의 보내신 자를 믿는 것이 하나님의 일이니라(요 6:28-29)" 하고 대답하셨다.

하나님의 보내신 자는 바로 예수 그리스도시다. 그러므로 하나님의 일을 할 수 있는 길은 예수 그리스도를 믿는 것이다. 사람이 이 땅에서 하나님의 일을 할 수 있는 길은 예수 그리스도를 구주로 믿는 믿음의 일이다. 예수님을 믿음으로써 인생관이 달라지고, 세계관이 달라져서 인생의 초점을 하나님의 뜻에 맞추어서 살아갈 수가 있는 것이다.

⑥ 생육하고 번성하고, 땅에 충만하라 / 자녀 생산(Be fruitful and increase in number, fill the earth)

창세기 1:27-28을 보면 사람을 창조하시고는 사람에게 복을 주시고, 생육하고 번성하여 땅에 충만하라, 땅을 정복하라, 바다의 고기와 공중의 새와 땅에 움직이는 모든 생물을 다스리라 하신다.

God blessed them and said them.

Be fruitful and increase in number, fill the earth and subdue it.

사람을 창조하시고 가장 먼저 말씀하시는 것이 "생육하고, 번성하여 땅에 충만하라"이다. 그러니까 사람의 숫자가 많아지라는 말씀이다.

『100년 후』책에서(미국과 멕시코의 관계에서)가장 중요하게 등장하는 문제는 바로 미국의 인구 감소와 미국 남부 주에 멕시코인의 수가 증가하는 문제(100년 후, p.328)라 주장하고 있다.

이미 인구 감소의 문제는 세계의 중요한 이슈이다. 중국까지도 인구 생산 장려 정책을 펴고 있다. 이 인구 문제도 하나님의 손에 달려 있다는 것이다(인구 증가 - 신명기 6:3, 인구 감소 - 레위기 26:22, 신명기 4:27, 신명기 28:62).

민수기(numbers)에는 시므온 지파에 대한 중요한 시사점이 있다. 하나님의 명령을 받은 모세가 이스라엘의 인구 조사를 실시한다(민 1:1-54).

이때에 시므온 지파의 20세 이상 남자의 수는 59,300명이다. 그 후 39여 년이 지난 후 2차 인구조사가 실시된다. 이때에 시므온 지파의 수는 22,200명이다. 불과 40여 년이 지나지 않아서 37,100명이 줄어들었다. 시므온 지파의 숫자는 현격하게 감소되었고, 그 인구의 절반도 남지 않았다.

대신에 므낫세 지파는 1차 때는 32,200에서 2차 때는 52,700명으로 20,500명이 증가되고 있다. 민수기(numbers)서가 시사하는 바와 같이 숫자는 중요하다. 시므온 지파는 현격하게 줄어들었고, 므낫세 지파는 크게 증가하였다.

이는 무엇을 의미하는 것일까? 분명히 민수기서를 통하여 하나님은 그 무엇을 우리에게 시사하는 것이 있는 것이다.

　필자는 그 뜻을 아는 길은 창세기 49장에서 야곱이 12명의 아들들의 장래 일을 축복하는 말씀에서 알 수 있다. 즉, 시므온은 저주를 받을 것이라고 했고 요셉(므낫세)은 축복을 받을 것이라고 했다.

ⓒ 너는 나 외에는 다른 신들을 네게 있지 말지어다 / 하나님 경외(출 20:3)

You shall have no other gods before me.

　하나님께서는 다른 신을 섬기는 것을 금하시고 있다. 이스라엘 민족이 하나님 앞에서 행하는 죄 중에 가장 무거운 죄가 다른 신을 섬기는 행위이다. 십계명을 설명하면서, 하나님 자신은 질투하는 신이라며 다른 신을 섬기는 것을 금하신 것이다.

　출애굽 여정에서 이스라엘이 싯딤에 머문 때에 이스라엘 백성들이 모압 여자들과 음행을 하면서 '바알브올' 신에게 절하는 사건이 일어났다.

　하나님께서 진노하시면서 저들에게 전염병을 보내어서 24,000명(민 25:9)을 죽였다. 다른 신을 섬기는 자들은 진멸시키시는 분이심을 저들에게 보여 준 것이다.

　이스라엘이 가나안 땅에 들어갈 때에 명령을 받은 것은 가나안 땅의 사람들을 진멸하라(completely destroy them)는 명령이다. 호흡이 있는 자는 하나도 살려두지 말라고 하신다. 그 이유를 다음의 성경 구절에서 설명하시고 있다.

　"이는 그들이 그 신들에게 행하는 모든 가증한 일로 너희에게 가르쳐 본받게 하여 너희로 너희 하나님 여호와께 범죄케 할까 함이니라(신 20:18)"

이처럼 하나님께서는 가나안 7족속을 진멸하라는 이유를 설명해 주시고 있다. 그러니까 이방 신들의 풍속을 차단하기 위해서 저들을 진멸하라는 것이다.

그렇다면 이방 신들의 풍속은 왜 악한 것인가? 당시의 바알 신전에는 거룩한 창녀들이 있어서 남자들은 저들과의 음행을 즐기도록 했으며, 몰록 신에게는 산 사람을 제물(신 12:31, 레 18:21, 렘 7:31-32)로 바치게 하는 등 사람들에게 악한 일들을 하게 한 것이다.

오늘날도 이방 종교가 주도하는 나라에는 남녀의 차별이 제도화되어 있고, 일부다처제가 있으며, 1826년 영국의 '윌리암 벤팅크트'가 인도의 총독이 되었을 때에 법적, 사회적 제도를 개혁했는데 그 중요한 개혁이 '미망인 화장(suttee)'의 불법화였다(박지향, 영국사, 서울, 까치글방, 1997, p. 80). 그러니까 미망인이 되면 그 나이와 관계없이 산 채로 화장이 되어야만 하는 사회가 인도 사회였다는 것이다. 그러한 제도가 1826년까지 시행되고 있었다고 한다.

사람을 창조하신 하나님께서는 사람의 생명을 경시하고, 사람이 억압받고, 차별받는 제도를 인정하는 이방 종교를 인정할 수 없는 것이다.

하나님의 형상으로 창조된 사람(창 1:27)은 존귀한 존재이다. 그 존귀한 존재를 파괴하는 제도나 종교를 진멸하실 수밖에 없는 것이다.

그러기에 하나님은 하나님을 섬기지 않는 행위를 악한 행위로 정하고 있는 것이다.

"네 하나님 여호와를 버림과 네 속에 나를 경외함이 없는 것이 악이요 고통인줄 알라 주 만군의 여호와의 말이니라(예레미야 2:19)"

ⓓ **살인하지 말라**(출애굽기 20:13 - You shall not murder)

살인하지 말라는 명령은 그 뜻이 분명하다. 사람이 다른 사람의 생명을 빼앗는 행위야말로 하나님의 창조의 정신에 정면으로 대항하는 행위이다. 그러기에 십계명 중에 한 계명으로 살인하지 말라고 명령을 하시는 것이다.

그러나 인간의 역사가 시작된 이래 수많은 전쟁과 그리고 전염병 등으로 인하여 수많은 생명들이 죽어갔다. 사람의 죽음에는 하나님이 죽이시는 경우가 있고, 사람들이 자기 뜻대로 전쟁을 하고 죽이는 경우가 있다.

✠ **하나님의 전쟁**

하나님께서는 하나님의 뜻을 세우시기 위해서, 그리고 하나님의 백성들을 지키기 위해서 싸우신다(출 14:14, 신 1:30, 수 10:14 등).

- 노아 때의 홍수 사건: 노아의 가족 8명과 방주에 들어간 생물들을 제외하고는 땅의 모든 호흡이 있는 생물들을 다 죽이셨다. 이는 사람들의 죄가 너무나 커서 그리하신 것이다.
- 홍해 바다에서 애굽의 군인들을 수장시키시다: 애굽의 바로 왕과 그 군대가 하나님의 뜻인 출애굽하는 이스라엘을 막기 위하여 추격하다가 홍해에서 수장이 된 것이다.
- 출애굽 여정 중에 일어난 사건들: 이스라엘이 출애굽 여정 중에서 고라 일당이 하나님께서 세우신 지도자 모세를 반대하다가

250명이 일시에 죽었다(민 16:35). 이러한 일에 대하여 이스라엘 회중이 모세와 아론을 원망하다가 전염병으로 14,700명이 죽었다(민 16:49). 또한 싯딤에 머물 때에 이스라엘 남자들이 모압 여자들과 음행을 하고 그들의 신 바알브올 신에게 절을 하는 사건으로 전염병으로 24,000명이 일시에 죽고(민 25:9)말았다.

- 하나님의 백성 이스라엘을 지키시기 위하여 싸우신다: 유다의 왕 히스기야 때에는 앗수르 왕 산헤립이 유다를 공격해 왔는데 그 밤에 하나님의 사자가 앗수르 군사 185,000명을 다 죽였다(왕하 19:35). 또한 이스라엘의 사사 기드온이 지도하는 300명 용사가 미디안 연합군 135,000명을 격파하고 승리하는(사사기 7:2-8:10) 장면이 기록되어 있다. 이러한 전쟁은 하나님의 전쟁이다.

- 다윗 왕이 승리하게 하시다: 다윗 왕은 자신의 재임 시에 수많은 전쟁을 하였다. 사무엘하 8:1-18에는 블레셋 나라, 모압 나라, 소바 나라, 아람 나라, 하맛 나라, 에돔 나라 왕들과 전쟁하여 승리했다. 이러한 승리를 표현하기를 "다윗이 어디를 가든지 여호와께서 이기게 하시니라(삼하 8:6, 8:14)" 했다. 이는 다윗 왕의 그 무엇이 승리하게 한 것이 아니라 여호와 하나님께서 다윗으로 승리하게 하셨다는 것이다. 하나님은 자신의 종 다윗과 이스라엘을 지키시기 위하여 승리하게 해 주시는 것이다.

✠ 사람의 전쟁

세계의 역사가 시작된 이래 수많은 전쟁이 일어났다. 세계 제 1·2차 대전, 나폴레옹이 일으킨 전쟁, 중국이 한반도를 공격해 온 전쟁, 일본이 하와이 진주만을 공격한 전쟁, 노일 전쟁, 중일전쟁 등 수많은 전쟁으로 사람들은 죽어갔다. 이러한 전쟁은 사람의 뜻으로 일으킨 전쟁이기에 그 죗값을 일으킨 나라와 사람이 담당해야 하는 것이다.

※ 전염병으로 죽어가다

성경에는 하나님의 진노로 인하여 전염병(plague)이(민수기 16:49, 25:18) 일어나고 그리하여 사람들이 죽어갔다. 즉, 전염병은 하나님의 진노로 인하여 일어난 현상이며 하나님의 칼이 곧 전염병(역대상 21:12)이라 했다. 그러나 세계의 역사 속에서 일어난 전염병이 모두 하나님의 진노라고 딱히 표현된 바는 없다. 그러나 전염병이 일어나서 사람들은 죽어갔다.

- 흑사병이 창궐하다: 인류에게 닥친 가장 혹독한 시련인 흑사병은 1340년대에 유럽에서 확산되기 시작되어서 프랑스가 먼저 타격을 받았고, 런던에 병이 번지기 시작한 것은 1348년이었다고 한다. 1350년이 되면 1차 주기는 지나갔지만 1360-70년대에 전염병은 다시 확산되었다. 연대기 작가는 흑사병으로 유럽 인구의 40%가 사망했다 한다(박지향, 영국사, 서울, 1997, p. 262).
- 코로나19: 2019년 세계에 닥친 코로나19는 2021년 6월이 지나가고 있으나 여전히 세계인들을 위협하고 있다. '코로나19' 전염병으로 세계에서 사망한 사람의 숫자(3,871,409명, 1일 증가 6,678명, 2021년 6월 22일 통계)가 크게 증가하고 있다. 이 엄청난 도전 앞에 세계가 고통당하고 있는 것이다.

필자는 이상의 4가지의 관점에서 세계의 역사를 진단하고 나라들을 진단하려고 하는 것이다.

세계의 역사와 나라들을 진단하는 키워드로 4가지, '하나님의 일', '자녀 생산', '하나님 경외', '살인하지 말라'의 관점으로 글을 써 내려가고자 한다.

세계에는 200개가 넘는 나라들이 있다. 그 나라들마다 하나님과의 관계가 있을 것이다. 필자는 그 모든 나라들을 다 쓸 수가 없어서 아래의 10개 나라에 대해 쓰고자 한다.

이스라엘, 이탈리아(로마), 영국, 프랑스, 독일, 러시아, 미국, 중국, 일본, 대한민국(S. 코리아)이다.

하나님의 뜻과 세계 역사

차
례

이스라엘

이탈리아

영국

러시아

미국
United States of America

중국中國

일본日本

1. 일본에 대하여   346

2. 하나님의 뜻을 따르는 방향의 일본   374

3. 하나님의 뜻을 거스르는 방향의 일본   377

4. 일본의 미래   386

대한민국 S. 코리아

1. 코리아에 대하여   392

이스라엘

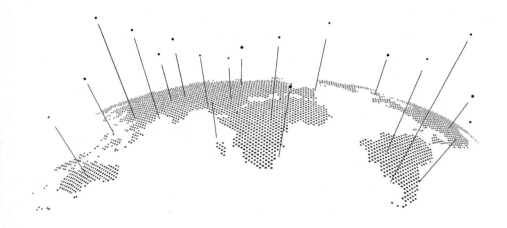

찬송가
109장 '고요한 밤 거룩한 밤'

성경
예수께서 이르시되
내가 곧 길이요 진리요 생명이니
나로 말미암지 않고는
아버지께로 올 자가 없느니라

(요한복음 14:6)

이스라엘에 대한
하나님의 뜻

이스라엘은 하나님께서 선택한 나라요, 선택한 백성이다. 이스라엘 사람들도 하나님께서 자신들을 선택하심을 자랑스럽게 말하고 있다. 선민(選民) 이스라엘이라 표현하는 것이다. 선민 이스라엘 사람들은 무엇보다도 하나님의 명령을 따라야 할 책임이 있다.

하나님은 저들 앞에 생명(生命)과 복(福), 그리고 사망(死亡)과 화(禍)를 두었다고 하셨다(신명기 30:15). 하나님의 명령을 지키면 복을 받아 번성할 것이요, 세계의 모든 나라들 위에 뛰어나게(신명기 26:19 - high above all nations) 해 주신다고 하셨다. 반대로 하나님의 명령을 따르지 아니하면 화를 당할 것이며 세계에 흩어 버림(신명기 28:64)을 당한다고 하셨다. 그러니까 이스라엘은 하나님께서 주시는 복을 받으면서 살 것인지, 아니면 화를 받으면서 살 것인지를 자신들이 결정해야 하는 것이다. 오늘날 유대인들은 세계에서 뛰어난(노벨상 수상자 비율 등) 사람들임을 증거하고 있으며, 인류의 복지에 공헌하고 있다.

그러나 유대인들은 2,000여 년 동안 나라 없이 세계에 흩어져서 살아왔다는 것 또한 사실이다. 이제 필자는 이스라엘 나라에 대하여 하나님의 뜻이 어떻게 나타나셨는가를 설명하고자 한다.

유대인들은 세계에
어떠한 공헌을 하고 있을까

하나님과 유대인의 관계를 생각해보자.

"세계가 다 내게 속하였나니 너희가 내 말을 잘 듣고 내 언약을 지키면 너희는 열국 중에서 내 소유가 되겠고 너희가 내게 대하여 제사장 나라가 되며 거룩한 백성이 되리라(출애굽기 19:5-6)"

우리는 위의 말씀에서 하나님과 유대인들 사이의 관계를 알 수가 있다.

(1) 창조주 하나님은 세계의 주인이시며
유대인은 하나님의 선택받은 민족으로서
하나님의 자녀다

"여호와께서 너를 그 지으신 모든 민족 위에 뛰어나게 하사 찬송과 명예와 영광을 삼으시고 그가 말씀하신 대로 너로 네 하나님 여호와의 성민이 되게 하시리라(신명기 26:19 - He has declared that he will set you in praise, fame and honor high above all the nations he has made and that you will be a people holy to the LORD your God, as he promised)"

(2) 유대인들에게 찬송과 명예와 영광으로
세계의 모든 민족 위에 뛰어나게 해 주시겠다고 하셨다

　성경에 기록된 대로 하나님은 유대인들에게 대단한 약속을 하시고 있다. 그것은 유대인들이 세계에서 뛰어난 사람들이 되게 해 주시겠다는 것이다. 과연 유대인들은 세계에서 뛰어난 민족이 되었을까?

　이 논제에는 수많은 공방이 있을 수가 있다. 그것을 필자가 부인하는 바는 아니다. 그러나 다만 현대의 세계에서 인류에게 공헌한 사람들에게 주어지는 노벨상을 받은 비율과 그리고 20~21C의 중요한 사건들에서 유대인들이 공헌한 바를 증거함으로써 하나님의 말씀대로 되어지고 있음이 아닌가 한다.

ⓐ 유대인들이 노벨상을 받은 비율

　전 세계에 유대인은 1,400만여 명 정도이며 세계 인구 대비 0.2%에 지나지 않는다. 그런데 유대인은 1901년 노벨상이 제정된 이래 가장 많은 수상자를 낸 민족이 되었다. 1901년에서 2011년까지 유대인이 받은 노벨상 수상자는 180명이며 22%라고 한다. 그러니까 0.2%의 유대인들이 노벨상을 22%나 차지한 것이다. 이는 인구수 대비 100배이니 단연 일당백인 셈이다(유대인 창의성의 비밀, 홍익희, 행성비, 서울, pp. 72-73).

　이처럼 노벨상 수상자의 비율로는 유대인이 단연 세계 최고의 뛰어난 민족이라 말할 수가 있다. 뿐만 아니라 20~21C의 오늘에 이르기까지 세계의 역사 속에서 중요한 공헌을 한 사람들 중 유대인들이 많다는 것 또한 우리는 알아야 할 것이다.

ⓑ 세계 역사에 공헌한 유대인들

✻ 알버트 아인슈타인(1879~1955, 독일 울름시)

그는 과학자로서 세계 역사에 큰 획을 그은 유대인이다. 그는 1905년 3월에 '광양자 가설', 6월에 '특수 상대성 이론', 9월에 '$E=mc^2$'를 발표하면서 「광양자 가설」이란 논문으로 노벨상을 수상하였다. 그는 '상대성 이론'의 대가이다.

그는 1933년 유대인들을 탄압하는 나치 독일을 떠나 미국으로 망명하기에 이른다. 그는 프린스턴 대학교의 교수로서 활동하면서 제2차 세계대전을 종식시킨 '원자폭탄'을 만드는 데 기여했다.

✻ 지그문트 프로이드(1856~1939, 오스트리아 빈)

그는 정신과 의사, 심리학자, 철학자로서 정신분석학의 창시자인 유대인이다. 1938년 6월 유대인들을 학살하는 나치 독일을 떠나 영국 런던으로 망명을 했다. 그가 인류에게 끼친 정신분석학은 후계자 카를 융에 의하여 더욱더 발전하였다.

✻ 토마스 에디슨(1847~1931, 미국 오하이오)

발명왕 토마스 에디슨은 말하기를 "천재는 1%의 영감과 99%의 노력으로 이루어진다"라고 했다. 그의 말처럼 그는 수많은 발명품을 만들어 냈다. 그의 발명품 중에는 전기에 대한 것들이 많았다. 특히 그가 '백열전구'를 발명함으로써 인류는 밤에도 낮처럼 밝게 살 수 있게 된 것이다. 그 공로로 1879년 10월 21일을

'에디슨 전구의 날'로 정하고 있다.

그는 축음기, 장거리 통화가 가능한 탄소 전화기, 영사기 등을 발명하여 인류에 공헌한 유대인이다. 현재 그가 소유한 특허는 1,093개로 알려져 있다. 전기에 대해서는 인류가 '유대인 발명가 토마스 에디슨'에게 감사해야 하는 것이다.

✸ 카를 란트슈타이너

혈액형 분류로 11억 명을 살린 의사다.

✸ 앨빈 토플러(1928~2016, 미국 뉴욕)

그는 1960년에 『미래 충격』이라는 책을 발간함으로써 세계인들에게 미래에 일어날 일들을 일깨웠다. 그는 1980년에 세계를 향하여 정보 혁명에 따른 '제3의 물결'을 선언한 미래학자이다. 그가 이룩한 업적은 '디지털 혁명', '통신 혁명', '사회 혁명', '기업 혁명', '기술적 특이성' 등에 대해 저술함으로써 앞날을 예견하였다는 것이다.

그가 유대인으로서, 미래학자로서, 다가오는 미래의 시대를 예견했다는 것은 가히 놀라운 일이라 할 수가 있다. 「파이낸셜 타임즈」에 따르면 토플러는 그의 생전에 "세계에서 가장 유명한 미래학자"라 불렸다고 한다.

✸ 로스차일드 금융그룹

✸ 미국 영화산업을 일구어낸 유대인들

영화 전문지 「프리미어」가 뽑은, '헐리우드에서 가장 영향력이 있는 영화인'으로 선정된 인물이 바로 스티븐 스필버그 감독이다. 그가 유대인 감독으로 촬영한 영화 제목은 놀라울 뿐이다. '죠스', '쥬라기 공원', '라이언 일병 구하기', '인디아나 존스', '쉰들러 리스트', '백 투 더 퓨처' 등이 있다. 또한 그는 제작자로서 '스타워즈'시리즈도 제작했다.

이처럼 영화산업에 큰 영향을 끼친 유대인들은 스필버그뿐만이 아니다. 영화산업을 일으킨 사람이 바로 '발명왕 에디슨'이다. 에디슨이 축음기, 활동사진 카메라, 영사기를 만들고 영화제작소를 만들어서 최초로 영화를 상영하였기 때문이다. 오늘날 헐리우드의 영화가 세계 극장가의 50%를 차지하고 있다는 것은 놀라운 일이 아닐 수가 없다. 그 영화산업에 유대인들의 역할이 대단하다는 것이다.

아울러 20C 무성영화 시대에 전 세계인들을 울리고 웃겼던 찰리 채플린도 유대인 영화배우였으며 폴 뉴먼, 율 부린너, 커크 더글라스, '인디아나 존스'로 유명한 해리슨 포드, '졸업'의 더스틴 호프만, 스티븐 시걸 등의 유대인 배우들이 있다.

위키백과사전에 소개된 유대인 배우만도 295명이 있다(유대인의 창의성의 비밀, 홍익희, 행성비, 서울, p. 45).

✖ 구글과 페이스북 창업자는 모두 유대인

구글의 공동 창업자 래리 페이지와 세리게이 브린, 메타(페이스북)창업자 마크 저커버그는 모두 유대인이다. 이들이 세계를 향하여 발표한 계획은 놀라움 그 자체다. 구글은 위성 4만 개를 쏘아 올리는 우주 IT사업 '스타링크'에 투자하고 있으며, 페이스북은 아프리카를 감싸는 해저 케이블을 깔아서 인터넷 보급을 추진하고 있다. 이들은 당장 돈이 안 되는 사업이라 해도 자신들의 꿈을 실현하고자 하는 것이다. 구글의 비전은 '세계 전체를 하나의 정보 공유 동아리'로 묶고자 한다. 페이스북의 비전도 '인류를 하나의 정보 교류 동아리'로 묶고자 하는 것이다(조선일보, 2022년 1월 11일, A32면).

이들은 유대인들의 사상 '티쿤 올람'을 실현하고자 하는 것이다. 즉, 이 세계를 좀 더 나은 이상 세계로 만들기 위한 노력이라는 것이다. 오늘날의 IT산업에 유대인들이 끼친 공로는 대단하다 할 것이다.

✠ 코로나19 백신 개발의 주역들이 유대인들

2019년부터 2022년 오늘에 이르기까지 세계는 온통 코로나19로 인해 걱정을 하고 있다. 자신의 생명과 직접적으로 관계가 있기에, 그리고 많은 제약을 받고 있기에 그렇다. 그래도 어느 정도 숨통을 열어준 것이 바로 백신의 등장이었다.

그 백신 개발자인 카탈린 카리코는 헝가리 대학에서 생명과학을 공부하면서 'mRNA' 연구에 몰두했다는 것이다. 그녀가 1989년 펜실베니아 의대 연구원으로 재직할 때에 면역학자 드루 와이즈만 교수와 함께 '와이즈만-카리코 프로젝트'를 실행했다. 그녀가 40여 년을 mRNA 연구에 매진한 결실이 코로나19로 인하여 빛을 보게 된 것이다. 카리코 박사는 독일 바이오 엔 테크사와 코로나19 mRNA 백신을 생산하였다.

코로나 백신에 공헌한 유대인 학자들은 드루 와이즈만 교수, 카탈린 카리코 바이오 엔 테크 부사장, 알버트 불라 화이자 CEO, 미카엘 돌스텐 화이자 최고 과학 책임자, 탈 작스 모더나 최고 의료 책임자 등이 있다. 실로 유대인들의 코로나 백신 개발에 세계인들은 감사해야 할 일이다.

오늘날의 유대인이 있게 한,
유대인의 특별한 것들

(1) 이스라엘은 그들만의
고유 언어와 글자를 가지고 있다

ⓐ 유대인에게는 히브리어가 있다

유대인들은 고대로부터 히브리어라는 자신들의 언어와 글자를 갖고 있었다. 히브리어는 B.C. 2,000년대 중엽에 생겨난 언어다. 구약성경이 히브리어로 쓰여졌다. B.C. 13세기 무렵에 쓰인 히브리어 성경이 있다.

그들은 바벨론 포로(B.C. 586년)로 잡혀 갔을 때에도 거기서도 히브리어를 사용하였다. 저들은 세계로 흩어졌을 때에도 유대 종교의 변질을 막기 위해서 '예배 의식'을 표준화했고, '히브리어 사전'도 만들었다(유대인 창의성의 비밀, 홍익희, p. 222). 그리하여 오늘날까지도 히브리어를 보존하고 사용할 수가 있었던 것이다.

ⓑ 성경이 히브리어로 쓰여졌다

세계에서 최초로 구약성경이 히브리어로 쓰여졌다. 하나님의 뜻을 담은 성경 말씀이 이스라엘 사람이 사용하는 언어인 히브리어로 쓰여졌던 것이다. 그것도 B.C. 13세기에 말이다. 이 얼마나 기적 같은 일인가?

(2) 기원전에 의무교육이 실시되었다

세계에서 가장 먼저 의무교육이 실시된 나라가 이스라엘이다. B.C. 78년부터 9년간 이스라엘을 통치한 살로메 알렉산드리아 여왕은 국론 통일을 위해서 신앙심을 고취하기로 하고 전 국민이 성경을 읽을 수 있게 하기 위해 전국에 초등학교를 세우고 의무교육을 실시하였던 것이다. 이렇게 세계에서 최초로 의무교육을(유대인 창의성의 비밀, 홍익희, p. 223) 실시한 나라가 되었던 것이다.

당시의 세계인들을 생각해 보라. 문맹율이 당당히 높았던 시대다. 그러나 유대인들은 의무교육을 통하여 글을 읽을 수 있는 사람들이 된 것이다.

이는 시대를 앞서갈 수 있는 무기를 가지고 세계인들과 경쟁하여 이길 수가 있었던 것이라 말할 수가 있다.

(3) 랍비 요하난 벤 자카이가 있었다

70년 예루살렘이 로마에 의하여 멸망을 당하였지만 요하난 벤

자카이는 이스라엘 나라의 종교와 민족을 지키기 위해서는 교육
이 중요하다는 것을 간파하고 예루살렘 남동쪽 20킬로미터 지점
에 있는 '야브네' 마을에 율법 학교를 세우고 교육에 매진하였다.
그는 매년 소수의 랍비들을 길러내어서 유럽 각지로 흩어진 유대
인 마을에 보냈던 것이다. 랍비들은 거기서 '시나고그(회당)'를 세
우고 예배를 드리며 토라(성경)를 가르쳤다. 오늘날에도 전세계
유대인 마을에는 시나고그가 세워져 있고 거기서는 예배와 성경
을 배우는 소리가 낭낭하게 울려 퍼지고 있는 것이다.

4.

하나님의 뜻을 따른 사람들

(1) 하나님의 뜻을 온전히 따른 갈렙이 나타나다

이스라엘은 하나님께서 선택하신 나라이다. 아브라함, 이삭, 야곱에게 친히 나타나셔서 복을 주시겠다고 약속하시면서 그 백성들을 선택하신다고 하셨다. 그리하여 이스라엘은 하나님의 선택받은 나라와 백성이 되는 것이다. 이스라엘 역사 구약성경에서 하나님의 뜻을 온전히 따른 사람들 중 한 사람이 갈렙이며, 그리고 다윗이다.

갈렙은 유다 지파의 자손으로서 이스라엘의 출애굽 여정 속에서 등장하는 인물이다. 이스라엘이 바란 광야에서 진을 치고는 12지파의 대표들 12명을 선택하여서 자신들이 들어가서 살 땅을 정탐하게 된다.

이때 유다 지파의 대표가 바로 갈렙이다. 그는 동료들과 함께 가나안 땅을 40일 동안 정탐한 후 돌아와서 대단한 말을 하고 있다. 그 말이 하나님의 뜻에 합당한 말이었다. 12명이 정탐을 한 후에 돌아와서 모세에게 보고하기를, "당신이 우리를 보낸 땅에 간즉 과연 젖과 꿀이 흐르는 땅이라 이것은 그 땅의 실과입니다. 그러나 그 땅 거민은 강하고 성읍은 견고하며 거인들을 보았나이다" 했다.

이러한 보고를 한 후에 갈렙이 등장을 한다. 그는 말하기를, "우리가 올라가서 그 땅을 취하자 능히 이기리라"라고 했다(민 13:30). 그러나 10명의 대표들은 가나안 땅을 악평하면서 이스라엘은 그 땅에 들어갈 수가 없다는 것이다. 그 이유로 저들은 키가 크고, 성읍은 견고하고 그리고 그 땅도 사람을 삼키는 악한 땅이라는 것이다. 저들은 우리보다 강하고, 비교하면 이스라엘은 메뚜기 같다고 보고했다. 10명의 보고를 들은 이스라엘 회중은 낙심하여 밤새도록 울고는 모세와 아론을 원망하면서 새로운 지도자를 선택하여 애굽으로 돌아가자고 했다. 그때 갈렙과 여호수아는 반대의 의견을 보고한다.

"우리가 탐지한 땅은 심히 아름다운 땅이라 여호와께서 우리를 기뻐하시면 우리를 그 땅으로 인도하여 들이시고 그 땅을 우리에게 주시리라 이는 과연 젖과 꿀이 흐르는 땅이니라 여호와를 거역하지 말라 그 땅 백성을 두려워하지 말라 그들은 우리의 밥이라(민 14:6-9)" 했다.

우리는 여기서 갈렙과 여호수아의 보고를 생각하자. 10명이 가나안 땅으로 올라갈 수 없다고 했다. 저들 앞에 보이는 적군은 강해 보이고, 키가 크고 그리고 성읍은 견고하여서 자신들을 메뚜기로 비유하고 있다. 그러나 갈렙과 여호수아는 올라갈 수 있으며 이길 수 있다는 보고를 한다. 저들은 우리의 밥이라 했다. 밥은 먹으면 된다는 의미이다. 이러한 보고를 한 갈렙과 여호수아는 가나안 땅에 들어가는 영광을 얻게 된다.

이스라엘이 1차 인구조사를 할 때에 20세 이상의 남자들 603,550명(레위 지파를 제외한 숫자) 중에서 가나안 땅에 들어간 사람은 갈렙과 여호수아 2명뿐이다. 이러한 영광을 얻은 이유는 무엇일까? 저들 두 사람은 하나님을 믿는 믿음의 말을 한 것이다. 그러나 믿음 없는 말을 보고한 정탐자 10명은 그곳에서 죽게 된다. 하나님께서는 갈렙에게 "오직 내 종 갈렙은 그 마음이 그들과 달라서 나를 온전히 좇았은즉 그의 갔던 땅으로 내가 그를 인도하여 들이리니 그 자손이 그 땅을 차지하리라(민 14:24)"라고 하셨다.

갈렙은 온전히 하나님을 좇은 사람이 된 것이다. 다윗도 하나님의 마음에 합한 자(사도행전 13:22, 사무엘상 13:14)라는 말씀을 들었다. 갈렙은 하나님의 뜻을 온전히(wholeheartedly) 좇은 사람이기에 가나안 땅으로 들어가게 되었으며, 유다 지파는 가나안 땅에서 큰 땅을 차지하게 된다. 갈렙으로 인하여 유다 지파가 차지한 땅은 헤브론(예루살렘 남쪽 지역)이며 그 땅이 다른 지파와 비교하여 큰 땅이었으므로 시므온 지파가 유다 지파 땅 안에서 기업으로 땅을 받게(여호수아19;1) 된다.

이상으로 살펴본 바와 같이 갈렙은 온전히 하나님의 뜻을 따른 사람이다. 그의 믿음의 결단은 하나님께로부터 인정을 받게 되고, 그리하여 갈렙과 갈렙이 속한 유다 지파는 이스라엘 나라에서 번영을 누리게 되는 것이다. 하나님의 뜻을 온전히 따르는 사람과 그가 속한 지파는 하나님의 사랑과 축복을 받게 되었음을 구약성경은 증거하여 오고 있다.

갈렙의 후손 중에는 다윗이 등장한다.

(2) 하나님의 마음에 합한 자 다윗

다윗과 골리앗의 싸움은 유명하다. 다윗은 소년이요, 골리앗 장군은 키가 크고(280~290센티미터) 블레셋 나라를 대표하는 장군이다. 그러나 소년 다윗은 골리앗 장군을 죽이고 일약 이스라엘의 영웅으로 등장을 한다. 그 다윗은 하나님께서 사무엘 제사장을 통하여 기름이 부어진 소년이었다. 이미 그는 하나님의 뜻에 합당한 소년으로 인정을 받고 그리하여 제사장이 그에게 기름을 부어 장래 이스라엘의 왕으로 택함을 받은 소년이었다.

하나님의 명령을 받은 제사장 사무엘은 베들레헴에 있는 이새의 집에 가게 된다. 그곳에서 이새의 8남 막내아들 다윗이 선택을 받게 된다. 사무엘에게 나타난 이새의 첫째 아들 엘리압을 보고 이 사람이 여호와께서 기름 부을 자라고 생각을 한다. 그때 하나님께서는 사무엘에게 말씀하시기를, "용모와 신장을 보지 말라 나의 보는 것은 사람과 같지 않다 사람은 외모를 보거니와 나 여호와는 중심(heart)을 본다"라고 하시면서 엘리압이 기름 부을 자가 아니라고 하신다. 마침내 8남인 다윗이 등장하자 이 소년이 기름부을 자니 그에게 기름을 부으라고 하신다. 그리하여 사무엘은 다윗에게 기름을 부어 장래 이스라엘의 왕을 예비하게 되는 것이다.

왜 다윗의 형 7명에게는 기름을 붓지 않고 다윗에게 기름을 부으라고 하시는가? 그 이유는 하나님은 사람의 중심(heart)을 보시기 때문이다. 보이지 않는 사람의 중심을 하나님은 아신다. 그가 어떠한 마음을 가진 자인지를!

"주는 계신 곳 하늘에서 들으시며 사유하되 각 사람의 마음을 아시오니 그 모든 행위대로 갚으시옵소서 주만 홀로 인생의 마음을 아심이니이다(역대하 6:30)"

사도행전 기자는 하나님이 사람의 마음을 아시는 분이라 증언하고 있다.

"저희가 왕을 구하거늘 하나님이 베냐민 지파 사람 기스의 아들 '사울'을 사십 년간 주셨다가 폐하시고 '다윗'을 왕으로 세우시고 증거하여 가라사대 내가 이새의 아들 다윗을 만나니 내 마음에 합한(after my own heart) 사람이라 내 뜻을 다 이루리라(사도행전 13:21-22)" 하셨다.

하나님께서는 다윗의 마음을 아신다. 그를 평가하시기를 하나님의 마음에 합한 사람이라 하신 것이다. 그 다윗이 하나님의 뜻을 다 이루신다고 하신다. 실로 다윗은 이스라엘의 왕이 되고 난 후에 하나님의 뜻을 따르려고 무척이나 애를 쓴 왕이다. 그는 하나님 앞에서는 늘 자신을 종(사무엘하 7:19, 20, 21, 25, 29)으로 지칭을 하고 있다.

다윗은 하나님의 종이다. 그는 하나님 앞에서는 더 낮아지고 천하게 보일지라도 좋다고 한다. 그처럼 다윗은 자신을 낮추는 사람이다.

그가 하나님의 뜻을 이룬 사건들을 보자.

ⓐ 공의와 정의로 다스리다

다윗이 이스라엘을 다스릴 때에 공의와 정의(삼하 8:15 - what was just and right)를 행하였다. 그는 하나님께서 정해 주신 율법에 따른 공의와 정의를 따라 통치한 것이다. 하나님께서는 왕이 되는 자가 지켜야 할 일(신명기 17:15-20)을 제시하고 있다. 거기에는 왕은 율법서를 자신의 옆에 두고 평생 읽어서 하나님 경외하기를 배워야 하며, 하나님 말씀을 지키며, 그리하여 형제들 위에 교만하지 않아야 한다고 하셨다.

다윗은 하나님이 제시하는 말씀을 따라 공의와 정의로 나라를 다스렸다는 것이다. 이는 하나님께서 기뻐하시는 일인 것이다. 세계의 통치자들이 하나님의 공의와 정의를 따라서 통치한다면 얼마나 좋겠는가? 그러나 현실은 .하나님의 뜻과는 달리 왕이 하나님의 정의와 공의를 따르지 않고 자신의 뜻대로 다스리던 시대와 독재자들이 다스리던 시대와 민주주의를 가장한 독재자들의 다스림으로 국민들은 신음하고 있다. 그러나 다윗은 하나님의 법을 따라 공의와 정의로 나라를 다스리고 있음이다.

ⓑ 하나님의 법궤를 모셔오다

하나님의 법궤는 바알레 유다라는 지방 도시에 있었다. 즉, 이스라엘의 수도 예루살렘에 계심이 아니라 지방에 머물러 있었던 것이다. 다윗이 그 법궤를 모셔오기 위하여 이스라엘에서 3만 명을 선택하였다. 그러니까 다윗은 이스라엘 나라의 전국적인 행사를 하고자 의도한 것이다. 그만큼 하나님의 법궤를 모셔오는 것은 중요한 일이고, 그 일을 거국적으로 행하고 있는 것이다. 그 행사를 다윗이 주도하고 있다.

법궤는 엘리 제사장 때에 블레셋 나라와의 전쟁에서 빼앗긴 일이 있었다. 전쟁은 패하고 하나님의 법궤는 블레셋 나라의 수도 아스돗(삼상 5:1)으로 옮겨진 것이다.

법궤로 인하여 블레셋 나라가 혼란을 거듭하자 블레셋은 법궤를 이스라엘로 보내고 있다. 그리하여 그때로부터 기럇여아림(바알레유다, 삼상 7:1-2)에 머물고 있었던 것이다.

사무엘 제사장의 시대로부터 사울 왕의 시대까지 법궤는 예루살렘에서 떨어진 지방에 있었던 것이다. 그 하나님의 법궤를 다윗이 모셔오는 행사를 거국적으로 행하고 있는 것이다. 하나님께서 어찌 다윗을 사랑하시지 않으시겠는가?

ⓒ 하나님의 성전을 건축할 마음을 갖다

※ 성전을 건축할 마음을 가지다

다윗은 자신은 백향목 궁에 살고 있는데 하나님의 궤는 휘장 가운데 있도다 하면서 성전을 건축할 마음을 정하였다. 이러한 계획을 들은 나단 선지자도 여호와께서 왕과 함께 계시니 왕의 마음에 있는 바를 행하라고 했다(삼하 7:2-3).

이제 다윗은 하나님의 성전을 건축할 마음으로 있을 때에 하나님께서 다윗에게 이르시기를 너는 내 이름을 위하여 성전을 건축하지 못하리라(역대상 22:8)라고 하셨다.

그 이유가 무엇일까? 왜 하나님께서는 다윗이 성전을 건축하는 것을 허락하지 않았을까?

그 이유를 하나님께서 대답하셨다. "너는 피를 심히 많이 흘렸고 크게 전쟁하였다"라는 것이다. 그러니까 다윗은 왕으로 있으면서 외국과의 전쟁을 수없이 치러야만 했다. 전쟁에는 생명이 죽게 된다. 그 생명이 누구의 생명이든지 간에 피를 흘리면서 죽어가는 것이다.

전쟁에 책임이 있는 다윗이 하나님의 성전을 건축할 수는 없다는 것이다. 이는 하나님께서 창조하신 사람의 생명을 아끼시는 하나님의 뜻이 나타남이다.

우리 하나님께서는 악인의 죽음도 기뻐하시지 않으신다고 하신다. 그러한 하나님께서 많은 사람이 피흘려 죽게 되는 전쟁을 수없이 치른 다윗에게는 성전 건축을 허락하시지 않고 있는 것이다.

"나 주 여호와가 말하노라 내가 어찌 악인의 죽는 것을 조금인들 기뻐하랴 그가 돌이켜 그 길에서 떠나서 사는 것을 어찌 기뻐하지 아니하겠느냐(에스겔 18:23)"

대신에 너의 아들 솔로몬이 성전을 건축하라는 것이다.

�֎ 성전 건축에 필요한 재료들을 준비하는 다윗

다윗은 자신이 성전을 건축할 수는 없으나 아들인 솔로몬이 성전을 건축하게 하시겠다는 허락을 들은 후에 그는 온 힘을 다하여 성전을 건축할 수 있는 재료들을 준비하였는데 그 품목들은 다음과 같다.

- 금 일십만 달란트
- 은 일백만 달란트
- 놋과 철은 셀 수 없을 정도로 심히 많이 예비하다
- 재목과 돌을 예비하다
- 석수와 목수와 온갖 일에 익숙한 모든 사람이라(역대상 22:14-15)

다윗이 준비한 재료들은 성전을 건축하기에 충분한 물량이었다. 그러면서 다윗은 이스라엘 모든 방백들에게 명령하여 솔로몬을 도와 성전을 건축하라고 했다.

그리하여 솔로몬 때에 마침내 예루살렘에 하나님의 거룩한 성전이 완공되는 것이다. 이처럼 다윗은 하나님께서 기뻐하시는 일을 한 것이다.

ⓓ 다윗을 축복하신 하나님

하나님께서는 다윗을 사랑하시고 그와 그 집(후손)에 복을 주시겠다고 하신다.

"너의 집과 너의 나라가 하나님 앞에서 영원히 보존되고 너의 왕위가 영원히 견고하리라(삼하 7:15)"라고 하시면서 "네가 어디를 가든지 하나님께서 함께 하시며 네 대적을 멸하시며, 그리고 다윗의 이름을 존귀하게(삼하 7:9)" 만들어 주신다고 하셨다.

이는 요약해 보면, '하나님께서 다윗과 함께하시고, 전쟁에서 승리하게 해 주시고, 다윗의 이름을 존귀하게 해 주시고, 다윗의 집과 후손에게 복을 주시고 그리고 그 왕위를 영원히 보존하게 해 주신다'는 것이다. 실로 너무나 큰 복을 주신 것이다.

다윗은 하나님 앞에 나아가 자신이 누구이기에 이러한 복을 주십니까 하고 감격하면서 자신은 하나님의 종이라고 고백하고 있다.

하나님의 뜻을 따르지 않은 사람들

(1) 솔로몬이 받은 복과 죄악

ⓐ 솔로몬의 복

다윗의 아들 솔로몬은 이스라엘의 왕이 되었다. 그는 다윗의 뜻을 따라서 하나님의 성전을 건축하기 시작(출애굽 후 480년 - 왕상 6:1) 하여 7년 동안의 공사 후 완공하기에 이른다. 실로 이스라엘은 애굽의 노예생활에서 벗어난 지 486년 만에 하나님의 성전을 완공하여 하나님께 그 정성을 보이게 된 것이다.

그러한 솔로몬을 하나님은 사랑하여 꿈에 나타나셔서 "내가 네게 무엇을 줄꼬 너는 구하라(왕상 3:5)"라고 하셨다. 그때 솔로몬은 지혜로운(왕상 3:9) 마음을 주셔서 백성을 재판할 때에 선악을 분별하게 해 달라고 했다. 지혜를 구하는 솔로몬을 하나님께서 좋게 여기시고 지혜롭고 총명한 마음을 주시고, 그리고 구하지 아니한 부(富)와 영광(榮光)도 함께 주셨다. 그리하여 솔로몬은 지혜의 왕이 되었던 것이다. 솔로몬의 재판(왕상 3:16-28)은 유명하다.

또한 하나님께서 솔로몬에게 나타나셔서 말씀하시기를 "내 율례를 행하여 나의 모든 계명을 지켜 행하면 아버지 다윗에게 말한 것을 확실히 이루신다(왕상 6:12)"라고 하셨다. 즉, 다윗에게 약속하신 자손의 번성과 왕위를 견고히 해 주신다는 말씀인 것이다.

그로부터 솔로몬의 번영은 시작되었다. 솔로몬의 재산과 지혜는 천하 열왕보다 컸으며(왕상 10:23) 금을 쳐서 방패를 만들었으며, 은을 돌같이 흔하게 사용했다는 것이다.

ⓑ 솔로몬의 죄악

솔로몬이 나이가 많아졌을 때에 그는 후비(1,000여 명)들에게 마음을 빼앗겨서 그들의 요청을 들어주기 시작한다. 즉, 모압의 가증한 그모스를 위하여, 암몬의 가증한 몰록을 위하여 예루살렘 앞산에 신전을 짓게(왕상 11:7) 허락을 한 것이다. 이는 하나님께서 가장 미워하시는 죄악을 지은 것이다. 그는 마침내 마음을 돌이켜서 이스라엘의 하나님 여호와를 떠나갔다(왕상 11:9). 하나님은 진노하셨다. 그리하여 하나님께서는 이스라엘 나라를 둘로 나누는 벌을 그 아들의 대에서 행하셨다(왕상 11:35). 그러니까 솔로몬의 아들 르호보암 왕 때에 이스라엘은 북이스라엘(10지파), 남유다(2지파)의 두 나라로 나누어지고 다윗의 손자 르호보암 왕은 2지파(유다)의 왕이 되고 만 것이다.

이제 이스라엘은 통일 왕국에서 두 나라로 나뉜 왕국이 된 것이다. 이처럼 솔로몬 왕이 지은 죄악의 결과로 나라가 둘로 나누어지고 만 것이다.

(2) 여로보암의 죄악

여로보암은 북이스라엘의 초대 왕이다. 그는 에브라임 지파의 후손으로, 10지파가 있는 나라의 왕이 된 것이다. 이는 솔로몬이 지은 죄악으로 인한 결과였다. 그러니까 여로보암의 그 무엇이 왕이 되게 한 것이 아니라, 솔로몬의 죄악이 그로 하여금 북이스라엘의 왕이 되게 한 것이다. 그러함에도 불구하고 그는 하나님 앞에 죄악을 행한 자였다.

여로보암이 지은 죄악은 3가지로 요약된다.
- 금송아지 둘을 만들어서 벧엘과 단에 두고 군중들에게 말하기를 "이는 너희를 애굽에서 인도하여 낸 너희 신(神)이라(왕상 12:28)" 했다. 그가 그리하게 된 이유는 자신의 백성들이 예루살렘 성전(남유다)에 올라가지 못하도록 하기 위하여 그리 말한 것이다.
- 그가 레위 자손이 아닌 보통 백성으로 제사장을 삼았다.
- 8월 15일을 절기로 삼아서 지키게 했다. 원래는 7월 15일이다. 그러니까 하나님께서 정한 절기를 왕이 마음대로 고쳐서 지키게 한 죄악이다.

그리하여 성경에 후대의 왕들이 죄악을 행할 때에 그가 "느밧의 아들 여로보암의 길로 행하며(왕상 16:26)"라는 말을 기록하고 있다. 이처럼 북이스라엘의 왕 여로보암이 지은 죄악은 커서 그 백성들의 삶이 어려워지는 것을 시사하고 있었던 것이다.

6.

바벨론 나라에 포로가 되다

(1) 북이스라엘과 남유다의 멸망

북이스라엘은 여로보암 왕(B.C. 930년)으로 시작하여 호세아 왕
(B.C. 722년)의 때에 나라가 패망하여 앗수르의 포로가 되고 만다.
그러니까 20명의 왕이 있었지만 저들은 초대 왕이 행한 죄악을
계속하여 이어가고 있었던 것이다. 그리하여 나라가 세워진 지
208년 만에 멸망을 당하고 만다. 그로부터 136년이 지난 B.C.
586년에는 남유다까지 멸망을 당하여서 바벨론에 포로가 되고
말았다.

남유다에는 344년 동안 19명의 왕이 있었다. 그들 중에 4명의
왕은 그래도 하나님의 뜻을 따르려 했으나 15명의 왕들은 북이
스라엘의 왕들처럼 하나님 앞에서 죄악을 행하고 말았다.

저들의 죄악을 적나라하게 묘사한 성경의 구절이 있다.

"그가 또 내게 이르시되 인자야 이스라엘 족속의 행하는 일을
보느냐 그들이 여기서 크게 가증한 일을 행하여 나로 내 성소를
멀리 떠나게 하느니라 너는 다시 다른 큰 가증한 일을 보리라 하
시더라⋯(중략)⋯또 내게 이르시되 인자야 들어가서 그들이 거기

서 행하는 가증하고 악한 일을 보라 하시기로 내가 들어가 보니 각양 곤충과 가증한 짐승과 이스라엘 족속의 모든 우상을 그 사면 벽에 그렸고 이스라엘 족속의 장로 중 70인이 그 앞에 섰으며…(중략)…여호와의 전문 앞 현관과 제단 사이에서 약 이십오 인이 여호와의 전을 등지고 낯을 동으로 향하여 동방 태양에 경배하더라(에스겔 8:1-18)"

또한 남유다의 요시야 왕이 하나님의 말씀을 읽고 난 후에 크게 회개하면서 유다 나라 안에 있는 우상을 파괴하는 일들이 열왕기하 23장에 기록되어 있다. 심지어는 성전 안에 미동(남창)의 집이 있어서 파괴시켰다(왕하 23:7). 그리고 자녀를 몰록의 신에게 바치기 위하여 불로(왕하 23:10) 지나가게 하여 죽이는 것을 금지하였다. 요시야 왕은 여로보암 왕이 세운 금 신상과 우상들을 다 파괴하여 버렸다.

요시야 왕의 종교개혁을 보면 이스라엘과 유다 나라 안에는 곳곳에 우상의 신전이 세워져 있었으며, 심지어는 예루살렘 성전 안에도 우상을 섬기는 곳이 있고 가증한 미동의 집까지 있었다는 것이다.

그러한 결과로 북이스라엘이 먼저 패망하여서 앗수르 나라에 포로로 잡혀가고 말았다. 그러함에도 불구하고 남유다마저 우상을 섬기다가 북이스라엘이 패망한 후 136년 만에 남유다도 패망하여 바벨론 나라의 포로가 되고 만 것이다. 결국은 이스라엘 민족이 하나님의 말씀을 따르지 아니하고 오히려 하나님께서 가증하다고 하시는 우상들을 섬겨 나라가 패망하게 된 것이다.

하나님께서는 선지자들을 보내서서 수없이 경고하셨지만 저들은 끝내 하나님의 뜻을 따르지 않았던 것이다. 그러나 하나님은 자비하신 분이셔서 저들을 70년이 지나면 다시 이스라엘 땅으로 돌아오게 해 주셨다.

이스라엘 민족(유대인)은 바벨론 포로생활을 통하여 자신들의 죄악을 깨달았을 것이다. 그리고 하나님의 뜻을 따르려고 했을 것이다. 그러나 저들이 예루살렘으로 돌아와서 파괴된 예루살렘 성전을 다시 재건하지만(스룹바벨의 제2성전) 그러나 옛날의 영광을 얻지 못하고 만다.

그 증거로 하나님께서는 신·구약 400여 년 동안 아무런 말씀이 없으셨다. 끊임없이 선지자들을 보내셔서 하나님의 뜻을 전하여 오셨지만, 이제는 말씀이 없으셨다. 그러한 세월이 400여 년을 지나온 것이다.

그리하여 마침내 이 땅에 예수 그리스도께서 탄생하시는 것이다. 하나님의 뜻을 전하시기 위해서 하늘나라에서 이 땅에 탄생하시는 것이다.

예수 그리스도께서 이 땅에 오시다

예수 그리스도는 하나님의 아들로서, 빛(요한복음 1:9)으로서 이 땅
에 오셨다. 빛은 어둠을 물리치는 역할을 하신다. 예수 그리스도
께서 이 땅에 오셔서 행하신 일은 많다. 무엇보다도 하나님을 올
바르게 알리시고 계신다.

그분은 신·구약 중간기를 지나 하나님의 뜻으로 오신 하나님의
아들이시다. 그러므로 하나님의 뜻을 온전히 나타내시는 분이시다. 이제
예수님의 등장으로 하나님의 뜻이 무엇이며, 세상의 어둠이 무엇인지를 분명
하게 알게 되었다.

(1) 흥(興: rising) 패(敗: falling)의 기준(sign)이 되시다

예수 그리스도는 사람과 나라의 흥함과 패함(눅 2:34)의 기준이
되시는 분이시다. 그러니까 예수 그리스도로 인하여 흥할 수도 있고 패
할 수도 있다는 것이다.

세계의 지도를 펼쳐놓고 생각해 보자. 제1세계(미국, 영국, 독일,
프랑스, 호주, 캐나다, 뉴질랜드 등)라고 하는 나라들은 대체로 기독교
국가들이다. 또한 제3세계라고 하는 나라들은 다종교 국가들이

다. 물론 이 논리로 100% 설명할 수는 없다. 그러나 80% 이상은 설명이 된다고 필자는 생각한다. 세계의 나라들을 보면 예수는 흥함과 패함의 기준이 된다는 말씀에 힘을 실어줄 수가 있다 할 것이다.

개인을 놓고도 설명한다면 세계의 질서에 공헌했던 사람들 중에 기독교인들이 차지하는 비율은 높다고 할 수가 있다. 마틴 루터, 뉴턴, 에디슨, 스티븐슨, 라이트 형제, 아인슈타인, 아브라함 링컨 대통령 등 수많은 기독교인들이 세계질서에 공헌했다고 할 수가 있다.

그러므로 세계의 질서 속에는 기독교 나라들과 기독교인들의 역할이 크다 할 수 있는 것이다. 물론 비기독교인 중에서도 세계의 질서에 공헌한 사람들이 많이 있다. 그러나 그 공헌의 중요함과 비율로 보면 분명히 기독교인들이 더 큰 역할을 했다.

필자는 고등학교 시절에 세계사(世界史)에 관심이 많았다. 그때 필자가 느끼기에는 세계의 역사를 주도하는 나라와 사람들은 기독교 국가들이요 기독교인들이었다.

필자는 늘 왜일까 하는 의문을 가졌다. 그리하여 기독교에 대하여 깊이 관심을 갖게 되고 끝내는 목사가 되었다.

(2) 성경을 재해석하다

모세가 받은 십계명에는 "아비의 죄를 그 아비로부터 아들에게로 삼사 대까지 갚으리라(출애굽기 20:5)" 하셨다. 그러나 그 말씀도 변하여 자기 죄만 책임이 있다는 것으로 바뀌었다(에스겔 18:20). 그러니까 아비의 죄가 자녀에게로 이어지는 것을 바꾸어서 자신의 죄만 책임이 있다 하신 것이다.

또한 새 언약(new covenant)을 주시면서 모세에게 주신 언약(covenant)과는 같지 않다고 하셨다.

"나 여호와가 말하노라 보라 이 언약은 내가 그들의 열조의 손을 잡고 애굽 땅에서 인도하여 내던 날에 세운 것과 같지 아니할 것은 내가 그들의 남편이 되었어도 그들이 내 언약을 파하였음이니라(예레미야 31:32)"

이처럼 하나님께서도 역사를 운행하시면서 말씀을 변화시켜 온 것임을 알 수가 있다. 예수 그리스도는 이 땅에 오셔서 구약성경을 재해석하시고 있다. 그분이 성경을 재해석함에는 뚜렷한 기준이 있다. 그것은 율법을 완전케 하시기 위함이시다.

"내가 율법이나 선지자나 폐하러 온 줄로 생각지 말라 폐하러 온 것이 아니요 완전케 하려 함이로다(마태복음 5:17)"

(3) 정결법을 설명하시다

예수 그리스도는 레위기 11:1-47에서 사람이 먹을 수 있는 짐승과 물고기, 그리고 먹을 수 없는 것들을 구별하였다. 그리하여 유대인들은 정(깨끗)한 것과 부정한 것을 구별하여서 먹고 먹지 않았다. 그리하여 음식을 먹음에 있어서 제약이 있었던 것이다. 오늘날도 이슬람교도들은 돼지고기를 먹지 않고 있다.

구약성경에 기록된 정결법을 예수는 재해석하심으로 사람들에게 먹는 자유를 주신 것이다.

"입에 들어가는 것이 사람을 더럽게 하는 것이 아니라 입에서 나오는 그것이 사람을 더럽게 하는 것이다(마태복음 15:11)"

예수는 설명하기를 사람의 입으로 들어가는 것은 소화가 되어서 뒤로 나온다고 하신다. 대신에 사람의 입에서 나오는 것은 악한 생각과 살인과 간음과 음란과 도적질과 거짓 증거와 훼방이다. 그러므로 사람을 더럽게 하는 것은 사람의 입에서 나오는 것들이라고 하셨다.

(4) 원수를 사랑하라 하시다

"눈은 눈으로, 이는 이로 갚으라(출애굽기 21:24-25)" 하셨으나 예수 그리스도는 말씀하시기를 "악한 자를 대적하지 말라 누구든지 네 오른편 뺨을 치거든 왼편도 돌려대라(마태복음 5:39)" 하셨다. 그는 또한 "네 원수를 미워하라는 말을 들었으나 나는 너희에게 이르노니 너희 원수를 사랑하며 너희를 핍박하는 자를 위하여 기도하라(마 5:43-44)" 하셨다. 구약성경에도 원수를 갚지 말라고 하신다. 원수 갚는 일은 하나님이 하신다고 말씀하신다(신 32:35).

"원수를 갚지 말며 동포를 원망하지 말며 이웃 사랑하기를 네 몸과 같이 하라 나는 여호와니라(레위기 19:18)"

상당히 혼란스럽다. 필자가 정리를 해 본다.

- '눈은 눈으로'는 재판장의 판단의 기준이다.
- 원수 갚는 일은 하나님이 하신다.
- 개인 간의 원수 갚는 일은 금하신 것이다.

이러한 모든 상황에서 예수님은 적극적으로 말씀을 해석하심이다. "원수를 사랑하라 너희를 핍박하는 자를 위해 기도하라"라고 하심으로써 모든 혼란을 잠재우셨다.

(5) 의인을 부르러 온 것이 아니라
죄인을 부르러 오셨다

예수 그리스도는 자신이 이 땅에 오신 목적을 분명히 알려주시고 있다. 그것은 죄인들을 부르러 오셨다는 것이다.

"건강한 자에게는 의원이 쓸데 없고 병든 자에게라야 쓸데 있느니라…(중략)…내가 의인을 부르러 온 것이 아니요 죄인을 부르러 왔노라 하시니라(마태복음 9:12-13)"

예수는 자신을 의사로 비유하시면서 사람들의 병을 치료하시는 분이시다. 육신에 병든 자, 마음에 병든 자, 그리고 죄로 인하여 양심에 거리낌을 당하는 자, 정신적인 압박 속에서 고통하는 자, 모든 고통당하는 자들을 그 고통에서 해방시키기 위하여 오신 것이다. 어둠 속에서 고통받는 자들을 빛으로 인도하여서 해방과 자유를 주신 분이시다. 예수 그리스도의 생애에서는 수많은 병자들을 치료하시고, 귀신들을 쫓아내시며, 올바른 가치관을 알려 주셨다. 예수는 실로 병든 자와 죄인들을 구원하시기 위하여 오신 분이시다.

(6) 제자의 발을 씻기시다

스승이 제자들의 발을 씻기시다. 이는 파격적인 행동이시다.
예수의 시대에는 상상도 할 수 없는 일이다. 당시 종이 상전의 발
을 씻기는 일은 보통이다. 그런데 스승이신 예수께서 제자들의
발을 씻기신다는 것은 사람들을 놀라게 하는 행동이었다. 그러
나 예수는 그 파격적인 일을 행하신 것이다. 이는 베드로에게 하
신 말씀, 지금은 알지 못하지만 후에는 알게 될 것이라 하신 것처
럼 예수는 섬기는 자의 모습을 알려주신 것이다.

"이에 대야에 물을 담아 제자들의 발을 씻기시고 그 두르신 수
건으로 씻기를 시작하여 시몬 베드로에게 이르시니 가로되 주여
주께서 내 발을 씻기시나이까 예수께서 대답하여 가라사대 나의
하는 것을 네가 이제는 알지 못하나 후에는 알리라(요한복음 13:5-
7)"

"인자가 온 것은 섬김을 받으려 함이 아니라 도리어 섬기러 하고 자기 목
숨을 많은 사람의 대속물로 주려 함이니라(마태복음 20:28)"

실로 예수는 스승이 제자를 섬기는 일, 높은 자가 낮은 자를 섬
기는 일, 그리하여 모두가 서로 서로 섬기면서 살아가는 아름다
운 공동체를 이루고자 하신 모습을 보여 주신 것이다.
지배하고 억압하고 무시하는, 그리하여 마음으로 순종하지 않

　　　　　　　　　　　　하나님의 뜻과 세계 역사

고 갈등하는 공동체에서 벗어나 함께 살아가는 평화로운 공동체
를 지향하심을 보여 주신 것이다.

(7) 바리새인의 위선(hypocrisy)을 고발하시다

예수 그리스도는 지도자들의 위선을 강하게 질책하시고 있다.
즉, 겉과 속이 다른 모습으로 등장하는 지도층의 사람들을 적나
라하게 비판을 하시는 것이다.

당시 대제사장, 공회의원 등 바리새인들과 종교지도자들인 서
기관을 향해 마태복음 23장에서 10가지의 위선을 비판하시고
있다.

"저희는 말만 하고 행치 아니하며 또 무거운 짐을 묶어 사람의
어깨에 지우되 자기는 이것을 한 손가락으로도 움직이려 하지 아
니하며(마 23:3-4)"

"화 있을진저 외식하는 서기관과 바리새인들이여 잔과 대접의
겉은 깨끗이 하되 그 안에는 탐욕과 방탕으로 가득하게 하는도다
(마 23:25)"

"화 있을진저 외식하는 서기관과 바리새인들이여 회칠한 무덤
같으니 겉으로는 아름답게 보이나 그 안에는 죽은 사람의 뼈와
모든 더러운 것이 가득하도다(마 23:27)"

이처럼 예수는 지도층의 위선에 대해서는 날카롭게 지적하시

면서 저들의 위선에 대하여 용납하시지 않고 있다. 말은 번드르르하고 좋게 말하면서도 속은 자신들의 이익만을 추구하는 지도층의 위선을 지적하신 것이다. 실은 기독교의 지도층을 향해서도 성경은 가슴을 찌르는 말씀을 하시고 있다. 그 누구도 위선적인 행동이나 가면적인 행동을 할 수 없게 말씀으로 가르치고 있는 것이다.

"그러면 다른 사람을 가르치는 네가 네 자신을 가르치지 아니하느냐 도적질 말라 반포하는 네가 도적질하느냐(로마서 2:21)"

사람은 누구나 죄인이며, "의인은 없나니 하나도 없다(롬 3:10)"라고 하신다.

사람은 누구나 그것을 인정하고 사는 존재가 되어야 하는 것이다. 그 누구든지 자신이 죄인임을 알고 자신을 살피면서 살아가야 하는 것이다. 특히 지도층의 사람들이 위선적인 행동을 하지 말라고 하신다. 이는 세계의 그 어떠한 지도자도 어느 시대의 지도자도 다 해당이 되는 말씀임을 알자.

(8) 예수 그리스도께서 십자가에 못박히시고 부활하시다

예수 그리스도는 이 땅에 오셔서 죽을 죄악을 지은 것이 없으시다. 그러함에도 불구하고 유대인의 대제사장들과 공회의원 장로들의 선동과 정치적인 판단으로 로마의 총독 빌라도가 "십자가에 못박아라"라고 선고한 것이다.

재판장인 빌라도는 예수 그리스도에게서 죽을죄를 찾을 수 없다고 표현하고 있다. 저들은 왜 예수를 죽이려고 하는 것인가? 그 이유는 예수의 말씀이 자신들의 질서와는 다르기 때문이었다. 예수가 이 땅에 오셔서 하나님의 뜻을 올바르게 전하시고, 그리하여 사람들을 위하는 말씀을 전하시고 있지만 당시 지도자들에게는 자신들의 질서가 무너지고 있었던 것이다. 자신들의 이익에 반하고 자신들이 누리는 질서를 무너뜨리는 예수를 죽여야만 했던 것이다. 그리하여 저들은 군중들을 선동하여 빌라도의 재판을 오판하게 만들고 있는 것이다.

"빌라도가 이르되 어찜이냐 무슨 악한 일을 하였느냐 그들이 더욱 소리 질러 이르되 십자가에 못 박혀야 하겠나이다 하는지라 빌라도가 아무 성과도 없이 도리어 민란이 나려는 것을 보고 물을 가져다가 무리 앞에서 손을 씻으며 이르되 이 사람의 피에 대하여 나는 무죄하니 너희가 당하라 백성이 다 대답하여 이르되 그 피를 우리와 우리 자손에게 돌릴지어다 하거늘(마 27:23-25)"

무리를 선동한 지도자들의 책략으로 인하여, 무리들은 예수 그리스도의 피의 값을 자신들과 자신들의 자손에게 돌리라고 소리치고 있다. 이는 너무나 엄청난 피의 값을 치러야 하는 것이다. 혹자는 말하기를 유대인들이 나라 없이 2,000여 년 동안이나 세계에서 흩어져서 살아야 했던 이유가 바로 예수 그리스도의 피값을 치르는 것이라고 말하기도 한다.

이처럼 예수는 십자가에서 죽고 만다. 그러나 그것이 끝이 아니다. '부활'이라는 엄청난 큰일이 일어난다. 인류가 한번도 경험해 보지 않았던 사건이 일어난다. 그것은 바로 죽은 예수 그리스도가 3일 만에 살아나신 것이다.

예수 그리스도의 부활로 인하여 지도자들의 거짓은 다 드러나고 만다.

(9) 바울 사도가 온 세계에 복음을 전하다

이스라엘 나라는 예수 그리스도의 십자가 죽음과 부활이라는 사건으로 인하여 큰 혼란을 겪고 있었다. 죽음을 불사하고 예수를 따르는 무리들(기독교인들)과 그 무리들의 가르침을 막아보려는 지도층과의 충돌은 불가피했다.

베드로와 요한은 대제사장 등 지도자들 앞에서 "하나님 앞에서 너희 말 듣는 것이 하나님의 말씀 듣는 것보다 옳은가 판단하라 우리는 보고 들은 것을 말하지 않을 수 없다(사도행전 4:19-20)" 하면서 당당하게 예수 그리스도의 부활을 증거하였으며, 따르는 무리가 하루에 3,000명이 증가하였다.

이러한 상황을 막으려고 지도층은 기독교인들을 박해하기 시작하여 저들을 감옥에 잡아넣었다. 이러한 박해를 피하기 위하여 기독교인들은 이스라엘 나라 밖으로 흩어지기 시작했다.

그 결과로 기독교는 세계를 향하여 뻗어 나가고 있었다. 그 주역 가운데 한 사람이 바울 사도이다. 그는 베냐민 지파의 자손으로 로마의 시민권을 가진 자이며, 가말리알 선생(당시 최고의 선생)의 제자이기도 하였다. 그는 기독교인들을 핍박하던 지도층 중의 한 사람이었는데 극적으로 부활하신 예수 그리스도와의 만남으로 인해 변하여 새사람이 되었던 사람이다. 하나님은 예수의 제자들과 바울을 통하여 전 세계에 복음을 전파하는 큰일을 시작하신 것이다. 특히 바울 사도가 이룩한 전도의 업적은 실로 대단하다. 그는 로마에서 순교하기까지 수많은 교회들을 세웠으며, 신약성경 27권 중에 13권이 그가 쓴 성경이다. 바울과 기독교인들의 헌신으로 인하여 복음이 세계를 향하여 전파되었으며 그리하여 기독교는 세계적인 종교가 된 것이다.

세계적으로 전파된 복음은 예수 그리스도를 믿게 하는 일이다. 그 일은 바로 하나님의 일이기에 우리는 주목을 하는 것이다. 즉, 제자들과 바울이 이룩한 업적은 하나님의 일을 한 것이다. 하나님의 일에 쓰임을 받았기에 그들은 대단한 사람들이었고, 세계를 움직이는 중요한 일을 한 것이다.

이탈리아

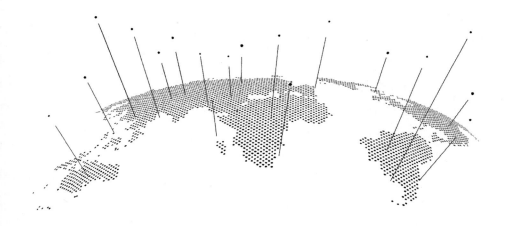

찬송가
133장 '하나님의 말씀으로'

성경
하나님의 말씀은 살아 있고
좌우에 날선 어떤 검보다도 예리하여
혼과 영과 및 관절과
골수를 찔러 쪼개기까지 하며
또 마음의 생각과 뜻을 판단하나니

(히브리서 4:12)

이탈리아의 역사

지중해 중부에 위치한 반도에 통일 국가를 세운 이탈리아는 인구 6,036만 명(세계 24위), GDP 1조 8,864만 달러(세계 7위)이며 카톨릭 85.7%, 정교회 2%, 이슬람 2%인 나라이다. 이탈리아를 말하면 로마제국을 말하여야 하고 로마제국을 말하지 않고는 이탈리아를 말할 수 없다.

로마는 유명한 말을 남겼다.

'모든 길은 로마로 통한다.'
'로마는 하루아침에 이루어지지 않았다.'
'로마에서는 로마의 법을 따르라.'

이러한 말을 세계인들에게 남긴 로마는 서로마제국(수도: 로마시)의 멸망(476년) 후에도 비잔티움(동로마제국, 수도: 이스탄불)제국이 멸망하는 1453년까지 그 이름이 유지되었을 뿐만 아니라 '신성로마제국(독일)'이라는 이름으로 1806년 8월 6일까지 유지되었다. 그러니까 서로마제국이 멸망한 후에도 로마제국이라는 이름이 1,000년 이상 유지되어 왔다는 사실에 관심을 가질 수밖에 없다 할 것이다.

하나님의 뜻과 세계 역사

이는 로마제국의 정치, 문화, 군사 등 당시 유럽에 끼친 영향력이 대단했다는 것을 증거하고 있는 것이다.

B.C. 753년 이탈리아 중부를 흐르는 테베레 강 유역에서 일어난 로마(이탈리아)는 그리스와 함께 유럽 문명의 발상지이며, 카톨릭의 본산지고, 르네상스를 일으키는 등 문화유산이 대단한 나라이다. 이탈리아를 로마 시대, 분열 도시국가 시대와 통일 이탈리아 시대로 나누어 본다.

(1) 로마 시대

로마의 창시자는 로물루스(Romulus)이며 초대 왕이다. 그 후 6왕의 시대를 지나고 B.C. 509년 공화정의 시대가 시작되었다. '세계의 모든 길은 로마로 통한다'라는 말이 있을 정도로 로마는 세계 최고의 강대국이었으며 세계의 수도였다. 그처럼 강대한 시대를 지나면서 395년 동·서로마제국으로 분열되었으며, 서로마제국은 476년 멸망을 당하고 만다.

동로마제국은 여전히 유지되고 있었으나, 1453년 동로마제국도 멸망하고 말았다.

(2) 분열 도시국가 시대

서로마제국이 멸망한 후 이탈리아 반도에는 통일된 국가가 존재한 적이 없었다. 동고트 족이 483년 나라를 건국하였으나 아탈

리아 전 국토가 아니라 북부 지역만 다스렸으며, 중부에는 교황
령이 있었고 남부 일부와 시칠리아 섬, 사르데냐 섬에서는 동로
마제국과 이슬람의 세력이 대립하고 있었다. 또한 교황의 최우
선 정책은 이탈리아에서 통일 국가가 출현하는 것을 막는 일이었
다. 통일 국가가 나타나면 교황령이 살아남을 수 없기 때문이었다.

이탈리아는 중세 이래로 북부의 도시국가들, 중부의 교황령,
그리고 남부의 시칠리아 나폴리 왕국이 각자 세력을 이루는 형태
로 굳어져 갔다.

(3) 통일 이탈리아 시대

1849년 로마에 공화정 정부를 수립함으로써 통일 이탈리아 국
가가 탄생하기에 이른다. '샤르데냐' 왕국이 시칠리아 원정을 통
해 교황령을 점령하고 1861년 3월 통일 이탈리아 왕국을 이루게
되었다. 1866년 베네치아를 병합하고 1870년 로마를 병합하고
다음 해에 로마를 수도로 삼았다. 1882년 독일, 오스트리아와 함
께 3국 동맹을 맺는다. 현대적인 이탈리아 국가가 성립이 된 것
이다.

하나님의 뜻을 따르는 방향의 이탈리아

(1) 공화정의 시대

B.C. 509년에 로마는 왕정 시대를 끝내고 '공화정 시대'를 열었다. 공화정 체제에서 권력의 중심은 소수 귀족으로 구성된 '원로원'이었다. 원로원이 선출하는 2인의 집정관(consul)이 군사, 사법, 종교의 최고 권한을 가졌다. 집정관의 권한은 동등하며 서로 거부권을 행사할 수가 있었다. 450년 동안 지속된 공화정은 귀족과 평민 간 대립의 역사였다. 평민은 병역과 납세의 의무를 지며 귀족과의 결혼은 금지되었다(김종법, 임동현, 이탈리아의 역사, p. 39). 마침내 평민의 권리 신장이 이루어졌는데, 그것은 평민의 대표로 호민관(tribunus)이 선출된 것이다. 호민관의 권리는 제한적이었지만 원로원의 결의 사항에 거부권을 행사할 수가 있었다.

B.C. 287년 '호르텐티우스' 법에 따라 평민들에게 완전한 정치적 권리가 주어졌다. 그리스 역사가 폴리비오스는 로마가 짧은 기간에 부국강병을 이루어서 지중해 세계를 제패할 수 있었던 원인은 견제와 균형의 원리가 작동하는 공화정 체제의 우수성 때문이라 평가했다.

로마의 공화정 체제는 기원전부터 시작되었다는 점이 놀라울 따름이다. 영국이 세계를 제패할 수 있었던 이유 가운데 하나는

1215년 '마그나칼타(대헌장)'가 발표되면서 왕의 권력이 제한되고 귀족들의 권리가 신장되면서부터 민주적인 나라의 틀을 이루었기 때문이다. 나라의 운명을 좌우할 절대권력이 왕이라는 한 사람에게 독점되고 그리고 세습되어 가는 왕정 체제에서는 다수 사람들의 뜻을 모으기가 어렵다는 것이다. 로마는 기원전부터 원로원이라는 체제를 운영하면서 권력의 독점을 견제했기에 세계의 중심이 될 수가 있었다는 것이다. 그러나 로마도 B.C. 27년부터 황제 시대가 시작됨으로써 나라 발전의 에너지가 쇠퇴의 길로 들어섰음을 역사는 증거하고 있다 할 것이다.

(2) 기독교를 국교로 선포하다

갈리아에 있던 콘스탄티누스 황제는 당시 로마에 있던 막센티우스 황제와 312년 10월 23일 밀비우스 다리 전투를 앞두고 고뇌에 빠져 있을 때에 하늘에 빛나는 십자가를 보았고, 그날 밤 구세주가 나타나서 십자가 깃발을 만들어서 전투에 나가면 승리할 것이라는 계시를 받았다. 그리하여 콘스탄티누스는 전투에서 승리하여 로마의 황제가 된다. 그의 신비로운 체험으로 콘스탄티누스 황제는 313년 '밀라노 칙령'을 발표하여 기독교를 로마의 합법적인 종교로 인정하게 되었다. 그리고 마침내 테오도시우스 황제는 380년 기독교를 로마의 국교이자 유일한 종교로 선포하였다(이탈리아의 역사, p. 58).

이는 기독교가 1~4C 동안 로마에서 박해를 받으면서도 끈질기게 전도한 결과였다. 베드로 사도와 바울 사도의 순교의 피와 수많은 성도들이 사자의 밥이 되는 등 순교의 피의 결과였던 것이다. 이제 기독교는 세계의 중심 로마의 국교가 된 것이다.

서로마가 멸망을 당한 후에 유럽의 강자로 등장한 프랑코 족의 족장 클로비스가 로마의 카톨릭으로 개종하고 그리하여 유럽의 게르만 족들이 기독교를 믿게 됨으로써 오늘날의 기독교가 된 것이다. 그러므로 로마가 기독교를 국교로 선포한 것에는 분명히 하나님의 뜻이 있었을 것임을 확신해 본다.

(3) 성경을 번역하다 / 라틴어 성경(불가타본)

　　이탈리아인은 이탈리아어(라틴어)를 사용하고 있다. 라틴어 성경(불가타본)은 4세기 후반 다마수스 1세 교황이 히에로 니무스에게 로마 교회가 사용할 라틴어판 번역본을 만들라는 명령에 따라서 만들어진 번역본이다. 중요한 것은 성경이 라틴어로 번역되었다는 사실이다. 오늘날 세계에는 수많은 언어로 성경이 번역되어 있다. 이는 할 수만 있다면 세계의 모든 사람들이 쉽게 성경을 읽을 수 있게 되었다는 것이다. 하나님께서 얼마나 기뻐하시는 일일까!

　　성경이 번역되는 일은 하나님께서 기뻐하시는 일이다. 그러므로 불가타본 성경이 번역된 것은 훌륭한 업적이라 할 수 있다. 영국의 종교개혁가 존 위클리프가 영어로 성경을 번역했는데 그때가 1382년이었다. 이때에 사용한 성경이 불가타 성경이었다. 그러니까 구약(히브리어)성경과 신약(헬라어)성경의 원서를 사용하여 영어로 번역한 것이 아니라 라틴어로 번역된 불가타 성경을 사용하여 번역했다는 것이다. 이만큼 불가타 성경이 세계에 끼친 영향은 크다 할 것이다.

　　불가타 성경은 400년경에서부터 1530년경까지 1,000년 이상 사용된 성경이며, 서유럽에서 가장 일반적으로 사용되어 가장 영향력이 있는 라틴어 번역본이다.

구텐베르크가 1450년 인쇄한 불가타 성경은 매우 귀하고 비쌌다. 불가타 성경은 역사적으로도 가장 중요한 라틴어 문헌이며, 오늘날에도 이탈리아에서는 라틴어 성경이 사용되고 있다.

(4) 카톨릭과 교황이 있는 바티칸 시국

바티칸 시국은 면적 0.44제곱킬로미터(133,100평)인 소국이다. 교황이 통치하는 신권국가로, 전 세계 카톨릭의 총본부다. 원래는 756~1870년까지 이탈리아 중부에 넓은 교황령이 있었다. 그러나 이탈리아 왕국에 1870년 강제 합병되었다.

카톨릭은 1929년 2월 11일에 교황청 주변의 지역에 대하여 주권을 인정하는 '라테라노조약'을 이탈리아와 체결하여 독립국이 되었다. 오늘날도 전 세계 카톨릭교도들의 정신적인 중심이며 교황을 비롯하여 고위 성직자들이 살고 있는 나라이다. 30만여 명을 수용할 수 있는 성베드로 광장, 교황청, 성베드로 성당 등이 있는 나라이다.

실제로 기독교 역사 2,000년의 역사에서 가장 중요한 지역이며, 바울 사도와 베드로 사도의 순교지이기도 하다. 오늘날도 전 세계의 카톨릭 성도들을 이끄는 카톨릭의 본산이다. 이탈리아에 바티칸 시국이 있다는 것은, 어쩌면 이스라엘의 예루살렘과 같이 중요한 곳이라 평가할 수가 있다.

(5) 르네상스의 발생지 이탈리아

르네상스(프랑스어 Renaissance, 이탈리아어 Rina Scenza)는 이탈리아에서 14~16세기에 일어난 문화운동으로서 프랑스, 독일, 영국 등으로 퍼져 나갔다. 르네상스는 학문 예술의 재탄생, 부활이라는 뜻으로 고대의 그리스·로마 문화를 이상으로 하여 이들을 부흥시키고 새 문화를 창출해 내려는 운동이다. 그 범위는 사상, 문학, 미술, 건축 등 다방면에 걸쳐 있다.

르네상스가 일어난 배경은 다음과 같다.

서로마제국이 멸망(476년)을 당한 후에 13세기 후반에 이르는 동안에 유럽은 인간의 지적, 창조성이 무시된 '암흑시대'였다고 평가되어 왔다. 그러니까 1,000여 년의 세월이 흐르는 동안에 유럽 사회는 카톨릭 문화만이 인정되고 있었으며, 반카톨릭 문화는 용인되지 않았고 오히려 처벌의 대상이 되었던 것이다. 르네상스가 지향하는 재생, 부활의 주체는 무엇이었을까? 그것은 고대 그리스·로마의 문화였다. 즉, 기독교가 지배하는 중세 천 년 동안 부정되어 왔던 고대 그리스·로마의 문화(이탈리아 역사, p. 124)였다.

동아 세계대백과사전의 르네상스 연표(동아 세계대백과사전, 11권, p. 69)에는 흥미로운 내용들이 있다.

1307년 단테의 『신곡(神曲)』 집필 개시, 1348년 보카치오의 『데카메론』 집필 개시, 1503년 다 빈치가 '모나리자'를 그리기 시작, 1513년 마키아벨리의 『군주론』 집필 개시, 마틴 루터의 「95개조 항의문」 발표, 1536년 칼뱅의 『기독교 강요』 출판 등이 들어 있다.

이 모든 작품과 그림 발표문들이 다 카톨릭 문화에서 자유롭고자 하는 작품들이었다.

그런데 또 다시 흥미로운 일은 1546년 트리엔트 공의회에서 결의한 카톨릭의 금서(禁書) 목록에는 츠빙글리와 칼뱅의 프로테스탄트 사상가들의 모든 저작, 단테의『신곡』, 마키아벨리의『군주론』, 갈릴레오 갈릴레이의 모든 저작(이탈리아 역사, p. 185) 등이 포함되어 있다.

또한 1577년 교황청은 지침서를 발표했다. 그것은 교회를 위해 일하는 화가, 조각가, 건축가들이 따라야 하는 지침서이다. 우리는 여기서 유럽의 역사가 진행된 과정을 통찰할 수가 있다.

1546년 카톨릭의 금서, 1577년 화가, 조각가, 건축가들이 지켜야 하는 지침서의 발표는 반카톨릭 작품 활동을 금지하고 있다는 사실이다. 그러니까 1577년에 발표된 지침서에서도 작가들의 자유로운 활동이 금지되고 있었다는 사실이다. 그러므로 작품, 예술 활동이 자유롭지 못했다는 사실을 반증하고 있다. 즉, 1577년에도 지침서를 발표하여 작가들의 자유로운 작품 활동을 금지하고 있었을 정도로 카톨릭의 영향력이 막강했다는 사실이다. 그러므로 그보다 앞선 시대의 상황에서는 자유로운 작품 활동이 더욱더 어려웠을 것으로 판단할 수가 있는 것이다. 그러나 아무리 어둠이 짙었다 해도 아침이 되면 빛은 밝아져 오듯이 암흑의 시대를 밝히는 르네상스의 시대가 밝아져 온 것이다.

필자는 여기서 의문을 제시한다.

단테의『신곡(神曲)』은 성경의 뜻을 잘 나타내는 기독교의 대표적인 작품이다. 그 작품이 왜 금서가 되어야 하느냐?

마틴 루터의 종교개혁은 성경을 성경의 자리에 올바르게 있게 하는 개혁이다. 루터의 개혁으로 교회는 더욱더 사람들에게 사랑받을 수가 있게 된 것이다. 성경이 더욱더 빛나게 된 것이다.

사람들의 자유와 창의성이 사람들을 자유롭고 행복한 세계에서 살도록 해 줄 수가 있는 것이다. 하나님은 성경에서 그것을 말씀해 주시고 있음이다. 그러함에도 불구하고 카톨릭 교회는 자유로운 작품 활동을 제한하고 처벌했다. 그리하여 저들이 권력을 휘두르던 시대가 암흑시대가 되고 만 것이다.

　　하나님의 말씀으로 창조된 세계는 빛의 세계이다. 밝고, 자유롭고, 활발한 세계인 것이다. 에덴동산의 아담과 하와가 그리 살았던 것이다. 그러나 죄가 아담과 하와의 자유를 제한하게 된 것이다. 카톨릭 교회의 죄악이 중세 유럽을 암흑시대로 만들어버린 것이다. 작가들의 자유로운 작품 활동을 제약하고 있었던 것이다. 성경은 얼마든지 사람들의 자유와 창의성을 존중하는 말씀들로 가득 차 있음을 분명히 알 수가 있다.

3.

하나님의 뜻을 거스르는 방향의
이탈리아

(1) 침략국 로마

B.C. 753년에 출발한 로마제국은 왕정 정치에서 B.C. 509년
에 공화정으로 바뀌었으며, 이때부터 나라는 부국강병이 되어 갔
다. 그리하여 처음 로마제국은 로마 지역 주위의 이탈리아 반도
남부를 침략하여 영토를 확장하였다. 1·2차 포에니 전쟁(1차: B.C.
264~242, 2차: B.C. 218~202)을 통해서 서지중해와 북부 아프리카를
점령하였으며, 갈리아 전쟁(B.C. 58년부터, 현재 프랑스 나라 지역)을
통해서 갈리아 땅을 차지하게 되었다. 갈리아 전쟁 4년째(B.C. 55
년)에는 브리타니아(현재 영국 나라)에 침략하였다. 이리하여 로마
제국은 지중해 전 해역을 로마의 지배하에 두었으며, 로마의 지
배를 받고 있는 나라들은 갈리아(프랑스), 브리타니아(영국), 북아
프리카, 에스파니아(포르투갈 포함), 그리스, 메소포타미아, 카파도
키아, 시리아, 이스라엘, 이집트, 북부 아프리카를 포함한 대제국
이었었다. 그 후 로마제국은 B.C. 27년에 아우구스투스 황제가
즉위함으로써 공화정이 폐지되고 황제의 나라가 되었다.

로마제국은 침략국으로서 수많은 악행을 저질렀다. 특히 침략
당한 나라의 백성들을 데려와서 로마의 노예로 삼았다. 침략국

로마제국도 그 영화가 서서히 저물어가게 되었으며, 마침내 476년 로마시가 있는 서로마제국이 멸망을 당하고 말았다.

(2) 노예제도

ⓐ 로마 시대의 노예제도

로마제국이 침략전쟁을 통하여 잡아 온 포로들은 대체로 노예가 되었다. B.C. 209년경에 로마제국의 인구는 180~270만 명으로, 이 중 노예의 숫자는 27만 명으로 추정하고 있으며 B.C. 43년경에는 전체 인구 750만 명으로, 노예 숫자는 200~400만 명이 되어 총인구 중 노예 비율이 40%로 증가하였다고 한다. 델로스섬에서 하루에 10,000여 명이 거래되었다고 한다.

노예는 인간으로서 대우를 받지 못하였고 물건이나 동물로 취급하는 재산이었다. "노예는 아무런 인격도 소유하지 않는다"라고 했다.

플라톤은 "노예는 말하는 도구"라 했고, 아리스토텔레스는 "노예는 생명 있는(혼을 가진) 재산"이라 했다. 로마제국의 시민들은 아주 가난한 사람 이외에는 모두 노예를 한두 명 소유했으며, 최소한 한 명은 소유했다고 한다. 노예를 statius라 했는데 이는 '서서 기다리는 자'라 하여 주인의 명령을 서서 기다리는 자였다. 노예 없는 사람은 마치 무기 없는 군인과 같다고 했다. 이처럼 노예의 숫자가 급격히 늘어가면서 로마의 시민들은 노동하지 않고 살아가는 사람으로 변화되어 갔다. 이는 훗날 로마제국 멸망의 한

원인이 되는 것이었다.

ⓑ 노예 스피르타쿠스의 저항(반란)

로마제국에 대한 노예 반란은 먼저 1차 노예 반란(B.C. 135~132)이 일어났고 2차 반란은 B.C. 104에 일어났다. 1·2차 노예 반란은 시칠리아에서 일어났다. 3차 반란까지 일어났는데, B.C. 73~71년에 일어난 스파르타쿠스의 반란은 로마제국을 크게 흔들어 놓은 반란이었다. 파푸아의 검투사 노예였던 스파르타쿠스는 동료 검투사 74명과 반란을 일으켰다. 그가 이끄는 반란군은 전성기에는 10만여 명에 이를 정도였다. 그는 여러 차례 로마의 정예군들과 싸워서 승리를 하였다.

마침내 로마는 크라수스 집정관이 스파르타쿠스 반란을 평정하기에 이른다. 3여 년 동안 로마를 공포 속으로 몰아넣은 스파르타쿠스가 사망하고 포로가 된 6,000여 명은 아피아 가도의 십자가형에 처해졌다. 수십 킬로미터에 이르는 길이었다. 이후 로마는 노예 한 사람이 주인을 살해하면 그 집에 있는 노예 전원(수백 명이라 해도)을 사형에 처한다는 엄격한 법률을 선포했다.

노예들의 반란은 생명을 내건 저항운동이다. 그만큼 노예들의 삶은 절박했으며, 사람이지만 물건 취급을 받고 살았으니 저들의 고통을 미루어 짐작할 수가 있다 할 것이다.

ⓒ 이탈리아의 노예무역

14세기까지 이탈리아에 노예를 공급했던 상인들은 해상공화국 베네치아와 제네바였다. 이들은 킬로스, 라이아초, 카파, 타나, 파마구스타 등 흑해와 동부 연안의 사람들을 포획하여 노예화한 후에 이탈리아 각지에 판매했다(이탈리아 역사, p. 79). 이탈리아 남부에서는 무어인과 사라센인 전쟁 포로들이 노예가 되었다. 15세기 후반이 되면 이탈리아에 공급되는 노예는 아프리카 흑인들로 바뀌게 되었으며, 그들은 거의 여성 노예들이었다. 저들은 가사 담당이었지만 주인의 성적인 만족을 채우는 데도 사용되었다고 한다.

이탈리아는 기원전부터 1478년에 이르기까지 노예무역을 실시하였던 나라이다. 이는 하나님의 사랑을 받을 수 있는 행위가 아니다. 오히려 하나님의 진노를 불러일으키는 행위이다. 저들은 그에 대한 하나님의 벌을 감수해야 한다는 사실을 간과하고 있었을 뿐이다.

(3) 기독교 박해

바울 사도와 베드로 사도가 순교당한 곳이 로마시이다. 사도들이 로마제국에 대한 선교활동에 나선 것은 1세기 무렵이었으며, 이때로부터 기독교는 로마제국 안에서 꾸준히 그 세력을 넓혀 갔으며 3세기 말경에는 교세가 크게 확장되었다. 그러나 로마제국은 기독교를 박해하기 시작했다. 다신교 국가였던 로마가 기독교를 박해한 이유는 기독교인들이 로마의 황제 숭배를 우상으로 간주하여 거부하였으며, 병역을 거부하였기 때문이다.

(4) 로마의 몰락과 타락

1,200년 이상을 지중해 전 해역과 유럽의 대륙을 지배해 왔던 로마가 멸망을 당한 데는 분명히 이유가 있었을 것이다. 그것이 무엇이든지 간에 후대의 사람들은 그 이유를 찾아내야 하고 그리고 인류의 역사 발전에 심각한 장애가 되는 것들을 제거해 나가야 할 것이다.

ⓐ 군단 장군들의 힘이 막강해지다

로마의 정복전쟁이 최고조로 달려갈 때에 로마의 군단을 지휘하는 장군들은 자신들의 힘을 깨닫기 시작했다. 즉, 군단들이 알프스 산맥을 넘고 바다를 건너게 되자 전쟁 기간에 정복한 나라에 남겨지게 되는 병사들은 로마의 지도자보다는 자신들의 장군의 명령에 복종하게 되는 것이다. 그러니까 더 이상은 로마의 병사가 아니라 폼페이우스의 병사, 카이사르의 병사가 된 것이다 (몽테스키외, 로마인의 흥망성쇠의 원인론, p. 105).

로마는 속주에서 최고의 자리를 차지한 장군이 로마의 장군인지, 아니면 적(敵)인지 알 수 없게 되었던 것이다(위의 책, p. 106). 로마의 융성함으로 인하여 로마공화국 원로원의 권위가 그 영향력을 상실하게 되는 아이러니한 현상이 일어나고 말았다. 이러한 현상이 로마의 무정부 상태를 야기했고 그리하여 나라가 멸망하는 원인이 되고 만 것이다.

하나님의 뜻과 세계 역사

ⓑ 원로원이 유명무실해지자 로마의 법치는 효력을 상실했다

장군들의 권력은 막강해지고, 원로원의 권력은 힘을 발휘하지
못하게 되자 로마의 법 또한 그 효력을 상실해 가고 있었다. 법치
가 무너지고 만 것이다.

법치가 무너지니까 나라는 멸망해 갔던 것이다.

ⓒ 로마인의 타락

국가가 융성해지자 시민들의 재산은 풍부해졌다. 그리고 로마
인들은 군사 기술에는 뛰어났지만 상업이나 수공업은 노예들이
하는 일(위의 책, p. 113)이라 생각하고 이런 일에는 종사하지 않았
다. 더욱이 공화정 말기에 로마에 소개된 '에피큐로스 학파'는 로
마인의 마음과 정신을 타락시키는 데 큰 역할을 했다(위의 책, p.
112).

이 학파는 이미 그리스인들을 타락시킨 바가 있었다. 저들의
주장은, 사람에게는 행복 추구권이 있으며 그것이 쾌락에 있다고
주장하였던 것이다. 로마인들은 부유해졌으며, 저들은 이제 사
치와 낭비, 풍요와 나태, 관능적 쾌락을 즐기기에 충분한 여유가
있었던 것이다.

(5) 교황의 오만

로마시에 있는 교황은 중세에 그 권위가 대단했다. 그의 권력

은 황제와 버금갈 정도로 막강하였다. 카톨릭 역사에서 황제와 교황의 충돌로 인하여 교황이 승리한 사건이 있었다. 이른바 '카노사의 굴욕' 사건이다. 이 사건을 계기로 하여 교황의 권위는 더욱더 높아만 갔다. 그러나 권위의 높음이 오히려 자신을 타락의 길로 몰아넣고 있다는 사실을 간과해서는 안 되는 것이다. 그것이 세계 역사에서 후대의 사람들이 배워야 하는 깨달음이다.

ⓐ 카노사의 굴욕 사건

교황과 황제의 권력 싸움은 오랜 역사를 가지고 있다. 신성로마제국의 하인리히 3세는 1046년 이탈리아에 가서 교황의 정통성 문제로 어려움을 겪던 때에 3명의 교황을 퇴임시키고(이기성, 독일, 프랑스, 이탈리아 역사 산책, p. 175) 새로운 교황을 선임하도록 결정을 내린 황제였다.

이때의 황제는 교황을 교체하라고 할 정도의 권위를 가졌던 것이다.

✠ 교황 그레고리 7세가 나타나다
그레고리 7세 교황은 1074년에 고위 성직자의 서임권은 교황에게 있다는 칙령을 발표하였다. 이제까지 황제가 고위 성직자의 서임권을 행사하였는데, 교황에게 있다는 칙령으로 인하여 교황과 황제의 권력 싸움이 불가피하게 시작된 것이다.

이러한 권력 싸움의 결과로 '카노사의 굴욕' 사건이 일어난 것이다.

하나님의 뜻과 세계 역사

✠ 카노사의 굴욕

　신성로마제국의 하인리히 4세 황제는 1076년 1월 보름스에서 회의를 열고 교황의 폐위를 선언하고 새로운 교황을 선출할 것을 요구하기에 이른다. 이에 교황은 보름스 선언이 발표된 다음 날 하인리히 4세를 파문하고 그의 황제 제위도 박탈하였다. 아울러 제국의 신민들은 파문당한 황제에게 복종할 의무가 없다고 선언하였다(위의 책, p. 189).

　이렇게 되자 정치적으로 황제를 지지하는 자들과 반대하는 자들의 복합적인 관계 속에 제후들은 1076년 10월에 회의를 열고 황제가 교황에게 사죄하라고(100일 안에 용서를 받으라는) 압박을 가하게 되었다. 1077년 1월 겨울에 황제는 교황이 머물고 있었던 카노사 성 앞에 나타났다.

　황제는 신발도 신지 않은 채 맨발로 수도사가 걸치는 옷을 입고 3일 동안이나 용서를 빌었다. 마침내 교황은 황제의 사죄를 받아들이고 파면을 취소했다. 이로써 교황이 황제에게 승리하게 되었던 것이다.

ⓑ 교황의 오만

　'카노사의 굴욕' 사건에서 승리를 만끽한 교황의 권위는 하늘로 치솟는 듯했다. 그리하여 교황들은 중세를 암흑시대로 이끌어가는 죄악을 저지르고 말았던 것이다. 저들은 자신이 누구인가를 잊었기 때문에 그러한 죄악에 빠지고 말았다.

ⓒ 교황은 누구인가? 베드로 사도의 후계자다

교황은 베드로 사도의 후계자라고 한다. 예수님은 베드로에게 천국 열쇠를 네게 준다고 하셨다.

"내가 천국 열쇠를 네게 주리니 네가 땅에서 무엇이든지 매면 하늘에서도 매일 것이요 네가 땅에서 무엇이든지 풀면 하늘에서도 풀리리라 하시고(마태 16:19)"

위의 말씀으로 베드로의 후계자인 교황에게 막강한 권위가 주어졌다고 생각을 하고 교황이 그러한 권위를 행사해 오고 있었던 것이다. 그러나 성경은 베드로에게만 그러한 권위를 준 것이 아니다.

"진실로 너희에게 이르노니 무엇이든지 너희가 땅에서 매면 하늘에서도 매일 것이요 무엇이든지 땅에서 풀면 하늘에서도 풀리리라(마태 18:18)"

예수님은 베드로에게만 천국 열쇠의 권위를 준 것이 아니라 제자들 모두에게 주신 것이다. 이 부분의 해석도 제자들만이 아니라 기독교인들에게 주어졌다고 해석한다.

예수님은 제자들에게 자신이 무엇을 위하여 오신 분인가를 분명히 알려 주셨다. 그분은 제자들의 발을 씻기시는 분이요, 섬김을 받으러 함이 아니요 섬기러 왔다고 하셨다.

"내가 주와 또는 선생이 되어 너희 발을 씻겼으니 너희도 서로 발을 씻기는 것이 옳으니라 내가 너희에게 행한 것같이 너희도 행하게 하려 하여 본을 보였노라(요한복음 13:14-15)"

"인자가 온 것은 섬김을 받으려 함이 아니라 도리어 섬기려 하고 자기 목숨을 많은 사람의 대속물로 주려 함이니라(마태 20:28)"

베드로 사도의 후계자라면 권력을 탐하고 권력을 휘두르는 자가 아니라 사람들의 발을 씻겨 주며 사람들을 섬기는 후계자의 자세로 사는 것이 마땅하다 할 것이다. 이에서 떠나 권력자가 된다면 그는 이미 성직자의 본분을 버린 사람이라 할 것이다.

ⓓ 이탈리아 반도에서 통일 국가 성립을 막은 교황

서로마제국이 476년 멸망을 당한 후에 이탈리아 반도에는 통일 국가가 없었다. 1861년 마침내 이탈리아 통일 국가가 나타났다. 실로 서로마 멸망 후 1,385년 만의 일이었다. 그렇다면 그 위대한 제국의 요람이었던 이탈리아가 어떤 연유로 통일 국가를 형성하지 못하고 있었던 것인가?

그것은 중부의 교황령이 문제였다. 교황은 이탈리아의 교황만이 아니라 전 유럽의 교황이었다. 교황의 최우선 정책은 이탈리아에서 통일 국가가 출현하는 것을 막는 일이었다(위의 책, p. 145). 통일 국가가 출현하면 교황령이 살아남을 수가 없었기 때문이다. 당시의 이탈리아는 북부의 도시국가들, 중부의 교황령, 남부의 시칠리아, 나폴리 왕국이 존재하는 상황이었다. 교황은 이탈리아 반도가 여러 도시국가의 형태로 존재하도록 정책을 세우고 그리 행동한 것이다. 이는 이탈리아가 통일 국가로 가는 길에 교황이 큰 걸림돌이었던 것이다.

(6) 제2차 세계대전의 침략국이 되다

제1차 세계대전이 끝나고 이탈리아에서는 파시즘이 일어나 베니토 무솔리니가 집권하게 되었다. 2차 대전이 일어나자 이탈리아는 일본과 함께 독일의 편에 서는 '추축국'의 일원이 되었다. 문제는 이탈리아가 왜 침략국인 독일과 일본의 편에 섰느냐 하는 것이다.

결국은 침략국인 독일과 일본이 패망하고 이탈리아도 패망하고 만다. 하나님께서는 침략국에 승리를 주시지 않는다. 패배만이 있을 뿐이다.

영국

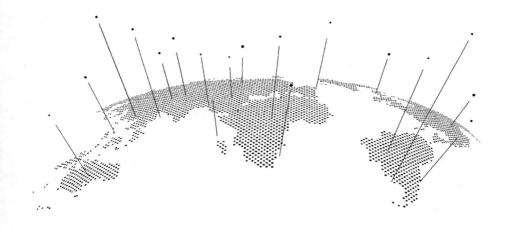

찬송가
280장 '천부여 의지 없어서'

성경
내가 산을 향하여 눈을 들리라
나의 도움이 어디서 올까
나의 도움은 천지를 지으신
여호와에게서로다

(시편 121:1-2)

I.

영국 융성과 쇠퇴의 원인

영국을 '해가 지지 않는 제국'이라 칭했다. 세계에서 가장 강대한 제국 영국은 1707년 스코틀랜드, 잉글랜드, 웨일즈가 합병되어 통일 왕국을 형성하여 영국이라는 나라가 되었다.

영국은 17세기 초에 징수한 세금의 총액이 프랑스의 1/3~1/4 정도에 머문 나라였다. 그러한 나라 영국이 강력한 해상력을 바탕으로 발전하여 제1차 세계대전 후에는 전 세계 지표의 1/4과 전 세계 인구의 1/4인 5억 명을 가진 대영제국(영국사, p. 69)을 이룩한 나라다. 2013년에 조직된 영연방(Commonwealth of nations)은 그 회원국이 54개국이다. 이는 영국과 대영제국의 식민지였던 국가들이 독립하여 구성된 연합체다. 영연방의 수장은 엘리자베스 2세다(쇠퇴한 후의 기록).

영국이 이러한 나라로 발전한 이유가 무엇일까? 그리고 그 영국이 1970년대 이후에 이등 국가로 전락한 이유는 무엇일까? 필자는 영국의 융성함과 쇠퇴함에 이유를 찾고자 하는 것이다. 그 이유가 정치적, 경제적, 사회적, 또는 개인의 이익이든지 간에 총체적으로 이루어진 결과물이 하나님의 뜻을 이루어가는 방향(순방향: right way라 칭함)과 하나님의 뜻을 거스르는 방향(역방향: against way라 칭함)으로 구분하여 논하고자 한다.

하나님의 뜻과 세계 역사

하나님의 뜻을 따르는
방향의 영국

(1) 영국은 기독교 국가이다

영국은 기독교를 믿는 나라이다. 저들은 예수 그리스도를 믿고 사는 사람들이므로 하나님의 일을 하는 사람들임에 틀림이 없다.

영국의 기독교는 로마 시대에 이미 브리튼 섬에 전파되었으며, 웨일즈 역사에서 6세기는 성인(聖人)들의 시대로 불릴 정도로 기독교가 성하였고, 아일랜드에서는 선교사들을 해외로 파송할 정도였다(영국사, p. 224).

교황의 명령으로 597년 성 아우구스티누스가 켄트 해안에 상륙하였는데, 당시 켄트 왕비가 기독교인이었기 때문에 그의 선교 활동은 쉽게 진행되었다고 한다(영국사, p. 225). 그리하여 영국은 기독교 국가로서의 발전을 해 온 것이다.

ⓐ 종교개혁의 뿌리 존 위클리프

절대권력을 가진 교황에 대하여 저항한 사람이 나타난다. 그

영국

91

는 옥스퍼드 대학의 신학 교수이며, 에드워드 3세의 궁정 사제인 존 위클리프였다. 그는 1373년『명세집』이라는 책을 저술하여 교황청과 교회에 대하여 저항하는 글을 썼다. 그는 교황권으로부터 영국의 정치적, 종교적 독립을 주장하였으며(동아 세계대백과사전, 22권, 동아출판사, 서울, 1991, p. 314) 또한 신앙과 구원의 최고 권위는 성경에 있다는 성경주의(聖經主義)를 주장하였고, 성경을 영어로 번역하기를 꾀하였다. 당시 성경은 라틴어로 쓰여져 있었기에 일반인들은 성경을 읽어볼 수가 없었던 것이다. 위클리프는 누구든지 성경을 읽을 수 있어야 함을 강조하고 그리하여 1382년에 영어 번역 성경이 출판되었는데 이를 '위클리프 성경'이라 칭하였다.

중요한 일은 위클리프는 교황에 저항한 신학자라는 사실이다. 이러한 노력 등이 후일 체코의 프라하 대학 총장이었으며 저명한 신학자요 사제였던 얀 후스의 종교개혁(면죄부를 판매하는 교황을 가룟 유다와 같다고 했다가 파문당하고 1415년 화형된다)과 마틴 루터의 종교개혁(1517년)에도 영향을 미쳤다고 한다.

ⓑ 수장령이 선포되다

헨리 8세는 형의 미망인과 결혼하였는데 그 후 헨리는 아내와 이혼하고 엔과 결혼하기를 원하였으나 로마의 교황이 이혼을 허락하지 않아 갈등이 일어났다(그리하여 교황은 이혼을 강행하려는 헨리를 1533년 파문하기에 이른다). 교황과 헨리 8세의 이러한 갈등으로 마침내 영국 교회가 로마 교황으로부터 독립하여 영국 국교회(Church of England)를 설립하고 왕을 교회의 수장(Supreme Head)으로

　　　　　　　　　　　　　하나님의 뜻과 세계 역사

인정하는 법을 의회가 통과시키기에 이른다(영국사, p. 287).

마침내 영국 교회는 법으로써 로마 교황으로부터 독립하게 된 것이다. 헨리 8세가 영국 교회의 수장이 된 것이다. 또한 수도원을 해산하고 수도원의 재산을 몰수하기에 이른다. 이는 매우 중요한 사건이라 평가할 수 있다.

그 이유는 절대권력을 가진 교황에 대항하여 영국 교회를 해방시키는 발걸음이었기 때문이다. 비록 수장령이 헨리 8세의 이혼 문제로 인하여 교황과의 갈등으로 발전한 다음 종교개혁법(수장령)이 통과되었지만 그것만이 다는 아니었다.

이미 위클리프의 종교개혁운동과 영어 성경 번역, 그리고 마틴 루터의 종교개혁(1517년) 등의 영향을 받은 것도 사실일 것이다.

ⓒ 신교가 뿌리를 내리다

영국은 헨리 8세의 수장령 선포를 통하여 카톨릭 국가에서 영국 국교회 국가가 된 것이다. 이는 위클리프의 교황 비판 등에서 영향을 받았으며, 헨리 8세의 이혼 문제 등으로 이에 이르게 된 것이다. 즉, 영국에서는 교황으로부터 영국 교회가 독립하여 영국 국교회를 세우게 된 것이다. 그러나 종교적인 혼란은 계속되었으며 교황은 집요하게 카톨릭 세력에게 영향력을 행사하고 있었던 것이다.

당시 영국은 정치와 종교를 분리하여 생각할 수 없는 시대였다. 통합적으로 판단하고 지도하는 그러한 시대였다. 엘리자베스 여왕은 자신의 치세에서 우선 과제가 국교회를 안정시키는 일이었다. 왜냐하면 카톨릭 세력의 반격과 국교회의 뿌리가 깊지 않았기에 종교적인 혼란을 거듭하고 있었기 때문이었다. 그녀는 1559년 최종적으로 국교회의 기본을 결정하고 신교의 원칙을 재확인하고 칼뱅주의 예정설을 교리로 결정하였으나, 카톨릭 식의 주교와 교회 조직은 그대로 두었다. 성직자의 결혼과 영어 기도서 및 영어 예배가 허용되었다(영국사, p. 295).

그러나 청교도(Puritan)라 불리는 비국교도들은 이 정도의 개혁에 만족하지 않고 철저한 개혁을 요구하기에 이른다. 여왕은 극단주의적인 신교도들도 왕권에 대한 위협이라 생각하고 우려했다. 그리하여 청교도들은 지하에 남아 있다가 17세기 내전(청교도 혁명) 때에 그 모습을 드러낸다.

교황은 엘리자베스 여왕을 1570년에 파문하고 그녀를 제거하는 행동이 신의 은총이라 선언하기에 이른다. 이에 카톨릭의 세력들 사이에서 집요하게 엘리자베스를 제거하려는 반역 음모가 진행되었던 것이다. 여왕은 그 모든 반대에도 불구하고 국교회를 안정시키면서 반대 세력들을 제거하기에 이른다. 그리고 1580년에 이르면 영국은 자타가 인정하는 최첨단 신교국(영국사, p. 297)이 되었다. 뿐만 아니라 엘리자베스는 에스파냐와의 갈등에서도 승리하게 되었다. 즉, 카톨릭 국가인 에스파냐는 당시 영국을 능가하는 강대국이었는데 교황을 지지하면서 영국에 압력을 행사하고 있었다. 신교국이었던 네덜란드의 요청으로 엘리자베스는 에스파냐의 무적함대와 전쟁을 하게 되었는데, 이 전쟁에서 영국이 승리하게 된 것이다.

전쟁 승리의 계기는 1588년 8월 8일 도버 해협 칼레 앞바다에서 무적함대와 영국 함대가 전투를 할 때에 갑자기 큰 바람과 풍랑이 일어나서 무적함대에게 타격을 준 사건이다. 이 전투에서 무적함대 81척이 파괴되었고, 그리하여 영국 함대가 승리하게

하나님의 뜻과 세계 역사

된 전투였다. 이때의 큰 바람을 '신교도의 바람(영국사, p. 300)'이라
한다. '신교도의 바람'이라 지칭할 정도로 바다는 영국의 편을 들
어주었으며, 에스파냐의 무적함대는 대패하였고 해상 세력에서
점차 쇠퇴하는 길로 들어선 것이다.

　이러한 사건을 어떻게 해석해야 하는 것인가? 우연하게 바다
에서 큰 바람과 큰 풍랑이 일어났다. 그렇다면 왜 사람들은 '신교
도의 바람'이라는 말을 붙였을까?

　"예수께서 이르시되 어찌하여 무서워하느냐 믿음이 적은 자들
아 하시고 곧 일어나사 바람과 바다를 꾸짖으시니 아주 잔잔하게
되거늘 그 사람들이 기이히 여겨 가로되 이 어떠한 사람이기에
바람과 바다도 순종하는고 하더라(마태복음 8:26-27)"

　필자는 위의 말씀에 힌트를 얻는다. 바람과 바다를 잔잔하게
하실 수 있는 예수 그리스도는 바다에 큰 풍랑을 일으킬 수도 있
음을 알아야 한다. 우연히 '신교도의 바람'이라는 말이 붙여진 것
이 아님을 주시해야 하는 것이다.

　이로 인하여 엘리자베스의 영국은 에스파냐를 누르고 막강한
해상 세력으로 부상하게 된 것이다. 종교적인 갈등이 에스파냐와의 전
쟁으로 이어지고, 그리고 영국은 국제 무대에서 막강한 해상 세력으로 등장
하게 된 것이다.

ⓓ 스코틀랜드의 종교개혁

　스코틀랜드에서 카톨릭으로 회귀하려는 메리 튜더 여왕은 카

톨릭교도로 자랐으며, 어머니를 폐비시킨 신교 세력을 증오하였으며 국민들을 카톨릭으로 이끌려는 광신자였다. 그녀는 즉위하자마자 라틴어 미사를 부활시켰으며, 신교도들을 이단으로 몰아 300여 명을 처형시켰다(영국사, p. 293). 그리하여 메리 튜터는 '피의 메리(Bloody Mary)'라는 별명을 얻게 되었다. 이때에 헨리 8세와 에드워드 시대의 켄터베리 대주교였던 크랜머 등 신교의 지도자들을 화형에 처하였던 것이다.

신교도들은 여왕의 박해를 피하여 제네바 등으로 피신을 하고 있었다. 그러나 신교의 뿌리는 자라나고 있었으며 장로교가 개혁의 중심이 되었고 존 녹스가 지도자였다. 그는 메리 스튜어트 여왕이 여자이며 카톨릭교도였기에 군주로 인정하지 않았다(영국사, p. 299). 저들은 반란을 일으켜서 카톨릭 세력인 메리 여왕을 감금하고 왕위를 양위하게 하였을 정도로 신교의 뿌리를 깊이 내리고 있었다.

ⓒ 킹 제임스 번역 성경(1611년)이 출판되다

✠ 영국의 영어 성경 번역의 역사

전 세계에서 가장 많이 읽히고 가장 널리 알려진 성경은 킹 제임스(King James Version: 1611년 출판) 성경이다. 이 성경은 제임스 1세가 청교도인 레이놀즈의 제안으로 시작한 성경이다. 레이놀즈는 모든 교회가 보편적으로 사용할 수 있는 역본을 만들자고 제의하였으며, 왕이 수락하여 성공회와 청교도가 연합하여 번역한 영어 번역본이다. 왕은 성공회의 귀족 그룹과 평민들의 청교도 그룹이 모두 만족하는 성경을 만들고자 한 것이다.

하나님의 뜻과 세계 역사

영국에는 이미 '존 위클리프 성경'이 있었다. 위클리프는 라틴어 불가타 성경을 번역하였으나 '영어 성경의 아버지'라 불리는 윌리엄 틴들은 히브리어와 헬라어에서 직접 번역을 하였다. 그러나 그는 성경을 번역하기 위하여 독일에 가서 영어 성경 번역을 계속하다가 1535년 네덜란드에서 교황의 사자에게 체포되어 1536년에 화형을 당하였다. 이러한 영어 성경 번역의 역사를 거치면서 마침내 1604년 왕이 47명의 학자들을 임명하여 번역을 하게 한 것이다.

1604년에 시작하여 1611년에 완역하게 되었다. 이 성경은 영국 역사에 중요한 획을 그은 쾌거라 할 수 있다. 오늘날 세계는 '킹 제임스 영어 성경'을 셰익스피어의 작품과 더불어 영국 문학을 대표하는 고전이라 평가하고 있기 때문이다.

✠ 킹 제임스 성경의 영향

영국의 명예혁명과 미국의 독립전쟁 시에 혁명가들의 손에 들린 것은 '킹 제임스 성경'이었다. 이미 영국은 대영제국 시기에 식민지 통로를 통하여 킹 제임스 성경을 퍼뜨렸으며, 그리하여 영어권의 사람들이 가장 많이 읽는 성경이 된 것이다. 그 영향력은 대단하다 할 것이다.

미국의 초대 대통령 조지 워싱턴은 1789년 대통령 취임식 때에 킹 제임스 성경에 손을 얹고 선서했으며, 1861년 아브라함 링컨 대통령도 킹 제임스 성경을 사용했다. 근세에 이르러는 로널드 레이건 대통령도 킹 제임스 성경을 사용했다. 킹 제임스 성경 번역 400주년인 2011년 4월 미국의 상원과 하원은 '킹 제임스 성경이 미국에 미친 공헌을 기념하기 위한 특별 성명'을 공표하였으며, 영국의 웨스트 민스터 사원에서는 400주년 기념식을 거행한 바가 있다.

이처럼 킹 제임스 성경은 전 세계에 큰 영향력을 가지고 있음을 알 수 있다.

ⓕ 감리교회의 탄생

존 웨슬리는 옥스퍼드 대학교를 졸업하고 성공회의 사제 서품 (1728년 9월)을 받은 성직자였다. 그는 아버지 사무엘 웨슬리의 교구에서 목회하다가 1729년 동생 찰스 웨슬리, 조지 휫필드와 같이 옥스퍼드 대학 내에서 신성클럽(Holy Club)을 조직하여 함께 활동하다가 미국에 선교사로 갔지만 성공하지 못하고 돌아왔다.

그는 귀국 중에 독일 경건파인 모라비안교도들을 만나고 독일의 모라비안 집회에 참여하여 뜨거운 회심(回心)을 경험한 후 종교적 체험과 성결한 생활을 역설하는 설교자가 되었다. 그는 1738년 5월 24일 20시 45분에 마음이 뜨거워지는 경험을 하게 되었다. 그는 그때 오랜 기간 고민하고 번뇌하던 회의와 불안이 일시에 사라지고 죄와 사망의 법(法)에서 구원받았다는 확신을 갖게 되었다. 그는 이때부터 복음주의자가 되어서 종교적 체험과 성결한 생활을 역설하는 설교가가 되었다.

그의 이러한 활동이 영국 국교회의 사제들과 충돌하게 되었으며, 그는 성공회에서 설교할 강단을 허락받지 못하고 사제 직무 정지를 당했다. 그는 1739년 4월 2일 최초로 야외 설교를 시작하였으며 "세계는 나의 교구"라고 외쳤다. 그는 말을 타고 전국을 순회하였는데, 42,000여 회의 설교를 하였다. 그리하여 그는 독립적인 교단을 설립하게 되었는데 1784년 감리교회(Methodist

Church: 엄격한 규율 준수자들)를 설립하게 되었다. 그는 당시 혼탁하고 퇴폐적인 사회에서 엄격한 규율을 지키며 사회봉사활동에 힘쓰자고 강조하였다. 실로 그는 18C 산업혁명으로 각종 사회 문제가 산적했던 영국을 변화시키는 큰일을 행한 것이다.

한국 광림교회를 세계 제1의 감리교회로 성장시킨 김선도 목사는 요한 웨슬리의 전도열이 개인을 바꾸고, 사회를 바꾸는 열매로 맺어져 당시 프랑스의 유혈혁명을 영국은 무혈혁명(김선도, 5분의 기적, 서울, 넥서스, p. 86)으로 이루어 낸 쾌거는 그의 가슴을 뜨겁게 했다고 기록하고 있다. 한 나라를 유혈혁명의 위기에서 무혈혁명으로 이끌었다는 것은 실로 큰 공로라 평가할 수가 있다.

(2) 정치적인 순방향

ⓐ 대헌장(Magna Carta)

존 왕은 왕위에 올라서 실정을 거듭하고 프랑스와의 전쟁에서 프랑스 땅에 있는 영지를 다 잃어버렸다. 이러한 계기로 영국의 대귀족들은 왕권을 제한하려는 시도로 새로운 문서를 만들었는데 그 문서가 대헌장이었다. 거기에는 모든 방패세와 비정규적 지출은 대자문회의의 동의 없이는 부과할 수 없다는 조항이었다(영국사, p. 253). 이 조항은 왕권을 크게 위축시키는 조항이었으며 왕과 귀족의 상호 견제가 정착하기 시작한 것이다.

이는 영국의 역사뿐 아니라 세계 역사에 중요한 시발점이라 할 수 있다. 왜냐하면 절대적인 권력을 행사하던 왕권을 제한하였기 때문이다. 즉, 왕을 견제할 수 있는 법이 만들어진 것이다. 이는 한 사람의 무능한 왕으로 인하여 귀족의 힘이 커지게 되었고, 그로 인하여 권력이 분산되는 계기가 된 것이다. 이는 세계 민주주의의 발전에 기여했다고 평가할 수가 있는 사건이었다.

ⓑ 의회의 발달

영국 의회의 발전은 민주주의 발전에 크게 기여했다는 사실을 부정할 수 없다. 레스터의 백작 시몽 드 몽포르가 1265년 1월 20일 소집한 의회는 의회사에 큰 획을 그었다. 의회 구성원들이 귀족들뿐만 아니라 카운티의 기사들과 도시 대표들(영국사, p. 269)도 포함되었기 때문이다. 그러니까 그때까지는 의회가 귀족들로만 구성되었지만, 그때부터는 의회에 도시 대표들까지 포함되었기 때문이다. 이는 대의(代議)정치의 중요한 이정표가 된 것이다.

의회가 영국 정치체제의 당연한 한 부분이 된 것은 에드워드 1세(1272~1307) 치세였다. 그는 지방과 도시의 대표들을 포함하는 의회를 자주 소집함으로써 영국 국민의 정체성 발전에 크게 공헌하게 되었다.

1295년에 소집된 모범의회(Model Parliament)는 모든 귀족과 주교, 대주교, 각 주에서 2명의 기사들, 소도시에서 2명의 대표들이 참석하였으며 이들 모두가 대표권을 행사했다. 초기 의회는 대헌장의 원칙, 즉 왕은 납세자나 그 대표가 동의해야 과세할 수 있다는 원칙에 입각하여 과세하는 비준 기관의 역할을 하였다. 그러나 의회는 세금 부여를 허용해 주면서 자신의 존재가치를 입증하고 있었던 것이다.

의회는 더욱 발전하여 1340년에 이르러 의회에 평민이 포함되어야 한다는 결정이 내려졌고, 이때부터 양원의 의회가 시작되었다. 왕의 자문위원회가 강화되어 상원(House of Lords)이 되고, 주와 도시에서 선출된 대표들이 하원(House of Commons)이 되었다.

또한 의회는 법을 시행하는 데 주도권을 잡게 되었으며 백년전쟁 동안 끊임없이 돈이 필요하게 되자 의회의 영향력은 더욱 강화되기에 이른다.

에드워드 3세 때에 소집된 선량의회(Good Parliament, 1376년)는 시민들의 관심을 효과적으로 대변하기에 이르렀다. 즉, 의회는 백년전쟁의 군사적인 패배와 높은 세율, 정부 관료의 부패 등에 대해 비판하였으며 몇몇 관리들을 탄핵하기도(영국사, p. 271) 했다. 1429년부터는 주를 대표하는 기사들의 선출이 정기적으로 시행되었다.

이로써 의회는 왕의 권력을 비판하고 시민들의 대표가 정치에 참여하는 시대를 열어 가고 있었다. 영국이 의회제도를 정착시켜 가고 있던 때에 대한민국의 시대는 어떠했는가? 1215년은 고려시대였으며, 1429년은 조선 세종대왕의 시대였다. 왕이 권력을 독점하던 시대였다.

ⓒ 내전(청교도 혁명)이 일어나다

찰스 1세는 대주교 로드를 통하여 새로운 종교 정책을 펼쳤는데, 설교보다 성찬식을 강조하고 새로운 기도서를 작성하였다. 이 정책에 반대한 청교도들이 외국으로 떠나고 로드가 장로교인 스코틀랜드 교회에 새로운 기도서를 강제하자 봉기가 일어났다.

또한 1641년 10월에는 카톨릭교도들이 봉기하여 수천 명의 잉글랜드 정착민 신교도들을 학살(영국사, p. 317)하는 사건이 발생했다.

이러한 일련의 사건으로 말미암아 왕과 의회는 갈등하게 되었다. 그런데 찰스는 1642년 1월에 400여 명의 군사들을 이끌고 하원에 침입하여 반대파 지도자 5명을 체포하고자 시도하였다. 이로 인하여 마침내 1642년 8월에 내전이 일어났다.

왕당파와 의회파의 전쟁이 시작된 것이다. 전쟁의 결과는 왕의 군대에 항복하면서 끝이 나는 것처럼 보였다. 그러나 이제는 의회의 군대가 서로를 공격하게 되었다. 그 모든 내전의 결과 크롬웰의 군대가 승리하게 되었다. 크롬웰은 극단적인 청교도였다. 그는 호국경(Lord Protector)으로 추대되고 왕에 버금가는 권력을 누리며 영국을 지도했다.

이로써 영국에는 새로운 시대가 열렸다. 즉, 찰스 1세가 1649년 1월 30일 처형되고 왕정복고가 이루어지는 1660년까지 왕이 없는 공위시대(Interregnum)가 된 것이다. 비록 그 후에 왕정 시대가 다시 시작되지만 그래도 왕이 아닌 지도자가 나라를 지도하는 시대를 맛보게 된 것이다. 당시 유럽 다른 나라들과는 확실히 비교되는 것이다. 왜냐하면 다른 나라에서는 왕정 시대가 계속되고 있었기 때문이다. 영국의 청교도 혁명은 이처럼 왕권신수설에 타격을 주었으며 그 후 명예혁명에도 영향을 주어서 마침내 왕과 의회가 함께 나라를 지도해 가는 시대를 열게 된 것이다.

ⓓ 명예혁명(1688년)이 성공하다

제임스 2세 왕은 카톨릭이었다. 그의 치세에 카톨릭을 중시하는 정책을 시행함으로써 신교 지도자들의 반발을 불러 일으켰다. 왕의 아들이 태어나자 또 다시 카톨릭 왕이 즉위할 것에 반발하여 의회의 지도자 휘그와 토리가 음모하여 네덜란드의 오란 공작에게 영국을 침략하도록 요청하여서 성사가 되었다.

제임스 왕은 오란 공작의 침략에 맞서지 못하고 프랑스로 도주해 버리고 말았다. 이로써 신교도인 윌리엄과 아내인 메리가 공동 왕위를 계승받게 되었다.

무혈혁명이 성공하였기에 명예혁명(Glorious Revolution, 1688년)이라 불렀다. 명예혁명 후 소집된 의회는 카톨릭교도의 왕위 계승 배제를 결의하고, 권리장전(Bill of Rights, 1689년)을 발표하였다.

권리장전에는 왕이 법을 마음대로 유보시킬 수 없으며, 의회의 동의 없이 과세할 수 없으며, 의회선거는 자유롭게 실시되어야 하고, 의회에서의 논의는 완전히 자유로워야 한다는 등의 13개 항목(영국사, p. 330)으로 구성되었다. 의회가 과세권을 가지며, 군대는 최소한으로 유지되며, 사법권은 독립되어야 한다는 원칙이 이루어졌다. 또한 폭정에 대하여 반란을 일으킬 수 있는 권리와 인신보호법, '법 앞에서의 평등' 등은 다른 나라에서는 19세기에나 겨우 실현된 권리들(영국사, p. 332)이었다. 명예혁명 이후에 달라진 정치 상황을 보면, 왕권은 계속 축소되어서 양원이 통과시킨 법을 왕이 비토할 수 없게 되었으며 출판, 언론, 양심의 자유가 더해져서 국민이 누리는 권리들은 점점 더 늘어나고 있었다. 18세기 영국은 '자유의 나라'라고 불렸으며 영국의 가장 중요한 기준이 '자유'였다는 사실이다.

이로써 영국에서 왕의 권력은 제한을 받게 되고 의회의 힘이 확대되었다. 근대 민주주의의 틀이 영국에서 무르익어 가고 있었던 것이다.

ⓔ 산업혁명으로 세계를 변화시키다

영국에서 처음으로 시작된 산업혁명은 인류의 삶을 근본적으로 변화시키는 혁명이었다. 기계가 사람의 노동력을 대신하여 그 생산력에 막대한 증가를 가져왔기 때문이다. 산업혁명은 처음에 방적부문에서 시작되었다. 최초의 방적기는 물레보다 200배의 실을 생산하였다. 노동자 2명이 돌보는 레이스 제작 기계 하나가 수직포공 1만 명의 일을 대신(영국사, p. 368)하였다. 1774년에 제임스 와트가 만든 증기기관차는 말 수백 마리의 동력을 대신하였다. 이처럼 기계 기술이 발전함으로써 생산력은 크게 증가하여서 영국은 공업과 상업 생산량이 1700~1750년에 50% 증가하였고, 1750~1800년에는 160% 이상 증가하였다. 1760~1820년 면직물 생산량은 60배 이상 증가하였으며, 1788~1820년에는 강철 생산량이 6배 이상 증가하였다. 이처럼 산업혁명은 기계문명의 발전으로 인류의 사회경제적, 정치적, 지적 조건을 근본적으로 변화시켜나가고 있었다.

1820년에는 영국을 산업국가(영국사, p. 367)라 할 수 있게 되었다. 이처럼 산업혁명은 영국을 변화시켰을 뿐 아니라 세계를 변화시키는 일을 하고 있었다.

ⓕ 인구가 급증하다

영국에서는 16세기부터 시작된 농업혁명으로 농업인구는 줄어들고 산업현장에 노동력이 투입되는 현상이 뚜렷해졌다. 농

하나님의 뜻과 세계 역사

업혁명으로 토지 소유와 보유의 재조직, 새로운 작물 재배, 윤작법, 가축 사육의 체계적인 방법 등이 17세기 후반기에 도입되었다. 이러한 농업혁명의 결과 1800년에는 생산량이 1700년보다 60% 이상 늘었으며 농업 생산성도 크게 증가하여 1700년에 농업인구 1명이 1.7명을 부양하였으나 1800년에는 2.5명을 부양할 수 있게 되었다(영국사 p. 365). 이는 영국 농업 생산성이 유럽의 다른 지역에 비해 효율성이 뛰어났던 것이다. 프랑스보다 2.5배의 효율성이 나타나고 있었다. 이처럼 농업혁명으로 인하여 사회 전반에 인구이동이 일어났다. 즉, 17세기 말에 전체 노동력의 50~55%가 농업인구였으며, 1801년에는 36%, 1841년에는 21%로 급격히 감소하였으며 잉여 노동력은 산업부문으로 진출할 수가 있었다. 이때의 영국에서는 인구가 급속히 증가하고 있었다. 1700년 9,900,000명, 1750년 10,750,000명, 1800년 15,595,000명, 1820년 21,900,000명으로 증가했다(영국사, p. 366).

위의 통계에서 알 수 있듯이 영국은 120여 년 만에 100% 이상의 인구 증가가 이루어진 것이다. 이때의 영국은 산업혁명기에 있었기에 더 많은 노동력이 필요하였고, 이들이 산업발전에 크게 기여하게 된 것이다.

이는 창세기 1:28의 "생육하고 번성하여 땅에 충만하라 땅을 정복하라 바다의 고기와 공중의 새와 땅에 움직이는 모든 생물을 다스리라"라는 말씀이 이루어지고 있음이었다. 인구의 증가는 하나님의 축복 속에서 이루어지는 것이다.

영국은 하나님의 축복 속에 나라가 발전하고 있었던 것이다.

⑧ 나이팅게일의 생명 살리기

　영국 부호의 딸로 태어난 프로렌스 나이팅게일(1820~1910)은 당시 사회에서 천대받는(병원에서 잡역일을 하는 등) 직업인 간호사가 되겠다고 하자 부모의 극심한 반대에 부딪쳤다. 그러나 그녀는 '간호사가 되라는 하나님의 계시를 받음으로서' 일생의 신앙적 사명으로 확신했다.

✠ 크림반도 전쟁에 간호사로 참여하다

　당시 크림반도에서 전쟁(1853~1856)이 일어났다. 그녀는 전쟁터에서 많은 사상자들이 치료를 받지 못해서 죽어가고 있다는 소식을 듣자 1854년 11월 38명의 성공회 간호사들을 이끌고 전쟁터로 갔다. 당시 야전병원의 상태는 너무나 더러웠고, 화장실 오물이 넘쳐나서 병원 안에서는 코를 찌르는 악취가 진동했다. 그녀는 즉시 위생적으로 깨끗한 야전병원이 되도록 청소를 했다. 실제로 병원에서는 총을 맞아 죽는 병사보다 부상을 제때에 치료하지 못해서 사망하거나, 병사(病舍) 내에 전염병이 돌아서 사망하는 자가 훨씬 많았다. 작은 상처가 아물기 전에 감염이 되거나 파상풍에 걸리거나 하는 등의 문제들이었다.

　영국은 1800년대에 위생법이 발효되었지만 실제로 실행에 옮긴 것은 나이팅게일이라 해도 과언이 아니다. 그녀의 헌신적인 간호업무로 인하여 영국군 부상자의 사망률이 40%에서 2%로 급감하는 기적이 일어났다. 그녀는 밤마다 등불을 들고 병사들을 돌보았기에 '등불을 든 여인'이라는 별칭도 듣게 되었다.

✠ 나이팅게일과 간호학교 설립

그녀는 크림반도 전쟁 후에 얻은 명성으로 기부금을 받아서 세인트 토마스 병원에 간호학교를 설립했다. 그녀의 간호사 선서는 유명하다.

"나는 일생을 의롭게 살며 간호직에 최선을 다할 것을 하나님과 여러분 앞에서 선서합니다. 나는 인간의 생명에 해로운 일은 어떠한 상황에서도 하지 않겠습니다."

그녀를 기리기 위해서 국제적십자는 매년 세계의 우수 간호사들에게 '나이팅게일' 기장을 수여하고 있다.

✠ 나이팅게일은 통계학자이기도 했다

그녀는 전쟁 기간 동안에 800쪽이 넘는 통계보고서를 쓴 것으로도 유명하다. 1858년에는 크림전쟁 기간 동안 발생한 사망자와 부상자 수의 통계를 도표(그림)로 보여주는 '로즈 다이어그램(rose diagram)'을 발표하여 주목을 끌었다. 이 도표는 18세기 최고의 통계 그래픽 중의 하나로 꼽힌다.

이처럼 프로렌스 나이팅게일은 사람의 생명을 귀중히 여기는 사람으로 인정을 받았다. 이는 생명 존중이라는 하나님의 뜻에 부합하는 사람이다. 그가 간호사로서 헌신적인 활동으로 죽어가는 생명들을 무수히 건진 것은 너무나 소중한 활동이다.

사망률이 40%에서 2%로 급감한 그 공로는 너무나 크며, 그리고 세계적으로도 간호사의 활동을 증진하게 했으니 하나님의 대단한 사람임에 틀림이 없다 할 것이다. 생명을 살리는 위대한 영국인이다.

ⓗ 제1·2차 세계대전

20세기에 영국이 세계평화에 크게 기여한 일들은 제1·2차 세계대전에서의 역할이다. 1차 대전에서도 영국은 침략국인 독일과 맞서서 싸운 1등 공신이며 2차 대전에서도 마찬가지였다.

�֍ 1차 대전

1914년 7월 28일 오스트리아가 세르비아를 공격함으로써 1차 대전이 일어났다.

1882년 독일, 오스트리아-헝가리, 이탈리아가 '3국 동맹'을 맺었으며 1907년 영국, 프랑스, 러시아가 '3국 협상(연합)'을 맺었다. 이러한 동맹 관계의 나라들이 서로 도우면서 1차 대전이 일어나고 말았다.

1917년 4월 미국이 1차 대전에 참전하기까지 영국은 독일을 상대하는 나라였다. 미국이 참전하기까지 영국이 독일에 맞서서 버티어 낸 것이다. 1918년 11월 11일 독일이 연합국에 항복하였다. 영국은 제1차 세계대전의 승리에 크게 기여한 나라이다.

✖ 2차 대전

1937년 11월 이탈리아가 독일과 일본의 방공협정에 참여함으로써 3국 동맹이 결성되었다. 1939년 9월 1일 독일이 폴란드를 침공하고 9월 3일에 영국과 프랑스가 독일에 선전포고를 하면서 제2차 세계대전이 시작된 것이다.

1939년 8월 23일 독일이 소련을 침공하자 소련이 연합국의 일원이 되었다. 이제 영국, 프랑스, 소련과 독일, 일본, 이탈리아의 전쟁으로 전개된 것이다.

1941년 6월 14일 파리가 점령당하자 드골은 런던으로 망명하여 대독일 항전에 나섰다. 1941년 12월 7일 일본이 미국 진주만을 침략하자 미국이 연합국의 일원이 되어 2차 대전에 참전하게 된다. 이때까지 실제로 독일에 대항한 것은 영국이었다. 2년 3개월 동안 영국이 저항한 그 공로는 대단하다 할 것이다.

마침내 1944년 6월 6일 영미 연합군의 노르망디 상륙작전 성공으로 1945년 4월 30일 히틀러가 자살하고 5월 7일에 독일군이 연합국에 항복함으로써, 그리고 8월 15일 일본이 항복함으로써 2차 대전은 종전이 되었다.

영국이 1·2차 대전에서 세운 전공은 혁혁하다 할 것이다. 이렇듯 20세기에 영국이 세계평화에 기여한 공로는 대단하다 할 수 있다.

① UN 안전보장이사회 상임이사국 영국

영국은 2차 대전의 전승국으로서 UN의 안보리 상임이사국이 되었다. 미국, 프랑스와 같이 자유민주주의를 지키는 데 앞장서 왔다.

21세기인 오늘의 세계에서도 영국은 미국의 주장에 함께하는 나라이다. 영국은 세계평화와 민주주의를 지키는 큰 역할을 감당하고 있다.

3.

하나님의 뜻을 거스르는 방향의
영국

(1) 노예무역

근대의 노예무역의 중심에 영국이 있었던 것은 사실이다. 영국 노예무역의 중심에 있었던 인물은 존 호킨스(John Hawkyns)다.

그는 해적에서 무역업자, 군인, 선박 설계자에 이르기까지 다양한 일을 했던 인물이다. 그는 1562년 카리브해에서 포르투갈의 노예무역선을 습격하여 흑인 노예 301명을 빼앗아 서인도제도 연안에 팔아넘겼다. 영국의 노예무역은 이때로부터 본격화되었던 것이다.

노예무역에는 많은 후원자가 있었다. 왜냐하면 고수익을 안겨다 주었기 때문이다. 그 후원자들 중에는 엘리자베스 여왕도 있었는데 왕은 외국 선박을 약탈하고 노예를 가득 실으라며 호킨스에게 대형 선박까지 주었다. 영국 왕실의 전폭적인 지원 속에서 아프리카 연안에 삼각무역망을 구축하게 되었던 것이다.

이로부터 삼각무역의 한 축이 노예들이었다. 삼각무역이란 영국, 아메리카, 아프리카를 오가면서 영국산의 물품을 아메리카에, 노예를 아메리카에, 그리고 아메리카의 면화와 설탕을 교환하던 무역을 일컫는다. 3세기 넘게 이어지면서 서구의 자본 형성에 결정적인 영향을 끼치게 되었다.

ⓐ 고대 사회의 노예

✠ 성경에서 말하는 노예

성경에서 노예에 대해서는 이스라엘 민족이 애굽에서 노예로 살았다는 것을 기억하라고 말씀하시고 있다. 즉, 자신들이 노예로 살았기에 노예에 대해서는 당시 고대 사회의 다른 나라들과는 다른 견해를 밝히고 있다.

“네 동족 히브리 남자나 히브리 여자가 네게 팔렸다 하자 만일 육 년을 너를 섬겼거든 제 칠년에 너는 그를 놓아 자유하게 할 것이요 그를 놓아 자유하게 할 때에는 공수로 가게 하지 말고 네 양무리 중에서와 타작 마당에서와 포도주 틀에서 그에게 후히 줄지니 곧 네 하나님 여호와께서 네게 복을 주신 대로 그에게 줄지니라(신명기 15:12-14)”

이스라엘 나라는 가난 등으로 인하여 불가피하게 노예가 된 사람들을 6년 동안 일하게 하고 7년째에는 놓아서 자유를 주라 하신다. 뿐만 아니라 그에게 후한 물질을 주어서 보내라고 하신다. 이는 다른 나라에서 통용되는 제도와는 분명히 다른 제도이다. 이처럼 이스라엘은 자신들이 애굽에서 노예로 살았기에 분명히 노예에 대하여 다른 입장을 가지고 있었다.

✠ 로마에서의 노예

로마의 노예로는 콜로세움 안에서 생명을 걸고 싸우는 검투사들을 생각할 수 있다. 저들은 검투사들의 죽음을 오락으로 삼는 잔인한 귀족들의 방탕함(세계사 편력, 네루, p. 31)이 나타난 것이다. 이러한 잔인함의 그늘에는 수많은 민중의 고통과 궁핍이 있었다. 즉, 귀족들의 호화로운 생활을 위해서 민중들에게 고액의 세금을 부과한 것이다. 그뿐만이 아니다. 로마는 정복한 여러 나라에서 물품을 빼앗아 올 뿐만 아니라 노예들도 데려왔다. 그리스인의 성지였던 데로스 섬에는 큰 노예시장이 있었는데 하루의 매매 인원이 1만 명이(세계사 편력, p. 32) 넘는 경우도 있었다고 한다. 또한 콜로세움에서는 한 번에 1,200명에 달하는 검투사들이 많은 사람들의 구경거리가 되었으며, 저들 노예 검투사들은 황제를 비롯한 귀족들의 심심풀이가 되어 생명을 잃어버려야만 했던 것이다.

이는 악이며, 악한 제도이다. 사람의 생명을 자신들의 놀잇감으로 여겼으니 이것이야말로 정말 끔찍한 악이 아니고 무엇이란 말인가?

이러한 악한 제도가 고대로부터 이어지다가 1862년 9월에 미국의 아브라함 대통령이 '노예 해방선언'을 할 때까지 계속되어 왔으니 가히 하나님을 진노하게 하는 제도였던 것이 분명하다 할 것이다. 사람을 상품으로 취급하고 생명을 놀잇감으로 여기는 사람들을 대하여 공의로우신 하나님께서 어찌 진노하시지 않았겠는가?

필자가 주목하는 것은, 자신들의 이익을 따라 노예무역이라는 그렇게 잔인한 일을 저지르면서도 그것이 하나님을 진노하게 한다는 사실을 모르고 있었다는 것이다. 실제로 로마는 귀족들의 노리개였던 노예들이 분노하여 검투사 스파르타쿠스의 지휘 아래 반란을 일으켰다. 그러나 저들은 진압되어서 로마의 아피안 거리에서 6,000여 명의 반란 노예들이 처형되고 말았다(세계사 편력, p. 29). 이처럼 로마는 노예들의 반란 등으로 인하여 나라가 어지럽게 되고 그리하여 마침내 멸망하게 되었다.

로마의 멸망 원인이 노예제도만이 아니라 할지라도, 분명히 그 원인 중에 하나라는 것은 간과할 수 없는 사실이다. 이미 로마에서 노예제도로 인하여 나라가 멸망하는 역사가 있었다면 그 후의 나라들은 로마의 전철을 밟아가지 않아야 함은 당연한 일이다.

그러나 스페인, 포르투갈, 영국은 노예무역에 매진하게 된다. 특히 영국은 1713년 '유트레히트' 평화조약에 의해 스페인의 노예무역권을 빼앗았다(세계사 편력, p. 241). 이로부터 영국은 노예무역을 독점하게 된다.

ⓑ 영국의 노예무역

1492년 콜럼버스가 아메리카 대륙을 발견하고 그곳을 인도의 서쪽이라 생각해서 붙인 이름이 서인도제도이다. 스페인은 아메리카에서 광산 개발, 사탕수수와 연초 재배의 대농장을 운영하면서 아메리카 인디언을 혹사하여서 원주민의 숫자가 줄어들었다. 그리하여 저들이 아프리카 흑인들을(동아 세계대백과사전, 7권, p. 450) 데려와서 노동자로 삼고자 한 계기가 바로 노예무역의 시작이 된 것이다.

이에 포르투갈의 모험가들도 가세하여 아프리카 서안의 흑인들을 잡아서 노예무역을 발전시키게 된 것이다. 또한 16세기 말에서 17세기 후반에 걸쳐서 네덜란드, 프랑스, 영국 등이 신대륙과 아프리카 서안의 스페인, 포르투갈이 차지하고 있었던 노예무역의 독점권(위의 책, p. 450)에 침투하여 경쟁을 하게 된 것이다.

영국은 1672년 왕립 아프리카회사를 설립하여 노예무역을 본격화하게 했다. 아울러서 스페인, 포르투갈과 경쟁하여 1713년 마침내 '유트레히트조약'을 스페인과 체결함으로써 노예무역 독점권을 차지하게 된 것이다.

이때로부터 영국은 노예무역을 독점하다시피 하였으며 특히 삼각무역을 발전시키면서 엄청난 부를 축적하게 되었다. 1771년 영국 노예무역선의 수는 190척에 이르렀으며 연간 47,000명의 노예들을 운반하여 이윤은 30~100%에(위의 책, p. 450) 이르렀다고 한다.

이처럼 부를 축적했던 노예무역에서 노예무역선의 환경은 열악하기 그지없어서 100톤의 노예선에 400여 명 이상이나 적재하여 항해 중에 1/6이, 길들이는 중에 1/3이 사망하였다고 한다. 보통 노예들을 매입할 때에는 럼주(酒), 화약, 직물 등을 추장에게 지불하였으나 1750년 이후부터는 노예 수렵으로 이루어졌다.

이렇게 잔인하게 노예들을 강제로 끌어오면서도 저들을 항해 중에 죽게 하였으니 그 잔혹함과 비참함을 말로 표현할 수 없을 정도다. 아래는 이처럼 천인공노할 노예무역의 잔인함을 증거하는 사례다.

영국의 리버풀과 브리스톨은 노예무역의 중심 도시였다. 영국은 노예무역을 위하여 선박을 새로이 건조하였는데, 갑판 사이에 우리를 마련하여 흑인들을 쇠사슬로 묶어서 눕게 하였다. 한 사람에게 허용된 공간은 겨우 길이 170센티미터, 너비 40센티미터였다(세계사 편력, p. 241).

저들이 대서양을 항해하는 기간은 몇 주간, 또는 몇 달이 되기도 했다. 따라서 저들은 지옥 같은 공간에서 하나밖에 없는 자신의 생명을 잃어버리기도 한 것이다.

ⓒ 노예무역 폐지운동이 시작되다

식민지의 노예무역과 노예제도는 유럽 제국의 번영에 크게 기여하였기에 사회적으로 대체로 용인하는 분위기였다. 그러나 18세기 후반에 자본주의의 발달과 인도주의(人道主義), 복음주의(福音主義), 민주주의 운동이 일어나면서 노예무역의 잔인함과 비인간성, 노예무역선의 비참함이 알려지면서 식자(識者)층에서 비판하기 시작하게 된다. 특히 퀘이커교도들이 1727년에 노예무역을 '허용할 수 없는 관행'이라 선언하게 되고, 1793년에는 서인도제도의 노예 해방과 노예무역의 폐지를 주장하기에 이른다. 이러한 운동이 점차 발전하게 되어서 1792년에는 윌버포스가 제출한 노예무역의 점차적 폐지안이 하원에서 가결되었다. 그러나 당시 프랑스 대혁명으로 인하여 보수주의자들이 득세함으로써 이 법안이 제대로 빛을 보지 못하게 되고 말았다.

그러나 노예제도 폐지운동의 큰 물결을 잠재울 수는 없었다. 마침내 노예제도 폐지운동은 빛을 보게 되었다. 그것은 1807년에 노예무역 폐지 법안이 영국 상하원을 통과하게 되었기 때문이다. 또한 1802년에는 덴마크가, 1807년에는 미국이, 1814년에는 프랑스도 노예무역을 폐지한다는 데 동의하게 된 것이다. 이처럼 노예무역은 세계의 여러 나라들이 그 폐지 법안을 통과시킴으로써 빛을 보게 된 것이다. 그러나 노예무역이 완전히 해결된 것은 아니었다. 서인도제도에서, 미국 남부에서 노예제도가 존속하는 한 노예무역의 근절은 어려운 일이었다.

미국에서 남북전쟁이 시작되고 1863년 아브라함 링컨 대통령이 노예 해방을 선포함으로써 마침내 노예 해방과 노예무역의 금지가 실현된 것이다. 고대로부터 근세에 이르기까지 수많은 노예들의 생명이 희생되다가, 마침내 그 악독한 제도가 폐지된 것이다.

우리는 노예제도에 대하여 깊이 생각해야 한다. 산업발전으로 부강한 영국이 더 많은 부를 축적하기 위하여 천인공노할 노예무역을 행함으로써 결국 자신들의 나라를 쇠퇴의 길로 이끌었다는 것을 알아야 한다. 하나님의 뜻에 반(反)하는 일들을 행하는 나라에 대하여 하나님은 진노하신다는 사실을 알아야 한다.

세계의 역사는 하나님의 뜻대로 운행되고 있는 것이다. 하나님의 뜻을 따르면 번영할 것이고, 반대로 따르지 아니하면 쇠퇴의 길로 들어서는 것임을 깊이 깨달아야 할 것이다. 이는 영국만이 아니라 하나님께서 선택하신 이스라엘도 마찬가지였다. 어쩌면 이스라엘을 모델로 삼으사 세계를 향한 하나님의 뜻을 나타내신 것이라 할 수 있다.

(2) 식민지 지배

영국은 '해가 지지 않는 나라'라 할 정도로 세계에서 넓은 식민지를 지배하고 있었던 나라이다. 16세기 튜터 시대로부터 해외 영토를 획득하기 시작한 영국은 제1차 세계대전 후 제국이 최대로 팽창했을 때에는 전 세계 지표의 1/4과 전 세계 인구의 1/4인 5억 명을 제국 내에 포함하고(영국사, p. 69) 있었던 나라이다. 영국의 식민지에서 독립한 나라들이 새로운 국제기구를 만들었는데 그것이 영연방(Commonwealth of Nations)이다.

이 나라들은 52개국에 이르고 있다. 그 52개 나라 중에 주요한 나라들은 캐나다, 오스트레일리아, 뉴질랜드, 인도 등이 있다. 또한 그 52개국 중에는 영국 국왕을 그 나라의 국가 원수로 인정하는 나라가 15개국이 있다. 이처럼 영국은 해가 지지 않을 정도로 세계 곳곳에 식민지를 지배한 나라였다.

영국은 엘리자베스 여왕 때인 1588년 8월 8일 스페인의 무적함대를 격파하였다. '신교도의 바람'이 도버 해협을 건너오는 무적함대를 괴롭히고, 그리하여 영국의 해군이 승리하게 된 것이다. 이때부터 영국은 점차 해상에서의 우위를 점하게 되고 해상 국가로서의 위용을 떨치게 된 것이다.

물론 이때까지도 영국은 스페인보다도, 프랑스보다도 뒤처진 나라였다. 그러나 영국은 농민혁명, 산업혁명, 명예혁명 그리고 의회주의의 발전으로 강대국으로서의 면모를 갖추어가고 있었던 것이 사실이다.

그러다 7년전쟁 후에는 영국이 마침내 세계적인 대국으로 발돋움하게 되었던 것이다. 프랑스와 7년전쟁을 종결하는 '파리조약'을 체결함으로써 영국은 산업, 식민지, 해군력에서 자타가 인정하는 강력한 국가가 된 것이다(영국사, p. 350).

원래 7년전쟁(1756~1763)은 북아메리카 대륙의 식민지 경쟁에서 시작이 되었지만 동맹 관계에 있던 유럽의 국가들이 서로 뒤엉켜서 전면전으로 발전하여 유럽, 아시아, 아메리카 대륙에서 전쟁하는 일종의 세계적인 전쟁이 되었던 것이다(영국사, p. 348).

초기 전황은 영국이 불리했으나 윌리엄 피트가 수상이 된 후에 반전이 되었다. 대륙에서 프랑스를 견제하고 식민지에서 프랑스를 패배시켜야 한다는 주장이 지지를 얻게 되어 국가적인 총력을 경주하여 프랑스를 압도하게 되었으며, 인도에서는 동인도회사가 프랑스군을 격파하였고, 북아메리카에서도 1760년에 프랑스 영토를 공격하여 영국은 퀘벡, 몬트리올을 포함한 미시시피 북쪽 (영국사, p. 349)의 모든 지역을 지배하게 됨으로써 북아메리카에서 프랑스를 누르고 식민제국으로 부상하게 되었던 것이다.

18세기는 전쟁으로 점철되었던 시기다. 영국은 상비군과 해군의 필요성을 확인해 주었으며, 스페인 왕위 계승 전쟁에서 육군의 필요성이 부각되어 육군을 육성하였으며, 1815년 웨링턴 공작과 블뤼허 장군이 이끄는 영국 프로이센 연합군이 벨기에 남부 워터루에서 프랑스 나폴레옹 황제와 전투를 벌이고 연합군이 승리함으로써 영국에서는 강력한 육군이 육성되었다.

이미 엘리자베스 여왕 때에 스페인의 무적함대를 격파함으로써 해군이 육성되었으며, 무엇보다도 1805년 영국 해군의 넬슨 제독은 스페인 남서쪽 트라팔가르에서 프랑스와 스페인의 연합함대를 격파하여 승리함으로써 근대적인 영국 해군이 육성된 것이다.

영국은 육군과 해군이 강성해짐에 따라 그들의 눈을 세계로 향하여 식민지 지배에 열을 올리게 된 것이다.

ⓐ 인도

인도를 식민지로 지배하기 시작한 것은 1600년에 설립된 영국의 동인도회사 때부터다. 처음에는 동양을 상대로 무역을 하는 회사였다. 실제로 동인도회사는 처음에 '우리의 사업은 전쟁이

하나님의 뜻과 세계 역사

아닌 무역이다'라고 할 정도로 무역에 충실했다. 즉, 모직물시장 확보 및 향신료 획득, 후추, 커피, 설탕 등의 무역업을 했다. 그러나 동인도회사는 군사력을 갖춘 회사로서 무역과 식민지 점거를 위한 전진기지로도 활용되기 시작했고, 인도에서 그 영향력을 확대하기 위해서 1757년 프랑스와 무굴제국(인도)을 상대로 전쟁을 수행한 후 승리하게 되자 인도에서 외국 세력을 축출하고 영국의 지배를 확대하기에 이른다. 동인도회사는 인도인들을 용병으로 고용하여 자신들의 회사를 위한 군대로 사용하였다. 그러다가 세포이(인도인 용병)의 항쟁(1857년~1859년)이 일어나게 되었다. 그 항쟁을 계기로 인하여 영국 정부는 동인도회사의 인도 지배를 종식시키고 인도 전역을 영국 정부의 식민지로 만들어 버렸다. 이때부터 시작한 영국의 인도 식민 지배는 1947년 8월 15일 인도가 주권국가로 독립할 때까지 이어졌다.

영국에 있어 인도의 경제적인 가치는 대단했다. 인도는 거대하고 안정된 상품시장이며 투자시장이었다. 1870년 인도의 수입의 80%는 영국 제품이었고, 1913년에도 60% 이상이 영국 제품이었다(영국사, p.80). 인도는 전 세계에서 단일 지역으로서는 가장 큰 영국의 수출시장이었다. 뿐만 아니라 중국과의 삼각무역에 필요한 아편의 생산지였던 것이다.

실제로 제1차 세계대전 때에는 인도인 병사 150만 명이 참전하였으며, 제2차 세계대전에서도 인도인 병사 250만 명이(영국사, p. 81) 참전하였던 것이다. 이처럼 인도인들이 영국인과 함께 제1·2차 세계대전에서 전쟁을 수행했다는 사실만 보아도 영국이 인도를 식민지화함으로써 얻은 이익은 정치적, 군사적, 경제적인 이익을 넘어서서 영국을 세계적인 제국으로 우뚝 서게 하는 데 크게 기여했다고 할 수가 있다.

ⓑ 미국

영국의 청교도들이 1620년 종교의 자유를 찾아서 메이플라워호를 타고 신대륙으로 건너갔다. 그곳에서 저들은 삶의 터전을 가꾸어 가면서 본국인 영국과의 교류를 하며 개척지를 넓혀 가고 있었다.

청교도 102명 중에서 남자 41명이 서명한 문서에는 "우리들은 제임스 국왕의 충직한 신하들로서 신의 영광과 기독교 신앙의 증진, 그리고 우리 왕과 조국의 명예를 위하여 항해하여 버지니아 북부에 최초의 식민지를 건설하고자 합니다"라고 되어 있었다.

즉, 신대륙의 청교도들은 자신들이 신대륙에 영국의 식민지를 건설하겠다고 함으로써 저들은 식민지 개척자가 된 것이다. 그리하여 신대륙이 거대한 영국의 식민지가 되었던 것이다.

식민지가 점차 확대되어 가는 중에 영국은 동인도회사가 신대륙에서 차를 강매할 수 있는 권리를 부여하게 된다. 이렇게 되자 신대륙의 개척자들은 차의 거래에 상당한 제약을 받게 되었다. 1773년 차를 실은 동인도회사의 배가 보스턴 항구에 정박하자 개척자들은 군중들의 성원 속에 차 수송선에 올라서 적재되어 있는 차를 바닷속에 던져 버렸다(세계사 편력, p, 111). 소위 말하는 '보스턴 티 파티'가 벌어진 것이다. 이 사건을 계기로 하여 1년 반이 지난 1775년에 전쟁에 휩싸이게 되고 만다.

영국의 식민지 미국은 1776년 7월 4일 세계를 향하여 미국의 독립을 선언하였다. 이렇게 된 원인은 영국 자국의 정치적인 실패 때문이라 할 것이다. 즉, 영국은 7년전쟁의 승리 후 거대 제국의 운영에서 생기는 문제점을 알게 되고 그리하여 제국 운영의 합리화를 추진하게 되었다.

하나님의 뜻과 세계 역사

그리하여 식민지 방위를 위해서는 그 경비를 식민지가 부담하도록 하였다. 가장 중요한 논란은 영국의회가 식민지를 위해서 입법화(영국사, p. 73) 할 수 있다는 원칙을 세웠다는 점이다.

즉, 영국은 7년전쟁과 캐나다, 미시시피 전쟁 등으로 인한 막대한 전쟁 비용을 충당하기 위하여 설탕 조례, 군대 숙영지 조례, 인지 조례 등으로 식민지에 큰 부담을 요구하는 각종 세금을 부여하게 되었다. 이러한 영국의회의 식민지 입법화 원칙으로 식민지는 이제껏 누리고 있던 자치권에 대한 중대한 침해라고 판단하고 영국의회에 반대하였으며 '보스턴 티 파티'를 계기로 결국은 아메리카 독립전쟁이 일어난 것이다.

전쟁의 초창기에는 영국이 우세하였다. 그러나 1778년 영국의 앙숙인 프랑스가 미국 편에 서게 되었고 그리하여 전쟁은 장기화되었던 것이다. 마침내 1783년 9월 3일에 파리에서 강화조약이 체결되고 미국은 독립을 쟁취하게 된 것이다.

영국은 7년전쟁과 캐나다 미시시피 전쟁에서 승리하였지만 아이러니하게도 그 전쟁의 결과로 미국이라는 거대 식민지를 잃고 말았다.

ⓒ 오스트레일리아, 뉴질랜드

※ 오스트레일리아(호주)

호주는 네덜란드의 두이푸켄호가 1606년에 처음으로 발견하였으며, 그 후 1770년 영국인 선장 제임스 쿡이 3차례나 탐험을 하였다.

그리하여 영국의 식민지가 된 호주에는 영국의 죄수들을 보내는 새로운 유배 식민지를 건설하기로 계획하고 1788년 필립이 이끈 11척의 함대에 1,030명(유형수 726명)이 탑승하여 시드니 항구에 도착하기에 이른다.

1793년에는 자유민 11명이 도착하고 이후 영국인의 이주가 급증하여 1850년에는 인구가 405,000명에 이르렀다. 또한 1840년까지 유형자들이 10만여 명(동아 세계대백과사전, 30권, p. 279)이나 호주에 보내졌다.

그러나 자유민들의 이주가 급증하고 자연증가도 이어져 마침내 1870년에는 인구 160만 명에 달하는 나라가 된 것이다. 1901년 1월 1일에 호주연방이 발족하게 되었으며 영연방의 일원이 되기에 이른다.

호주에서는 제2차 세계대전 때에 호주군 100만 명이(위의 책, p. 280) 참전하였으며 한국전쟁에도 17,000명을 파병하였다. 이처럼 호주는 세계평화를 위한 국가로서 역할을 감당하고 있다.

✠ 뉴질랜드

뉴질랜드는 1642년 네덜란드의 탐험가 아벨 타스만에 의하여 발견되었다. 그는 유럽인 최초로 뉴질랜드를 발견하였으나 식민지로 만든 것은 영국이었다.

영국인 선장 제임스 쿡은 1769년 뉴질랜드를 탐험하고 해안지도를 만들었다. 1790년경부터 유럽인들이 이주하기 시작하였으며 1840년 영국 왕실과 원주민인 마오리족 사이에 '와이팅이조약'을 체결함으로써 뉴질랜드 주권을 인수받게 된다.

이때부터 영국인들의 이주가 급증하게 되었으며 영국은 식민지 지배를 강화하기에 이른다.

ⓓ 남아프리카공화국

희망봉으로 상징되는 남아프리카공화국은 영연방의 한 나라
이다. 1488년 포르투갈의 극동 항로 개척으로 인하여 발견된 곳
이 희망봉이다.

그리하여 포르투갈의 식민지였다가 1652년 네덜란드 동인도
회사의 얀 반 리베크가 식민지화하였으며, 1814년에 네덜란드협
정에 의하여 영국의 식민지가 되었다.

희망봉은 세계의 해운업과 해양사에 매우 중요한 곳이다. 이
곳을 통과하는 글리퍼 항로는 아시아를 잇는 최단 통로인 수에즈
운하가 봉쇄될 경우에 유일한 대체 항로이기 때문이다.

영국은 이 나라를 식민지화한 후에 주변의 아프리카 나라들도
식민지화한 것이다. 오늘날 영연방에 가입한 아프리카 나라가
19개국에 달하고 있다는 것은 무엇을 의미하는 것인가?

(3) 아편전쟁

ⓐ 제1차 아편전쟁

영국은 인도를 식민지화함으로써 인도를 기점으로 하여 중국
과의 무역 증진에 힘을 기울였다. 그리하여 영국의 동인도회사
는 중국 정부로부터 무역 독점권을 부여받게 되었다. 인도는 아
편을 생산하는 지역이었으며, 19세기 중엽에 아편은 인도의 가
장 중요한 수출품이었다(영국사, p. 80). 이미 15세기경부터 중국은

인도에서 아편을 수입하였으며(세계사 편력, p. 167) 인도에서 수송한 것 중에 아편은 실로 악질적인 물건이었다. 그러나 그때의 무역은 한정적이었던 것이다.

19세기 들어 인도의 동인도회사에 의하여 아편무역이 급속히 증가했던 것이다. 이로 인하여 아편을 피우는 습관이 중국 전역으로 퍼져나갔는데, 이것이 국민들에게 심각한 영향을 끼치게 된 것이다. 더욱이 거액의 화폐를 빼앗기게 되었으므로 중국 정부는 아편을 금지하는 정책을 채택하게 된 것이다.

마침내 1800년 중국 정부는 그 용도를 불문하고 아편 수입을 일체 금지하는 명령을(세계사 편력, p. 168) 내렸다. 그러나 아편무역은 외국인들에게 엄청난 이윤을 남길 수 있는 장사였다. 그러므로 저들은 중국 관리에게 뇌물 공여 등 온갖 수단 방법을 가리지 않고 아편 밀수를 계속했던 것이다. 더욱이 영국 정부가 동인도회사로부터 중국 무역의 독점권을 회수하여 모든 영국인에게 개방한(세계사 편력, p. 168) 1834년 이후 사태는 더욱더 악화되었다.

아편의 밀수액은 점점 늘어났다. 그러자 중국 정부는 아편 밀수를 금지하기 위하여 강경 정책을 펼쳤는데 임칙서라는 관리를 흠차대신으로 임명하여 아편 2만 상자를 외국인들로부터 회수하여 불태우고 말았다. 그리고 아편 소지를 금지하는 포고령을 발표하였다. 이 포고를 위반하면 중국 정부는 배와 그 화물 전부를 몰수한다는 것이었다. 이러한 강경책이 결국은 아편전쟁을 불러오게 되었다.

1840년 영국은 아편무역에서 오는 엄청난 이익을 포기하지 않고 중국과의 전쟁을 시작했다. 이 전쟁에서 중국은 영국에 패배하고, 1842년 아편 등의 무역을 위하여 5개 항구를 개방한다는 '남경조약'을 체결하기에 이른다. 이는 광동, 상해, 하문, 영파, 복

하나님의 뜻과 세계 역사

주 항구였다.

또한 영국은 홍콩(세계사 편력, p. 169)을 차지하였으며, 불태운 아편과 거액의 전쟁 비용을 받아낸 것이다. 이로써 영국은 군사력으로써 중국을 압도하고 아편무역을 계속하게 된 것이다. 그러나 그것은 악한 무역이었다. 아편은 사람들을 무기력하게 만들었으며, 중국 황제는 중국인들에게 끼치는 무서운 해악의 실상을 영국의 빅토리아 여왕에게 정중하게 호소했으나 아무런 대답이 없었다.

중국은 외국 무역을 받아들여야만 하는 처지에 놓이게 되었고 그리하여 고립 시대의 막을 내리게 된다. 더구나 기독교의 선교사들이 중국에 들어오면서 저들이 제국주의의 앞잡이 역할을(세계사 편력, p. 169) 함으로써 곳곳에 문제가 일어나고 있었다.

특히 선교사들은 중국법을 적용받지 않고 자기 나라의 법률에 따른다는 새로운 조약을 체결하였으며, 치외법권적인 보호를 받게 되었다. 더욱이 기독교로 개종한 사람들까지도 치외법권의 특별 보호를 받을 권리를 주장하였다.

이러한 선교사들의 행동은 중국인들의 반감을 불러일으키고, 그리하여 선교사를 죽이는 사건이 일어나기도 하였다. 영국은 선교사 살해 사건을 계기로 중국 정부에 책임을 묻고 막대한 보상과 특권 확대의 계기로 삼았던 것이다.

ⓑ 제2차 아편전쟁

이후 태평천국의 난이 일어난다. 아편전쟁과 그 전쟁의 비용을 보상하는 등으로 인하여 중국 정부는 국민들에게 더 많은 세금을 부여하게 되었고, 이로 인하여 국민들의 삶은 더욱더 피폐해져 갔다.

그러한 상황 속에서 중국인 기독교 개종자 홍수전(洪秀全)이 1843년 세례를 받고 배상재회(拜上帝會)를 설립한 후 피폐해져 있던 그 농민들의 마음을 공략하여 따르는 무리가 생겨나게 되었다. 마침내 홍수전이 1850년에 일으킨 태평천국의 난으로 12년여 동안 2,000만여 명이나 희생되는 참혹한 반란이 일어난 것이다. 이는 광신도 한 사람이 저지른 일이었지만, 기독교 선교사들에게 그 화살이 돌아가고 말았다. 선교사들은 처음 얼마 동안은 그 난을 지지하는 편이었으나 곧 홍수전을 부인하였다(세계사 편력, p. 170). 그러나 중국 정부와 국민들은 선교사들에 대한 의심의 마음을 가지고 있었다. 저들에게 선교사들은 제국의 앞잡이로 인식되었던 것이다. 저들은 우선 선교, 다음엔 함포, 그리고는 영토의 병합을 추구한다는 것이 중국인의 마음속에 비친 사건의 순서였다(세계사 편력, p. 170).

선교사는 그 후에도 중국의 분쟁에 수없이 등장하였다. 여하튼 선교사들에 대한 인식이 본래의 선교사들이 가진 이미지와는 다르게 인식이 되고 말았다.

중국이 태평천국의 난으로 인한 국내 문제에 정신이 없을 때가 외국인들에게는 다시 없는 기회의 시기였다. 영국은 마침내 구실을 만들어서 1856년 '애로호' 사건을 계기로 제2차 아편전쟁을 일으켰다. 이때 프랑스는 자국의 선교사가 광서성에서 살해당한 사건으로 인하여 영국의 편을 들게 되었다. 그리하여 1858년 영국, 프랑스, 러시아, 미국 등이 참여하는 '천진조약'이 체결되고 그리하여 중국은 열강의 먹잇감이 되어 피해를 보게 되었다. 뿐만 아니라 천진조약의 비준 관계로 인하여 다시 갈등이 일어나서 영국과 프랑스는 1860년 고도 북경을 향해 진격하였다. 이 보복으로 인해 북경에서 가장 장엄하고 화려한 건축물인 원명원 궁전이(세계사 편력, p. 173) 파괴되고, 방화와 약탈이 일어나고 말았다. 저들은 수백 년 동안 찬란하게 핀 중국의 문화와 예술이 파괴되고 진귀한 보물이 없어진 것에 대하여는 아무런 관심도 없는 듯했다.

사람인 영국인과 프랑스인은 그러할지라도, 하늘에 계신 하나님은 저들의 광적인 횡포를 어떻게 생각하실까? 생각해 보아야 하지 않았을까? 영국인들의 그 탐심으로 인하여 중국인들이 아편 중독자가 되고, 수백 년의 문화와 예술이 파괴되는 그 악함을 하나님은 어찌 생각하실까?

4.

영국을 종합하다

(1) 영국의 번영과 쇠락

영국은 변두리의 약소국으로 간주되었다가, 유럽의 강대국들이 개입하여 10년 넘게 계속된 스페인 왕위 계승 전쟁이 끝났을 무렵(1713년)에 급속히 주요 국가의 하나로 부상하게 되었다(영국사, p. 72).

그러한 영국이 프랑스와의 7년전쟁(1756~1763)의 승리로 인하여 막강한 제국 세력으로 성장하게 되었다. 이때의 영국은 지중해와 대서양, 북아메리카와 서인도제도, 그리고 아시아와 아프리카까지 포괄하는 세계 최대의 제국 세력이 된 것이다.

이러한 영국의 번영은 어디에 기인하는 것일까? 필자는 질문을 하게 된다. 그 이유는 앞에서 기술한 하나님의 뜻을 따르는 방향에 잘 나타나 있다 하겠다.

그렇다면 그 세계 최대의 강국이 힘을 잃고 그 날개가 꺾이고 있는 것은 왜일까? 그것 역시 필자가 기술한, 하나님의 뜻에 따르지 않는 역방향으로 갔기 때문이다. 영국이 제국으로서 세계의 지표 1/4과 인구 1/4을 가진 세계 제1의 나라였는데 왜 나라의 국력이 기울어지고 있을까?

저들은 세계 최대의 땅을 가진 제국이 되었으나 그 강대한 힘을 노예무역으로, 아편 수출로, 그리고 식민지 지배를 통해 더욱 더 큰 부(富)를 축적하는 구조를 만들었다. 하지만 오히려 나라는 번영에서 쇠락의 길로 들어서고 말았다. 이유가 무엇일까?

무슨 논리로, 이론으로 설명할 수가 있을까? 필자는 설명할 수 있는 키는 하나님께 있다고 주장을 하고 있다.

하나님만이 그 해답을 내릴 수 있는 키(key)인 것이다. 하나님의 뜻을 따르지 않으면 번영이 아니라 쇠락의 길로 들어가는 것이다. 솔로몬 왕의 그 지혜와 부와 권력이 왜 망하는 길로 들어섰던가? 그 대답은 하나님이셨다. 영국에 대한 답은 다른 그 어떠한 이론으로도 설명할 수 없을 것이다.

(2) 다시 번영을 꿈꾼다

영국은 지난 수세기의 영국을 면밀히 되돌아보아야 한다. 그리하여 번영의 때와 쇠락의 때를 분석해 내야 한다.

거기에 영국의 미래와 번영의 길이 있다. 그 번영의 길을 찾아내고, 그 번영의 길을 따라가야 한다.

프랑스

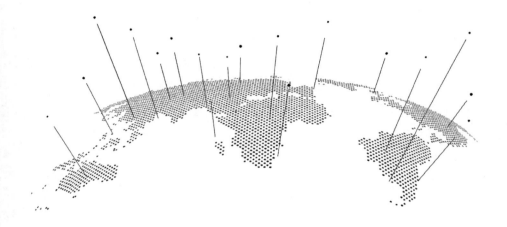

찬송가
125장 '천사들의 노래가'

성경
새 계명을 너희에게 주노니 서로 사랑하라
내가 너희를 사랑한 것같이
너희도 서로 사랑하라

(요한복음 13:34)

프랑스의 역사

프랑스, 독일, 이탈리아의 역사는 서로마의 멸망과 관계가 있다 할 것이다. 로마의 용병 대장인 게르만인 오토아케르가 로물루스 아우구스 툴루스 황제를 폐위시키고 서로마제국을 멸망시켰다(476년). 그 후 동로마제국은 1453년 오스만 투르크에 의하여 멸망을 당할 때까지 존속하였다. 그러나 서로마제국의 멸망으로 인하여 유럽은 게르만 민족 각 부족들의 각축장으로 변화되었던 것이다. 그러니까 오늘날의 프랑스와 독일 등지의 땅에는 뚜렷한 나라가 없었고 다양한 부족국가만 형성되어 있었던 것이다.

그러므로 로마가 멸망을 당한 이유는 어떤 나라의 침략으로서가 아니라 로마의 용병 대장인 게르만인에 의해 멸망을 당한 것이다. 당시 로마는 게르만인들을 야만인들로(동아 세계백과사전, 10권, p. 527) 취급하여서 저들을 로마의 용병으로 사용하였다.

이는 로마가 행하였던 악한 일들로 인해 따라온 결과라 할 수가 있다. 당시 로마가 저지른 악함은 다음과 같다. 정복국가에서 데려온 노예들을 착취함으로써 로마인들은 노동을 하지 않았으며, 또한 귀족들의 성적인 문란으로 건강한 로마인의 후세가 태어나지 못하는 문제가 나타난 것이다. 그리하여 자신들의 나라를 지키는 병사들을 로마인들이 아닌 야만인 용병으로 채우게 되었던 것이다.

그러므로 로마는 저들 스스로의 악함 때문에 멸망을 당한 것이라 평가할 수가 있다. 성경은 그러한 하나님의 뜻을 나타내시고 있다.

"네 하나님 여호와께서 그들을 네 앞에서 쫓아내신 후에 네 심중에 이르기를 내 공의로움으로 말미암아 여호와께서 나를 이 땅으로 인도하여 들여서 그것을 차지하게 하셨다 하지 말라 이 민족들이 악함으로 말미암아 여호와께서 그들을 네 앞에서 쫓아내심이니라 네가 가서 그 땅을 차지함은 네 공의로 말미암음도 아니며 네 정직함으로 말미암음도 아니요 이 민족들이 악함으로 말미암아 네 하나님 여호와께서 그들을 네 앞에서 쫓아내심이라 여호와께서 이같이 하심은 네 조상 아브라함과 이삭과 야곱에게 하신 맹세를 이루려 하심이니라 (신명기 9:4-5)"

이스라엘 민족이 가나안 땅을 차지하게 된 이유를 설명하고 있다. 즉, 그들이 가나안 땅을 차지함은 그 땅에 거주하던 사람들의 악함 때문이라는 것이다. 이스라엘 사람들의 의로움이나 정직함 때문이 아니라는 것이다.

이 성경의 말씀을 로마를 멸망시킨 게르만인들에게 적용해 보면 그 답이 나온다. 게르만인 용병 대장은 어느 나라의 장군이 아니라 로마에서 고용한 로마의 용병 대장이다. 그러므로 그 용병 대장의 그 무엇으로 로마를 멸망시킨 것이 아니라 로마인들의 악함 때문에 저들 나라는 멸망당하고 만 것이다. 이리하여 로마가 지배하던 유럽은 게르만 민족의 부족들이 여러 부족국가로 땅을 점령하게 되었던 것이다.

즉, 서로마제국의 멸망은 유럽의 역사를 이끄는 주역이 바뀌었다는 것이다. 유럽 역사의 주류세력이 지중해 중심의 라틴족에서 라인 강 중심의 게르만족으로 바뀌었다는 뜻이다. 그리고 그 게르만 부족 중에서도 최후의 승자가 된 부족은 바로 '프랑코' 부족이다. 프랑코족이 유럽 역사의 중심에 섰다는 것이다.

(1) 역사

당시 서로마제국이 다스리던 유럽은 오늘날의 독일, 프랑스, 스페인, 이탈리아를 포함한 광대한 제국이었다. 게르만 민족 중에도 강력한 부족들은 오토아케르의 이탈리아 왕국을 비롯하여 스페인과 남부 프랑스 지역을 차지한 서고트족, 아프리카로 넘어간 반달족, 그리고 오토아케르를 물리치고 대신한 동고트족, 부르군트족, 수에비족, 알레마니족이 있었다.

이러한 강력한 부족들에 비교하여 군소 부족이 있었는데 그 이름이 '프랑코족'이었다. 그런데 그 프랑코족이 프랑코 왕국을 건설하고 서방세계의 주역으로 등장하게 된 것이다.

ⓐ 프랑코 족속에 클로비스 족장이 나타나다

당시 프랑코 족속은 서로마제국의 북쪽 변경지대로 지금의 네덜란드와 독일의 서북부 지방에 거주하던 군소 부족이었다(이기성, 독일, 프랑스, 이탈리아 역사 산책, p. 57).

그 프랑코 족속에 걸출한 인물이 나타났으니 그가 바로 클로비스 1세 족장이었다. 프랑코라는 이름의 뜻은 '강인한 자', '용감한 자'를 의미하다가 후에는 '자유민'을 의미했다. 그만큼 프랑코족은 로마의 지배에서 벗어나기를 갈망했던 것이다. 저들은 5세기 이전까지도 로마의 속국이었으며, 서로마제국이 멸망한 후에야 저들이 그토록 갈망하던 자유민이 된 것이다. 그런데 프랑코족은 로마제국에 기대어 살면서 자연스럽게 로마의 문화와 전통에 익숙해졌다. 또한 그들은 로마제국의 조직과 통치술을 배웠다. 다른 게르만 부족들은 무력은 강했지만 통치에는 약했다. 고트족도 창업에는 능숙했지만 수성에는 약했다. 그러나 프랑코족은 로마제국으로부터 수성의 기술을 전수받았던 것이다.

뿐만 아니라 프랑코족에 클로비스 족장이라는 큰 인물이 나타났다. 그는 481년 족장이 된 후에 5년 만에 프랑코족 내부를 통합하고 다른 부족과의 전쟁에서 승리를 거듭하여 갈리아 지방의 상당 부분을 점유하여 재위 30여 년 만에 프랑코 왕국을 세우고, 게르만 사촌들을 물리치고 서방세계의 주역이 되었던 것이다(독일, 프랑스, 이탈리아 역사 산책, p. 59).

ⓑ 클로비스의 기독교 개종

옛 서로마제국의 영내에 정착한 게르만 부족들은 기독교로 점차 개종해 나갔다. 그러나 대부분의 게르만 부족들은 아리우스(Arius)파를 선택했다. 아리우스파는 예수 그리스도의 신성을 부인하며, 성자인 예수도 모든 피조물과 같이 창조되었을 뿐이라고 주장하는 종파였다. 그런데 아나타시우스(Anatasius)파는 예수 그리스도의 신성을 인정하며, 삼위일체 하나님을 믿는 종파였다.

이는 로마 카톨릭이 믿는 종파이기도 하다. 그런데 흥미로운 일은, 프랑크족의 클로비스는 아나타시우스파인 로마 카톨릭을 선택했다는 점이다. 이는 대부분의 게르만 부족이 믿는 아리우스파를 거부한 것이다.

이 결과는 유럽의 역사에서 어떻게 나타나고 있을까? 게르만 부족 중에서 역사의 주체가 된 족속은 바로 클로비스의 프랑코 부족이었다. 이는 하나님께서 프랑코 부족의 손을 들어주신 것이라 평가할 수가 있다. 달리 해석할 수 있는 길이 없다.

군소 부족에 불과했던 프랑코 부족이 대 부족들을 넘어서서 게르만 민족의 리더가 된 것이다.

그 프랑코 부족의 클로비스 족장이 기독교로 개종한 것과 관련해서 일화가 전해지고 있다. 496년 알레마니족과 싸울 때의 사건이다. 초반부터 알레마니족에 밀려서 위급할 때에 그가 하나님을 찾았다는 것이다. 기독교도였던 아내가 아무리 권유해도 듣지 않던 클로비스가 너무나 다급한 상황 속에서 하나님을 찾았다고 한다. "이번에 승리하게 되면 개종하겠습니다" 하고 약속을 한 것이다.

그런데 기적적으로 승리를 한 것이다. 무슨 이유에서인지 알레마니족이 갑자기 혼란에 빠지면서 도망하기 시작한 것이다. 하나님의 극적인 도움으로 승리한 클로비스는 그가 약속한 대로 랭스 대성당에서 세례를 받았다(프랑스, p. 71).

이때에 비둘기 한 마리가 입에 성유 병을 물고 하늘로부터 나타났다. 성령님이 나타나신 것이다.

기독교로 개종한 클로비스 족장은 다른 게르만 부족이 믿는 아리우스파 부족을 점차 점령하고 508년 수도를 파리로 옮겨서 메로빙거 왕조를 세운 최초의 게르만족 왕이 되었다(프랑스, p. 73).

하나님의 뜻과 세계 역사

© 유럽의 아버지 샤를 마뉴

샤를 마뉴(768~814)는 '유럽의 아버지'로 추앙받는 프랑코족의 국왕이다. 그는 독일에서는 '카를 대제'로 불리고, 프랑스에서는 '샤를 마뉴'로 불린다.

독일과 프랑스가 경쟁적으로 자신들의 시조로 모시는 왕이다. 샤를 마뉴가 이룩한 업적이 어떠하길래 프랑스와 독일의 두 나라 시조로 추앙을 받는 국왕이 되었을까?

그는 768년에 프랑코 왕국의 국왕이 되었다. 그는 재위 46년 동안 끊임없이 영토를 확장해가는 전쟁을 수행했다. 그리하여 그는 오늘날의 독일, 프랑스, 이탈리아 북부 등 넓은 영토를 가진 '프랑코 왕국'을 만들었다. 그는 800년 교황과의 정치적인 거래를 통하여 황제가 되는 길을 가게 된다. 교황이 수여하는 황제 대관식을(프랑스, p. 110) 로마에서 거행하였던 것이다. 그는 이제 프랑코 왕국(게르만 민족) 국왕의 지위에서 프랑코 왕국의 황제가 된 것이다. 그는 서로마제국의 멸망 후 가장 광대한 영토를 차지하여 대제국을 이룩한 황제였다.

그는 명실공히 프랑코 왕국을 대제국으로 발전시켰으며, 마침내 황제의 관을 쓰게 되었던 것이다. 뿐만 아니라 그가 '유럽의 아버지'로 추앙을 받는 이유는, 단순한 정복자를 뛰어넘어 중세 유럽의 기틀을 구축한 역사의 설계자였기 때문이다. 샤를 마뉴가 설계한 중세 유럽의 기틀은 두 개의 기둥이 받치고 있었다.

즉, 황제를 중심으로 하는 세속권력과 다른 하나는 교황을 중심으로 하는 교회권력이었다.

이로부터 유럽의 역사에서는 황제와 교황의 협력 또는 경쟁, 충돌 등으로 유럽의 역사가 진행되어 왔던 것이다.

샤를 마뉴의 사후 그의 아들 루드비히 1세(재위 814~840)의 통치 시기를 지나 마침내 프랑코 왕국은 동(독일), 서(프랑스), 중(독일과 프랑스 사이 및 이탈리아 북부) 프랑코 왕국으로 분할되기에 이른다(프랑스, p. 117).

이는 게르만 민족의 전통에 따라서 세 아들에게 분할 상속을 하였기 때문이다. 그리하여 동프랑코 왕국은 독일의 모체가 되고, 서프랑코 왕국은 프랑스의 모체가 되었으며, 중프랑코 왕국은 통치자가 일찍 사망하면서 스스로 무너졌던 것이다. 중프랑코 왕국의 붕괴로 말미암아 동·서프랑코 왕국이 경쟁하게 되었다. 결과적으로 이탈리아와 황제의 칭호는 동프랑크 왕국이 차지했으며, 서프랑코 왕국은 부르군트와 프로방스 땅을 차지하게 되었다.

이리하여 유럽은 오늘날의 프랑스, 독일, 이탈리아, 스페인 등의 나라로 발전하기에 이르렀다.

하나님의 뜻과 세계 역사

2.

하나님의 뜻을 따르는 방향의
프랑스

(1) 프랑스는 기독교 국가이다

로마인들은 프랑스 역사에 등장하는 게르만 민족을 야만족이라고 칭하였다. 그러나 로마는 그 야만족인 게르만 민족에 의하여 멸망을 당하고 말았다. 그 게르만 민족의 부족 대부분(대 부족: 동고트, 서고트, 부르군트, 알레마니, 롬바르드, 작센족 등)이 예수 그리스도의 신성을 부인하는 '아리우스파'를 믿었으나, 프랑코 족속은 예수 그리스도의 신성을 인정하는 삼위일체의 하나님을 믿는 정통 '아나타시우스파'를 믿었던 것이다. 프랑코 족장 클로비스는 496년 알레마니족과의 전쟁 중 위기에 처했을 때에 하나님께 기도하여 기적을 경험한 족장이었다. 그는 마치 영국이 스페인 무적함대와의 해전에서 '신교도의 바람'이 불어와서 승리했듯이 하나님의 기적의 손길로 승리하게 되었던 것이다. 클로비스 족장은 하나님과의 약속을 지키기 위하여 세례를 받았으며, 세례를 받을 때에도 하늘에서 비둘기가 성유 병을 입에 물고 나타나는 놀라운 일을 경험하였다.

서로마제국이 멸망을 당하고 유럽 역사에 등장한 게르만 민족이 유럽의 주역이 되었을 때에 어느 부족이 하나님의 쓰임을 받았는가? 그 부족은 프랑코 족속이었다. 프랑코 족속은 게르만 민족 중에서도 군소 부족이었다. 그러나 다수의 대 부족들을 넘어서서 유럽의 지도자로 등장한 족속이 바로 프랑코 족속이라는 점이다. 이는 예수 그리스도의 신성을 인정하는 부족이 하나님께 쓰임을 받았다는 명백한 증거가 되는 것이다. 유럽의 역사가 그것을 증거하고 있다.

(2) 잔 다르크

영국의 에드워드 3세가 프랑스를 침공하면서 시작된 100년전쟁(1337~1453)은 프랑스에 큰 시련의 시기였다. 초기의 전황은 영국에 유리했다. 에드워드 3세는 탁월한 전략가의 모습으로 칼레를 함락시켰다(1347). 칼레는 그 후 2세기도 넘게 영국의 영토로 존속되었다(영국사, p. 259).

에드워드 3세의 맏아들 흑세자는 프랑스 왕을 푸아티에서 체포하여 50만 파운드의 몸값을 받기도 하였다. 1360년이 되면 칼레, 아퀴텐, 그 외의 정복지가 프랑스 영토의 1/4에 이르게 되었다.

또한 프랑스의 부르고뉴 공작은 영국과 협력하는 관계가 되었다. 후에 잔 다르크를 체포한 군대는 부르고뉴 공작의 군대였다. 뿐만 아니라 1420년 '트루아조약'에 따라 프랑스 왕 샤를 6세 사후에는 영국 왕 헨리 5세가, 그의 사후에는 헨리 6세가 프랑스 왕위를 계승하게 되었다.

그러므로 프랑스의 샤를 황태자는 왕위 계승에서 제외되어 있었던 처지였다.

ⓐ 잔 다르크가 나타나다

100년전쟁의 전·후기에 프랑스는 영토도 빼앗기고, 프랑스의 부르고뉴 공작은 영국에 협력하는 관계였고, 그리고 샤를 황태자는 왕위 계승권마저 없는 등 위기에 처해 있었다. 그 암울하던 시기에 잔 다르크가 나타난 것이다.

1429년 17세의 소녀 잔 다르크는 어느 날 들판에서 "프랑스를 구하라"라는 하나님의 음성을 듣고는 샤를 황태자를 방문하게 된다.

그녀는 오직 하나님의 음성을 들음으로써 황태자를 방문하고 전쟁에 참여하게 된 것이다. 그녀는 병사도 아니고, 귀족도 아닌 시골 농부의 딸이었을 뿐이다.

그러나 그녀가 지휘하기 시작한 전투에서 '승리'라는 말이 따라왔다. 100년전쟁이 사작되고 92년 만에 프랑스군은 승리라는 말을 하게 된 것이다. 그녀는 1429년 5월에 '오를레앙 전투'에서 영국군을 격파하고 오를레앙을 회복하였다.

그녀는 흰 갑주에 흰옷을 입고 선두에서 지휘하였는데, 잔 다르크의 모습만 보아도 영국군은 혼비백산하여 도망을 가는 것이었다. 그리하여 잔 다르크가 지휘하는 프랑스군은 랭스까지 진격하여 랭스도 회복하게 된 것이다.

랭스는 프랑스 왕이 전통적으로 대관식을 거행하던 대성당이 있는 지역이다. 잔 다르크는 1429년 7월 랭스 대성당에서 샤를 황태자를 샤를 7세 국왕으로 세우는 대관식을 거행하게 했던 것이다. 이제 명실공히 샤를 7세를 중심으로 프랑스군은 힘을 집중하게 되었던 것이다.

잔 다르크가 이룩한 업적은 대단한 것이었다. 무엇보다도 프랑스 군대에게 승리를 맛보게 한 지도자였으며, 마침내 프랑스는 샤를 7세 국왕을 맞이할 수가 있었던 것이다.

17세의 시골 소녀가 어떻게 이와 같이 프랑스를 구원하는 혁혁한 공을 세울 수가 있었던 것일까? 그것은 기적이다. 기적이라는 말 외에는 달리 설명할 수가 없는 사건이다. 잔 다르크의 등장과 승리를 기적이라는 말 외에 달리 설명할 수 있는 말이 있을까?

그녀의 시작은 하나님의 음성(프랑스를 구하라)을 들으면서 전쟁에 참여하게 된 것부터였다. 필자는 잔 다르크의 등장을 성경에 등장하는 그 유명한 다윗과 비교하고 싶다. 다윗은 골리앗이라는 블레셋 장군의 위세에 눌려, 이스라엘 군대에서 그 누구도 감히 나아가서 골리앗과 싸우려는 생각을 하지 못할 때에 등장을 한 소년이다.

40일 동안이나 아침저녁으로 이스라엘군을 모욕하는 골리앗을 향하여 아버지의 심부름으로 형들을 방문하던 다윗이 그 골리앗을 상대로 싸워서 승리하는 장면이 성경에 나와 있다.

다윗 소년은 이렇게 외친다. "다윗이 블레셋 사람에게 이르되 너는 칼과 창과 단창으로 내게 오거니와 나는 만군의 여호와의 이름 곧 네가 모욕하는 이스라엘 군대의 하나님의 이름으로 네게 가노라(사무엘상 17:45)"

다윗의 이 외침으로 골리앗을 이기고 승리하게 된다. 여호와 하나님의 이름으로 나아간 다윗이 거장 골리앗을 죽이고 승리를 한 것이다. 다윗이 골리앗을 죽임으로써 이스라엘 군사들에게 용기를 주었고, 그리하여 블레셋군을 물리치고 승리하게 된 것이다.

잔 다르크와 다윗은 소녀와 소년이다. 그들 두 사람은 군인이 아니다. 오직 하나님의 음성을 들음으로써, 그리고 하나님을 믿는 믿음으로써 기적을 이루어 낸 것이다. 기적은 하나님께서 베푸시는 것이다. 하나님께서 쓰시는 인물을 통하여 일으키시는 사건이다.

ⓑ 마녀로 처형당한 잔 다르크(against)

  프랑스를 구한 소녀 영웅 잔 다르크는 1431년 5월 30일 카톨릭 법정에서 마녀로 이단 선고를 받고 프랑스 땅 후앙(루앙)에서 화형에 처해졌다. 잔 다르크의 죽음에는 복잡한 정치적인 셈법이 있었다. 왕의 측근들이 영웅으로 등장한 잔 다르크를 질시하여 19세의 소녀 영웅을 화형에 처하게 되는 것이다.

  1430년 5월 30일 '콩피에뉴 전투'에서 영국과 협력하는 부르고뉴파 군사에게 잔 다르크는 포로가 되고 만다. 이는 샤를 국왕이 잔 다르크군에 적극적으로 협력하지 않음으로써 일어난 결과였다. 샤를 7세 국왕은 즉위 후 잔 다르크의 부대를 지원하는데 소극적이었으며, 여기에는 복잡한 정치적인 셈법이 작동을 한 것이다. 무엇보다도 국왕이 전쟁 영웅 잔 다르크에 대한 시기심이 컸으며, 전쟁으로 잔 다르크의 명성이 커져 샤를 7세의 왕권이 약화되는 것을 경계하였던 것이다.

  더욱이 부르고뉴파는 프랑스의 공작이다. 왕은 부르고뉴 공작과 협상하여 잔 다르크의 몸값 지불 등으로 잔 다르크를 구할 수 있는 길이 있었던 것으로 역사는 평가한다. 그러나 샤를 7세는 잔 다르크를 구하지 않았으며 결국은 '마녀'라는 누명을 덮어씌워서 화형을 당하게 방치하였던 것이다.

  이스라엘의 사울 왕도 전쟁 영웅 다윗을 죽이려고 여러 차례 시도하였다. 단창을 다윗에게 던지기도 하였고, 군사 3,000명을 이끌고 두 번이나 다윗을 추격하기도 하였다. 사울 왕의 시기심으로 전쟁 영웅 다윗을 죽이려 한 것이다. 성경은 사울 왕의 행적을 분명하게 기록하고 있다. 그러나 샤를 7세의 행적은 미루어 짐작할 뿐이다.

영국은 자신들의 군대를 괴멸시키는 잔 다르크를 죽이고자 하는 데 적극적일 수도 있었다 할 것이다. 그렇지만 프랑스는 나라를 구한 영웅을 구하는 것이 마땅하다 할 것이다. 후에 샤를 7세 국왕은 잔 다르크에 대한 유죄 판결을 파기하여 명예를 회복시켜 주었으며, 카톨릭 교회는 1920년 잔 다르크를 성녀로 시성하였다. 이는 카톨릭 교회 스스로가 잔 다르크를 마녀로 이단 처형을 한 것이 잘못이었음을 인정한 것이다. 그러나 이미 프랑스의 영웅은 19세의 나이로 화형을 당하고 난 후였다.

이는 프랑스가 하나님께 대하여 크게 잘못한 사건이다. 하나님께서 보내신 잔 다르크를 마녀로 처형을 하였으니 말이다!

(3) 프랑스의 종교개혁

ⓐ 위그노 전쟁

마틴 루터의 종교개혁과 칼뱅의 개신교 전파는 프랑스에도 시민, 상공인, 귀족에 이르기까지 널리 퍼져 나갔다. 프랑스의 국교는 로마 카톨릭이었다.

신교도들은 프랑스 왕정에 의하여 탄압을 받고 있었다. 신·구교 간의 갈등이 점차 고조되어 가고 있을 때에 구교도들이 신교도들을 학살하는 '바시 학살' 사건이 일어나고 말았다. 이는 위그

하나님의 뜻과 세계 역사

노를 심하게 배척하던 기즈 공 일행이 1562년 3월 1일 샹파뉴의 작은 마을 바시(Wassy)를 지나가던 중에 위그노 성도 500여 명이 예배를 드리는 곳에 기즈 공의 무장 군인들이 나타나서 위그노들과 충돌하면서 위그노 60여 명의 사망자와 200여 명의 부상자가 생겨난 사건이다. 카톨릭에 저항하는 분위기였던 남부 프랑스를 중심으로 무장봉기가 일어난 것이다. 이로 인하여 프랑스에서 '위그노 전쟁(1562년 3월~1598년 4월)'이 일어난 것이다. 소위 말하는 신·구교 간의 종교 전쟁이 위그노 전쟁이다.

위그노는 프랑스의 신교도들을 말하는데, 그들은 상공업 계층이 다수였다. 36년 동안이나 내전을 치르고 있었으니 나라의 사정은 어려움에 빠져 가고 있었다. 경제 사정도 어려워지고, 전염병으로 인한 문제와 국제적인 갈등도 일어났다.

이러한 모든 갈등을 해소하기 위하여 정치적인 타협이 이루어지고, 마침내 위그노 전쟁이 끝나게 되었다.

✠ 낭트 칙령이 발표되다

앙리 4세는 1598년 4월 '낭트 칙령'을(김응종, 프랑스의 종교와 세속화의 역사, 충남대학교 출판문화원, p. 89) 발표하였다. 낭트 칙령에는 위그노인 신교도들의 종교의 자유를 인정하는 내용이 있었다. 이로써 위그노들은 종교의 자유를 획득하게 된 것이다. 그리하여 위그노 전쟁이 종식되고 신·구교도들 간의 평화가 이룩되었던 것이다.

✠ 퐁텐블로 칙령과 위그노들의 해외 이주

그러나 1685년 10월 18일 퐁텐블로 칙령이 발표되었다. 이 칙령은 낭트 칙령을 폐지하는 내용이었다. 그러니까 위그노들의 종교 자유가 폐지되는 것이었다. 다시금 프랑스 왕정이 위그노들을 탄압하기에 이른다. 이로 말미암아 프랑스의 위그노들은 생명의 위협을 느끼면서 해외로 이주하기 시작한 것이다.

저들은 상공업인들로서 자신들의 재능과 재산을 가지고 해외로 이주하게 된 것이다. 그 숫자가 20만여 명에서 30만여 명에 이른다고 한다. 이리되니까 프랑스에는 경제적인 위기가 닥쳐오게 되었던 것이다. 그러한 소용돌이를 겪으면서 마침내 그 해결책이 발표되었다.

✠ 관용 칙령이 발표되다

루이 16세는 1787년에 관용 칙령을 발표하기에 이른다. 이는 신교도들의 종교적인 자유를 허용한다는 내용이었다. 마침내 프랑스에서도 종교의 자유를 획득하게 된 것이다. 카톨릭의 지배에서 벗어나서 신교도들이 자유롭게 신앙의 자유를 누리게 된 것이다.

종교의 자유는 이미 마틴 루터의 종교개혁에서 그 정당성이 입증되었으며, 이는 하나님의 뜻임을 알 수가 있다. 하나님의 뜻을 이루는 일은 하나님께서 기뻐하시는 일이다. 프랑스에서 신교도들이 자유롭게 신앙생활을 할 수 있게 됨은 성경의 말씀을 널리 전파하는 계기가 되는 것이다.

ⓑ 장 칼뱅이 나타나다

칼뱅(1509~1564)은 프랑스가 배출한 신학자요, 종교개혁가이다. 그는 14세에 라 마슈르 대학에서 라틴어를 공부하였으며, 그 후

철학과 신학을 공부하여 사제가 되었다. 그는 파리의 몽테규(솔본느) 대학에 다니면서 루터의 사상을 접하게 되었다. 그는 마틴 루터와 츠빙글리의 종교개혁을 완성한 사람으로 평가받고 있다.

✠ 칼뱅의 마음에 불을 지르다

칼뱅이 몽테규 대학에 다닐 때에 일어난 일이다. 그의 마음에 불을 지른 사람은 같은 대학에 다니는 사촌 삐에르 로베르였다. 로베르는 루터의 사상을 들려줌으로써 장 칼뱅의 마음에 동요를 일으킨 사람이다. 또 한 사람은 '리브리의 은둔자'다. 어느 날 친구 니꼴라와 함께 산책을 하고 있을 때에 한 노인이 나타나서 전해준 말이다.

"젊은이들, 그리스도의 선물이 '자유'라는 소식을 들어본 적이 있소? 나에게 진정한 보화가 있네. 사람은 하나님의 은혜로만 의로워지는 걸세. 세상에 찌든 교회가 꾸며낸 공덕으로는 절대 사람을 구원하지 못해(칼빈, 글래디스바 저, 유재덕 옮김, 하늘기획, 서울, 1996년, p. 43)."

그 노인의 말을 듣고 밤새도록 고민을 한 칼뱅이었다. 얼마 후 화형이 집행되었는데 그 대상이 바로 '리브리의 은둔자'였다. 몽테규 대학의 베다 학장이 은둔자를 심문하고 있었다. 은둔자는 찬송을 부르기 시작했다. 그 찬송가는 마틴 루터가 작사·작곡한 찬송가이다.

"생명을 다 빼앗긴대도 진리는 살아서 그 나라 영원하리라."

노인의 반응에 대하여 베다 학장은 평정심을 잃고 주먹을 휘두르며 야단이었다. 그러나 노인의 얼굴은 타오르는 불길보다 더 밝아졌다. "나는 하늘나라로 갈 것이오(칼빈, p. 52)."

칼뱅은 이단이라면서 은둔자를 심문하고 화형에 처형을 언도

하는 학장의 그 불안한 얼굴과 죽어 가는 은둔자의 온화한 얼굴을 잊을 수가 없었다. 그리하여 칼뱅은 루터의 사상을 연구하였으며, 자신의 친구 니꼴라 꼽이 솔본느 대학 취임 연설에서 "하나님의 은총만이 죄를 사하실 뿐이라"라는, 카톨릭 교회에 반대하는 연설을 함으로써 법정에 출두하게 되고 칼뱅도 1533년 강연 초고를 작성하면서 에라스뮈스와 마틴 루터를 인용했다는 이유로 이단으로 몰려 은둔생활을 하다가 스위스 바젤로 피신하여 살게 된다.

✠ 칼뱅의 사상

칼뱅의 신학 사상은 '믿음으로 의롭게 된다', '믿음의 기준은 성경이다'라는 마틴 루터의 개혁 사상을 인정한다. 그는 스위스 바젤에서 1536년 라틴어로 출판한『기독교 강요 1』과 그 후 제네바에서 출판한『로마서 주석 기독교 강요 2』등의 저작에서 자신의 사상을 주장하고 있다. 그가 주장한 '예정론'은 장로교의 신학 사상이 되었고, 미사를 폐지하고 예배를 설교(말씀) 중심으로 변화시켰다. 교회제도도 목사, 교사, 장로, 집사로 정하였다. 그는 현대 장로교의 창시자이다.

✠ 칼뱅 종교개혁의 영향

그가 제네바에서 이룩한 업적은 놀라울 정도다. 특히 그의 가르침을 받은 동료, 제자들이 여러 나라에서 종교개혁에 앞장을 섰다. 영국에서는 소머셋 경이 편지를 통해 성경적 신앙에 바탕을 둔 옥스퍼드 대학의 교수 확보를 도와달라고 해서 느리앵이라는 동료를 옥스퍼드 대학의 교수로 파송하기에 이른다. 칼뱅의 가르침은 스위스뿐만 아니라 독일, 네덜란드 등 각 나라로 퍼져

나갔으며, 특히 프랑스의 위그노파, 스코틀랜드의 장로파, 영국의 퓨리탄 제파(장로파, 독립파, 뱁티스트파)에 영향을 주었다(동아 세계대백과사전, 27권, p. 240).

칼뱅은 프랑스가 배출한 걸출한 종교개혁가이다. 그가 자신의 조국에서 그의 사상을 전파하지 못함은 안타까운 일이나 종교개혁이라는 시대적 사명에 헌신하였으며 마틴. 루터, 쯔빙글리를 이어 종교개혁을 완성한 신학자라는 평가를 받고 있다.

(4) 대혁명이 일어나다

1789년 7월 14일 파리 시민들이 프랑스 절대왕권의 상징으로 여겼던 바스티유 감옥을 습격하여 함락시켰다. 이 사건을 계기로 하여 시민혁명의 위대한 투쟁이 시작된 것이다.

억압받던 프랑스 민중들이 구체제(앙시앵 레짐)에 대항하여 '자유, 평등, 박애'를 부르짖으며 대혁명을 일으킨 것이다.

"만일 너희가 사람을 차별하여 대하면 죄를 짓는 것이니 율법이 너희를 범법자로 정죄하리라(야고보서 2:9)"

ⓐ 프랑스 대혁명의 원인은 프랑스 국민에 대한 차별

혁명이 일어나기 직전 왕과 귀족들이 베르사이유 궁전에서 매일 호화로운 파티를 즐기며 사치를 부리는 동안 농민들은 빵이 없어 굶어 죽어 가고 있었던 것이다. 지배 계급은 민중들의 삶에 무지하고 무관심하였다.

　이러한 모든 문제의 근원은 절대군주제와 신분제도에 있었다. '왕권신수설'의 대표격인 루이 14세는 "짐이 곧 국가다"라고 말할 정도로 강력한 절대왕권을 휘두르고 있었던 것이다.

　또한 루이 14세는 전쟁을 수없이 수행하였고, 전쟁에 동원되는 민중들의 고통은 이루 말할 수 없을 정도로 참혹했던 것이다. 거기에 1%도 되지 않는 제1신분(성직자), 제2신분(귀족)이 차지한 땅은 전 국토의 30%가 넘었다고 한다. 뿐만 아니라 저들은 관직도 독차지했던 것이다.

　더욱이 저들은 세금을 한 푼도 내지 않는 계급이었다. 차별이 극심한 사회에는 고통받는 계층이 있기 마련이다. 그 고통받는 계층이 바로 제3신분이었다.

　제3신분인 시민, 농민, 도시 노동자들은 먹고살기가 어려웠을 뿐만 아니라 과도한 세금에 허리가 휠 정도였다. 이로 인해 저들의 불만이 점차 고조되어 가고 있었던 것이다.

　이러한 사회적 상황이 전개되었을 뿐만 아니라 이미 사회가 많이 변화되어 가고 있었던 것이다. 18세기의 프랑스에서는 금융과 상공업이 발달하면서 새로이 등장한 부르주아 계급이 형성되고 있었다. 저들은 대부분 법률가, 의사, 은행가, 수공업자, 상인 등으로 부를 축적하고 있었다.

　그리하여 저들 부르주아 계층도 사회적 영향력을 확대함으로써, 신분은 높지만 무능한 귀족 계급과 갈등을 겪고 있었던 터였다.

ⓑ 1789년 5월, 3신분이 한자리에 모이는 삼부회의가 베르사이유에서 소집

이는 국가의 심각한 재정난 때문이었다. 루이 16세는 면세 특권을 가진 성직자와 귀족들에게도 세금을 부여하여 재정난을 타개해 보려 했던 것이다.

그러나 귀족들의 강력한 반대에 부딪쳐서 무산되고 말았다. 결국 삼부회의는 제3신분에게 기대를 걸게 된 것이다. 이때의 삼부회의에서 제3신분은 수적으로 적었으며 들러리에 불과했다.

6월 17일 제3신분의 대표들은 부조리한 삼부회의를 나와서 자신들만의 의회를 구성하기에 이른다. 이것이 '국민의회'였다. 루이 16세는 국민의회 회의장을 강제로 폐쇄시켰지만 의원들은 테니스 코트에서 '테니스 코트의 서약'을 하면서 국왕이 새로운 헌법을 제정할 때까지 해산하지 않고 싸울 것을 선언했다.

격분한 왕이 군대를 소집하여 국민의회를 해산할 것이라는 소문이 돌았다. 이에 파리 시민들이 민병대를 조직하여 7월 14일 바스티유 감옥을 습격하여 승리한 것이다. 이 전투가 도화선이 되어 프랑스 전국에서 혁명의 소용돌이가 일어난 것이다.

국민의회는 8월 4일 '봉건제 폐지'를 선언하고 8월 26일 '인권선언'을 발표하기에 이르렀다. 인권선언의 내용은 다음과 같다. '사람은 태어나면서부터 자유롭고 평등하다. 주권은 왕이 아닌 국민에게 있다.'

이 놀라운 선언이 발표되자 민중들은 환호하고 새로운 시대가 열린 것을 환영하였다. 이로써 프랑스에서는 봉건제에서 공화제로 바뀌는 대혁신의 시대가 열린 것이다.

루이 16세는 역시 어쩔 수 없이 '인권선언'을 승인할 수밖에 없었다.

ⓒ 초창기의 혁명 세력은 온건파가 주도했으며 여전히 왕은 존재하고 있었다

그런데 1791년 6월 21일에 국왕과 왕비가 변장을 하고 파리를 탈출하다가 베르댕 가까이에 있는 바렌에서 수 명의 농부들에게 붙잡힌 것이다.

이 사건이 계기가 되어서 이제 강경파 혁명 세력이 주도권을 잡게 되었으며, 그리하여 국민의회를 대신한 '국민공회'가 1792년 9월 21일에 소집되어서 '공화국'을 선언하였다.

이어서 재판을 열어 루이 16세를 사형에 처하는 선고를 하였다. 그리하여 루이 16세는 1793년 1월 21일 단두대에서 처형(세계사 편력, p. 125)을 당하고 말았다.

이로써 프랑스는 군주 시대를 끝내고 새로운 시대인 '공화국' 시대를 활짝 열게 된 것이다. 혁명, 반혁명의 시기를 거치면서 프랑스는 공화국의 이념을 실현시켜 가고 있었던 것이다.

ⓓ 혁명이 이룩한 업적

- 군주제가 종식되고 공화제 나라가 되었다.
- 법은 만인에게 평등하여야 한다. 만인은 동등한 법의 보호나 처벌을 받아야 한다.
- 군주의 신성한 권리라는 미명하에 자행되던 특권에 종지부를 찍었다. 이로써 평등이 실현된 것이다(드레퓌스, p. 99). 성경은 차별하는 것을 죄로 규정하고 있다. 이제 프랑스는 차별을 철폐하고 평등의 시대를 열어 가게 되었다. 이는 하나님의 뜻을 실현하는 일인 것이다.

- 혁명주의자들이 외쳤던 '자유, 평등, 박애'의 시대가 열리게 되었다.

(5) 드레퓌스 사건이 일어나다

ⓐ 드레퓌스를 유배형에 처하다

알프레드 드레퓌스 포병 대위는 참모본부의 수습참모로 근무하고 있었다. 수습참모란 참모본부의 특정 부서에 아직 배치되지 않고 이 부서 저 부서를 돌며 참모업무를 익히고 있는 장교였다.

그는 유대인 출신이었으나 몇 대에 걸쳐 프랑스에서 살아오던 프랑스인이었다. 그는 육군사관학교를 졸업하고 장교가 된 사람이었다.

그 드레퓌스가 국가의 기밀을 독일에 넘겼다는 간첩의 죄를 쓰고 재판에 넘겨졌다. 그 결과 그는 비공개 군법회의에서 종신형에 처해졌다.

이때 드레퓌스는 "나는 결백하오! 프랑스 만세! 군대 만세!"를 외쳤지만 '더러운 유대인'이라는 군중들의 야유 속에 '악마의 섬'으로 유배를 당하고 말았다.

드레퓌스 가족은 그의 무죄를 확신하였으며 기자 베르나르 자자르도 마찬가지였다.

ⓑ 진범이 밝혀지다

　4년 후 삐까르 중령은 드레퓌스 사건 진상 은폐의 증거를 찾아
냈고, 진범은 군사기밀을 맡은 에스떼라지 소령(백작)이라고 밝히
게 된다. 군부의 상부는 삐까르 중령의 입을 다물게 했고, 1898
년 군사법원에서는 에스떼라지 소령에게 무죄를 판결하기에 이
른다.

　이에 다음 달 소설가 에밀 졸라가 「나는 고발한다」라는 제목으
로 프랑스 대통령에게 보내는 공개서한을 발표하였다. 이 공개
서한으로 인해 프랑스 내에서 드레퓌스를 지지하는 드레퓌스파
와 반드레퓌스파로 갈라지는 현상이 일어났다. 그러나 1899년
드레퓌스는 사면을 받게 되었으며, 마침내 1906년 프랑스 최고
재판소에서 무죄 판결을 받게 되었던 것이다.

ⓒ 드레퓌스 사건의 배경은 이러하다

　1894년 7월 20일 파리 주재 독일 대사관의 무관 막스 슈바르
츠 코펜 대령에게 한 방문객이 찾아왔다. 그 사람은 프랑스군의
에스떼라지 소령(백작)이었다. 그는 아내의 병 때문에 돈이 필요
하니까 자신이 스스로 스파이가 되어서 프랑스군의 비밀을 코펜
대령에게 넘기겠다고 했다. 그가 가져온 비밀문서는 '동원명령'
이었으며 그 대가로 한 달에 2,000프랑(N 할라즈, 드레퓌스, p. 13)을
지불해 줄 것을 요구했다. 그리하여 에스떼라지는 스스로 스파
이가 되어서 독일에 프랑스군의 비밀문서를 넘겨주는 반역자가
된 것이었다.

　　　　　　　　　　　　　　하나님의 뜻과 세계 역사

그가 코펜 대령의 우편함에 넣어 준 '명세서(프랑스군의 비밀작전 등)'가 독일 대사관에 근무하던 프랑스 스파이에 의해서 프랑스 참모본부에 전달되었던 것이다. 이때부터 참모본부는 스파이를 색출하는 데 온갖 역량을 다 동원하기에 이른다. 이때의 프랑스와 독일의 관계를 보면, 1870년 보불 전쟁의 패배로 알사스 로렌 지방을 독일에 빼앗겼던 상황이었다. 두 나라가 극심한 정보전쟁 중에 있었던 때라 수많은 작전이 있었던 것이다. 그때 독일의 스파이 중 '무뢰한 D'라는 첩자가 등장하는데, 그 정체를 밝히지 못하고 있었던 때였다.

참모본부가 색출하고자 했던 스파이의 정체가 나타났다. '명세서'가 나타난 것이다. 이제 참모본부 근무자들의 필체를 대조하던 중 드레퓌스라는 이름에 느낌이 꽂혔다. 그리하여 그 유대인 드레퓌스는 억울하게 종신형을 선고받게 된 것이다.

ⓓ 에밀 졸라, 「나는 고발한다」

삐까르 소령이 '명세서'의 필자는 에스떼라지 소령이며(드레퓌스, p. 127) 에스떼라지 소령이 진범임을 밝혀낸 것이다. 그리하여 점화된 드레퓌스 사건은 소설가 에밀 졸라가 「나는 고발한다」라는 공개서한을 발표함으로써 프랑스 내에서는 반유대주의가 발현하고 전국적으로 유대인 상점을 약탈하고 유대인에 대하여 테러를 가하는 등 심각한 사회의 문제가 발생하기에 이른다.

카톨릭 교회와 왕당파 등은 반유대주의에 앞장을 섰으며, 드레퓌스를 지지하는 '재심요구파'는 에밀 졸라를 중심으로 양심적인 공화주의파, 문인들, 법률가들, 신교도들, 인도주의자들(드레퓌스,

p. 200) 등이었다. 이들은 드레퓌스 대위는 무죄이니 이 사건은 다시 재판하라는 요구를 계속하였던 것이다.

ⓒ 재심요구파

재심요구파들의 주장이 계속되는 등 프랑스 안에서는 두 세력 간의 긴장이 팽배해져 갔다. 그러나 프랑스 밖의 유럽은 드레퓌스의 무죄를 거의 만장일치로 믿고 있었다(드레퓌스, p. 165). 영국, 독일, 스칸디나비아제국, 네덜란드의 대중은 프랑스의 윤리적 타락을 역겹게 느끼고 있었다. 러시아, 루마니아의 신문도 프랑스가 야만으로 되돌아가는 것을 비난하고 프랑스가 이러고도 계몽 국가로 불릴 권리가 있느냐 하였다.

마크 트웨인은 뉴욕 헤럴드에 기고하기를, "나는 졸라를 향한 깊은 존경과 가없는 찬사에 사무쳐 있다. 군인과 성직자 같은 겁쟁이 위선자 아첨꾼들은 한 해에도 백만 명씩 태어난다. 그러나 잔 다르크와 에밀 졸라 같은 인물이 태어나는 데는 5세기가 걸린다"라고 했다.

ⓕ 드레퓌스 사건이 남긴 교훈

✠ 진실이 허위를 이기다

『드레퓌스 ―진실과 허위 그 대결의 역사―』라는 책의 제목과 부제에서 알 수 있듯이 이 사건은 진실과 허위의 대결의 역사였다. 진범인 스파이가 밝혀졌음에도 불구하고 그 진범을 진범이

하나님의 뜻과 세계 역사

아니라고 하면서 무죄로 석방을 했다.

허위가 진실을 덮으려는 음모였다. 그 배경에는 정치적인 음모, 군부라는 막강한 세력이 나라의 안보를 앞세워서 자신들의 잘못(군사재판의 잘못)을 덮으려 했으며, 이에 동조하는 카톨릭 교회와 군주주의자들의 비호가 있었던 것이다.

그러나 허위는 드러나게 되어 있으며 진실은 승리하게 되어 있는 것이다. 한 시대를 소용돌이치게 만든 이 거대한 드라마가 궁극적으로는 진실을 추구하는 양심 세력의 승리로 끝이 나게 된 것이다.

✠ 법의 문제, 즉 공정한 재판의 문제를 부각시킨 사건

드레퓌스가 종신형의 처벌을 받은 법정은 법이 올바르게 적용되지 않고 정치적 영향력이 강하게 작용한 법정이었다. 진실이 허위를 누를 수 있기 위해서는 공정한 재판이 보장되어야 한다. 드레퓌스 사건으로 19세기 말의 프랑스는 공정한 재판 제도의 확립이라는 홍역을 치른 것이다.

✠ 안보와 인권의 문제를 제기한 사건

당시 프랑스는 1870년 보불 전쟁에서 독일에 패하고 알사스 로렌 지방을 독일에게 빼앗겼다. 강대해져 가는 독일에 대항하기 위하여 국가 방위가 모든 것에 우선한다고 주장하던 때였다. 모든 일을 군 위주로 처리해야 하고, 개인의 인권을 부르짖어서는 안 된다는 것이며, 그러기 위해서는 군의 위신을 실추시켜서는 안 된다는 것이다.

이에 대하여 재심요구파는 프랑스 방위의 기초는 공화국 이념을 구현하는 데 있다고 주장한다. 공정한 재판, 정의, 진실, 인권의 존중에 토대하지 않는 프랑스의 방위는 제대로 구축할 수 없다는 주장이었다.

✠ 진실과 허위의 문제가 부각

여기에서 진실은 하나의 당위로서 주어지는 것이 아니라 싸워서 찾아야 하는 구체적인 행동으로 제시된다는 것이다. 정의, 평등, 진실은 인류 역사에서 당위로 주어진 바가 없다 할 것이다. 그것을 얻기 위한 투쟁의 역사가 있었을 뿐이다.

⑧ 프랑스 최고 법정이 진실의 편에 서다

다윗 왕이 밧세바라는 여인을 탐하고 그의 죄악을 덮으려고 밧세바의 남편 우리아를 죽음으로 내몰았다. 왕의 엄청난 권력이 죄 없는 병사를 죽게 만든 것이다. 하나님께서는 다윗의 죄악을 지적하시고 큰 벌을 내리시고 있다.

"그런데 어찌하여 네가 여호와의 말씀을 업신여기고 나 보기에 악을 행하였느뇨 네가 칼로 헷 사람 우리아를 죽이되 암몬 자손의 칼로 죽이고 그 처를 빼앗아 네 처를 삼았도다 이제 네가 나를 업신여기고(you despised me) 헷 사람 우리아의 처를 빼앗아 네 처를 삼았은즉 칼이 네 집에 영영히 떠나지 아니하리라 하셨고(사무엘하 12:9-10)"

필자가 주목하는 말씀은 다윗의 죄악이 하나님을 업신여기는 행위라는 것이다. 즉, 죄악은 하나님을 업신여기는 행위인 것이

하나님의 뜻과 세계 역사

다. 허위가 진실을 덮고 드레퓌스를 종신형에 처한 행위는 하나님을 업신여기는 행위가 된다는 성경의 말씀과 다르지 않다. 프랑스에서 10여 년 동안이나 두 진영이 심각하게 대립하는 일들을 통하여 결국은 프랑스의 최고 법정이 드레퓌스의 무죄를 판결하였으니 프랑스 나라의 앞날을 위해서는 올바른 길로 들어서는 일이었다. 하나님께서 바라시는 의로운 길을 선택한 것이다.

3.

하나님의 뜻을 거스르는 방향의 프랑스

(1) 식민지 정책

프랑스도 식민지를 지배해왔다. 캐나다에서 1600년대에 퀘벡 지역을 확보하고 몬트리올을 만들었으며 영국과 함께 160여 년간 통치해 오다가 1763년 일어난 영국과의 7년전쟁에서 패배하고 캐나다는 영국의 식민지가 되었다. 오늘날에도 캐나다에는 몬트리올 등에서 프랑스어를 사용하고 있다. 프랑스는 서아프리카의 니제르, 수단, 세네갈, 알제리, 프랑스령 기아나 등을 지배해 왔으며 아시아의 베트남을 식민지화했다. 1885년부터 1940까지 50년이 넘는 기간 동안 베트남을 지배해 왔다. 또한 오늘날까지도 남태평양의 폴리네시아를 식민지로 통치하고 있다.

이처럼 강대국이 약소국을 식민지화해서 강대국의 이익을 취하였던 것이다. 이를 하나님께서는 기뻐하시지 않으신다.

(2) 마녀 사냥

마녀 사냥(witchhunt, 프랑스어 chasse aux sorcieres)은 종교의 이름으로

무고한 사람들을 화형에 처하거나 추방하는 인류 최대의 죄악이라 할 수가 있다. 예수 그리스도는 사람들을 구원하기 위하여 자신이 십자가에서 처형당하는 모욕을 당하신다. 이는 오직 자신을 희생하여 사람들을 구원하시기 위함이셨음을 성경은 명백하게 증거하고 있다. 그런데 카톨릭 교회와 기독교회가 성경의 말씀과는 관계없이 자신들의 기준으로, 또는 자신들의 이익을 위해 무고한 자에게 이단이라는 누명을 뒤집어씌워서 사람들을 죽이는 일을 수세기에 걸쳐서 행하였으니 가히 천인공노할 일이라 할 것이다. 생각해 보면 사람은 죄인임이 분명하다 할 것이다.

어찌 하나님을 섬긴다는 성직자가 죄 없는 자에게 죄를 뒤집어씌워서 죽이는 일을 할 수가 있다는 말인가?

ⓐ 배경

십자군 원정의 실패 이후 카톨릭 교회가 사회 불안이나 종교적 위기를 극복하기 위해서 12세기 말부터 이단적 신앙에 공격을 가하면서부터 18세기 초엽까지 마녀 사냥을 전개하였다(동아 세계 대백과사전, 11권, p. 200).

마녀 사냥에 대한 책과 거기에 언급한 내용은 다음과 같다.

- 『밤의 역사』, 카를로 긴즈부르그 저(부제: 악마의 잔치)
- 『마녀 사냥』, 옛날 유럽에서 벌어진 무고한 여성들의 참혹한 비극. "종교라는 이름하에 벌어진 비정하고 잔인한 학살 사태."

ⓑ 『마녀의 망치』(마녀 사냥의 교과서)

1487년 독일의 하인리히 크레이머 신부와 자콥 스프링거가 저술한 책인데, 이 책을 교황 이노센트 8세가 칭찬하며 추천사를 썼다고 한다.

『마녀의 망치』에 나오는 마녀 구별법은 아래와 같다.

- 마녀란 그리스도에 대한 신앙을 버리고 악마를 섬기며 그 대가로 마법을 부릴 수 있고 하늘을 날 수 있고 온갖 악한 짓을 행하는 사람을 말한다.
- 마녀의 몸에는 악마의 손톱자국이 무조건 있다. 그 손톱자국은 흔히 말하는 상처를 말한다. 흔적을 찾기 위해 온몸의 털을 제거한다.
- 흔적을 찾으면 바늘로 찌른다. 아파하지 않거나 피가 나지 않는 사람은 마녀로 판정한다. 여기에는 속임수가 등장한다. 뾰족한 바늘을 관중에게 보여주고는 찌를 때에는 뭉툭한 바늘을 사용하거나 해서 아파하지 않게 하고 피가 나지 않게 한다. 수단과 방법을 가리지 않고 마녀로 만든다.
- 물속에 넣어서 가라앉으면 무죄 판정, 하지만 이미 익사한 후다. 물속에서 몸이 떠오르면 마녀로 판정, 떠올라도 마녀로 화형을 당한다.

ⓒ 마녀사업이라 지칭되기도 했다

소문만으로도 마녀재판에 회부할 수가 있었다. 따라서 사람들은 자신의 그 어떤 목적을 위해 마녀로 지목을 하기도 했다.

하나님의 뜻과 세계 역사

의사들은 산파나 민간요법을 행하는 여인들을 지목하였으며, 여자를 유혹하다가 실패하여서 보복의 수단으로 마녀라 고발하기도 하였던 것이다. 뿐만 아니라 영주들은 백성들을 통제하는 수단으로 사용하기도 했다.

성경은 사람의 죄를 고발하는 경우에는 한 사람의 증인만으로는 아니 되며 두세 사람의 증인으로 하라고 했다. 이단 마녀라 처형하면서 성경을 무시한 채 소문만으로도 고발할 수가 있었다는 그 자체가 성경과는 관계없는 일이었음이 분명하다.

"사람이 아무 악이든지 무릇 범한 죄는 한 증인만으로만 정할 것이 아니요 두 증인의 입으로나 세 증인의 입으로 그 사건을 확정할 것이며(신명기 19:15)"

마녀로 처형되면 재산을 몰수하여 영주, 주교, 마녀 심문관이 나누어 가졌기에 마녀사업이라 부르기도 했다고 한다. 이러한 목적이 있었기에 마녀로 지목하는 첫 번째 타겟은 재산이 많은 과부였다는 것이다. 실로 마녀로 처형당한 억울하고 또 억울한 여성들이 4만 명에서 6만 명에 이른다고 한다.

ⓓ 프랑스의 전쟁 영웅 잔 다르크가 마녀로 화형을 당하다

마녀 사냥의 희생자 중 대표적인 사람이 잔 다르크다. 그는 화형에 처하여 불속에서도 자신은 마녀가 아니라고 외치다가 희생당한 사람이다. 19세의 처녀를, 프랑스를 구한 전쟁 영웅을 그리 처형한 것이다.

2003년 요한 바오로 2세 교황은 마녀 사냥이 카톨릭 교회의 잘못이라는 것을 인정하였다. 1920년 잔 다르크는 마녀가 아니라 성녀로 시성되었고 마침내 마녀 사냥을 금지하는 법이 발표되었다.

- 1646년 영국에서 마녀 사냥 금지하다.
- 1662년 스코틀랜드에서 금지하다.
- 1682년 프랑스 루이 14세가 금지하는 칙령을 발표하다.
- 1775년 독일에서 금지하다.
- 1782년 스위스에서 금지하다.

수세기에 걸쳐서 행해진 마녀 사냥은 하나님을 진노하게 할 사건이었다. 생명을 살리려는 예수 그리스도의 가르침을 정면으로 거스르는 마녀 사냥이 어찌 하나님의 진노를 불러 일으키지 아니하겠는가?

(3) 나폴레옹 전쟁

나폴레옹 보나파르트(1769~1821)는 프랑스 혁명의 사회적 격동기 후 안정되어 가는 동향에 편승하여 제1제정을 건설하여 황제가 된 인물이다. 그는 1784년 파리 육군사관학교에 입학하여 임관 후 포병 소위가 되었다. 그는 1796년 총재정부로부터 이탈리아 원정군의 사령관이 되었다. 그는 1796년 5월에 밀라노에 입성하였다. 이듬해인 1797년 2월에는 멘토바를 점령하는 공적을 남겼다. 그는 1798년 5월 5만 명의 군사를 이끌고 이집트에 원정하여 카이로에 입성하는 개가를 올렸다. 이러한 성공으로 그의 이름은 파리뿐만 아니라 전 유럽에 알려지게 되었다.

그는 1799년 11월 9일 군대를 동원하여 500인회를 해산하고 원로원으로부터 제1통령으로 등극하게 된다. 이때부터 나폴레옹의 군사 독재가 시작된 것이다(동아 세계대백과사전, 6권, p. 591).

ⓐ 나폴레옹 전쟁(1797~1815)이 시작되다

1804년 12월 인민투표를 통하여 나폴레옹은 황제에 즉위하였다. 이미 프랑스는 1797년부터 유럽의 여러 국가와 전쟁을 시작했던 상황이었다. 이후 정권을 잡고 황제가 된 나폴레옹은 유럽 각 나라와의 전쟁을 계속하였다.

1805년 10월 나폴레옹이 영국을 점령하기 위하여 프랑스-스페인 연합함대가 해전을 시작하였다. 이에 넬슨 제독의 영국 함대가 트라팔가르 해전에서 프랑스-스페인 연합함대를 격파하기에 이른다. 해전에서의 패전으로 나폴레옹의 영국 침공은 무산되고 말았다. 그러나 그해 12월 '아우스터리치 전투'에서 러시아-오스트리아 연합군을 격파하고 승리를 거둔다.

그리고 1806년 영국을 봉쇄하는 대륙 봉쇄령을 발표했다. 즉, 영국을 경제적으로 고립시키기 위해서 유럽의 나라들과 영국의 교역을 금한 것이다.

나폴레옹은 1808년 스페인-포르투갈을 점령하고 자신의 형을 왕으로 세웠다. 마침내 그는 60만 대군을 이끌고 1812년 여름 러시아 원정을 감행하기에 이른다. 나폴레옹은 보로디노 근교에서 러시아군과 격돌하였으나 무승부였다.

이때 러시아의 야전 사령관은 쿠투조프 공작이었는데 그는 프랑스군이 모스크바에 접근해오자 모스크바를 포기하는 작전을 감행한다. 즉, 모스크바의 모든 시민들을 도시 밖으로 피난 가게 하고 모스크바에 있는 필수품을 다 불태웠다. 그들은 프랑스군에게 필수품을 남기지 않는 작전을 전개한 것이다.

모스크바를 점령했으나 텅 빈 도시였다. 프랑스군은 자신들이 기대하던 필수품을 얻지 못하였으며, 닥쳐온 추위를 견디지 못하고 철수하기에 이른다.

마침내 러시아군은 철수하는 프랑스군을 추격하여 참패하게 만들었다. 나폴레옹은 60만 대군으로 러시아를 공격했으나 겨우 3만여 명을 데리고 파리로 돌아오게 되었다. 러시아 침공의 패전으로 나폴레옹의 힘이 급히 약화되었던 것이다.

1813년 10월 라이프치히 전투에서 오스트리아, 프로이센, 러시아 연합군은 나폴레옹에게 결정적인 패배를 안겨주었다. 마침내 1814년 3월 영국과 러시아, 프러시아, 오스트리아 연합군은 파리를 점령하고 나폴레옹을 엘바 섬으로 유배시켰던 것이다.

그러나 나폴레옹은 포기하지 않고 1815년 2월 엘바 섬에서 탈출하여 파리에서 통치권을 회복하게 되었다. 영국 등 연합군은 제7차 대프랑스 동맹을 결성하고 1815년 6월 워터루 전투에서 웨링턴 장군이 이끄는 영국과 프로이센 연합군이 나폴레옹의 프랑스군을 대파하고 승리하게 되었던 것이다. 그리하여 나폴레옹은 세인트 헤레나 섬에 유폐를 당하게 되었으며, 1821년 5월 5일 사망하고 만다.

ⓑ 승전국이 된 영국 등

나폴레옹 전쟁이 끝난 후 전승국들은 비엔나 회의에서 유럽 국경을 새로이 긋게 되었다. 대표적인 전승국인 영국은 '팍스 브리태니카'를 말하면서 세계의 최강국으로 부상하는 계기가 된 것이다. 이 전쟁 이후에 세계의 질서는 변화하기에 이른다. 라틴아메리카에서는 스페인에 대항하여 라틴아메리카 독립전쟁이 일어났으며, 민족주의와 자유주의가 전 세계로 확장되어 갔다.

침략전쟁을 주도한 나폴레옹은 결코 승리하지 못하고 수많은 인명을 살상한 살인자가 되고 만 것이다. 세계의 역사를 되돌아보아도 침략전쟁이 승리하지 못하였다는 것을 알아야 한다. 그 후 제1·2차 세계대전에서도 침략국인 독일, 이탈리아, 일본이 패배하고 말았다는 것을 역사는 증거하고 있다.

나폴레옹이라는 걸출한 인물이 프랑스를 빛낸 것이 아니라 오히려 하나님의 진노를 불러일으키는, 그리하여 프랑스가 역사 속에서 그리 빛나지 못하게 되는 결과를 초래하게 되었다는 것을 교훈으로 삼아야 할 것이다.

4.

프랑스의 미래

프랑스는 서로마제국의 뒤를 이어 유럽 대륙의 패권자가 된 나라이다. 하나님의 복을 많이 받은 나라다.

그러나 하나님의 명령으로 나타난 잔 다르크를 마녀라 하여 처형하는 큰 죄악을 행하였다. 뿐만 아니라 나폴레옹은 침략전쟁을 일으켜서 유럽 대륙을 살육의 장으로 만들었으며, 더구나 마녀 사냥에 열심을 내었던 나라였다. 식민지를 지배해 왔으며 서구 열강과 같이 중국을 괴롭힌 나라이다.

그렇지만 다행히도 제1·2차 세계대전에서는 연합국의 일원으로서 참전을 하여 세계의 평화에 기여한 나라이다. 프랑스도 지나온 역사를 되돌아보면 나라의 나아갈 길을 찾을 수가 있을 것이다.

독일

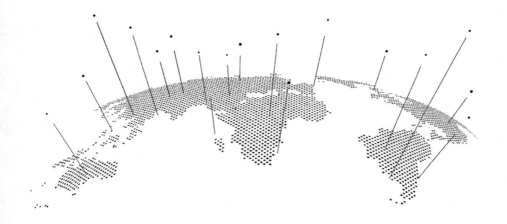

찬송가
585장 '내 주는 강한 성이요'

성경
복음에는 하나님의 의가 나타나서
믿음으로 믿음에 이르게 하나니
기록된 바 오직 의인은
믿음으로 말미암아 살리라 함과 같으니라

(로마서 1:17)

I.

독일의 역사

독일은 제1·2차 세계대전을 일으켜서 전 세계에 큰 재앙을 불러일으킨 나라다. 20세기 최대의 사상자를 생기게 했으며, 특히 2차 세계대전은 유대인 600만여 명을 학살하는 엄청난 죄악이 행해졌던 전쟁이었다. 이 재앙을 일으킨 죄악의 대가로 나라는 서독과 동독으로 나누어져서 고통을 겪었다. 그런데 그 독일이 1990년 10월 3일에는 독일 통일을 이루었다.

그 독일이 21세기 유럽에서 가장 번영하는 나라로 발돋움하고 있다. 하나님께서는 이 나라를 과연 어떻게 대우하고 계실까? 궁금하기 이를 데 없는 나라임에는 틀림이 없다.

(1) 역사

독일의 역사는 프랑스, 이탈리아와 함께 서로마제국의 멸망과 관계가 있다 할 것이다. 476년 로마의 용병 대장인 게르만인 오도아케르가 로물루스 아우구스 툴루스 황제를 폐위시키고 서로마제국을 멸망시켰다. 이제까지 서로마제국의 지배하에 있던 유럽은 게르만 민족 각 부족들의 각축장으로 바뀌었다. 그중에서 두각을 나타낸 족장이 있었으니 그가 클로비스 족장이다.

486년 게르만족 클로비스 족장은 프랑코 왕국을 건설하고 메로빙거 왕조를 열었다. 그 클로비스가 496년 로마 카톨릭으로 개종을 함으로써 기독교 국가가 되었다. 하나님을 믿는 나라가 되었으니 하나님의 은혜를 받는 나라가 된 것이다. 클로비스의 프랑코 왕국은 발전하여서 독일, 프랑스, 이탈리아가 되었다.

하나님의 뜻을 따르는 방향의 독일

(1) 독일은 기독교 국가이다

독일과 프랑스의 게르만족의 프랑코 왕국은 기독교 국가이다. 프랑코 왕국을 건설한 클로비스 족장과 프랑코 왕국 국민들은 로마의 카톨릭을 믿음으로써 독일과 프랑스가 정통 기독교를 믿게 된 것이다. 그 클로비스가 하나님을 믿게 된 계기가 있었는데, 그것은 496년 프랑코 왕국과 알레마니족과의 전쟁이었다. 그 전쟁에서 클로비스는 위기에 처했다. 그때 그는 하나님께 기도하면서 이 위기를 넘어선다면 하나님을 믿겠다고 약속을 했다. 그런데 기적이 일어난 것이다. 알 수 없는 힘이 역사하여 기적같이 클로비스가 승리를 쟁취하게 되었던 것이다.

클로비스는 하나님과 한 약속을 이행하였으며, 그리하여 그와 그의 왕국은 로마 카톨릭을 믿게 되었던 것이다. 이는 마치 기독교를 공인한 로마 황제 콘스탄티누스를 연상시킨다(독일, 프랑스, 이탈리아 역사 산책, p. 71). 312년 갈리아에 근거지를 둔 콘스탄티누스 황제도 로마에 근거지를 둔 막센티우스 황제와의 전쟁에서 위기에 처했던 것이다. 막센티우스의 전력은 콘스탄티누스 황제의 전력을 압도하였고, 궁지에 몰린 황제는 하나님께 도움을 요청하였다. 그는 저녁 하늘의 석양 위로 빛나는 십자가를 보았다. 그 십자가에는 '십자가로 싸우면 승리한다'라는 글자가 있었다고 한다. 다음 날 십자가 문양을 그려 넣은 방패로 무장한 그의 군대가 크게 승리한 것이다. 그 후 콘스탄티누스 황제는 하나님께 드린 약속대로 기독교로 개종하고, 그리고 기독교를 로마의 종교로 공인하게 되었던 것이다.

클로비스도 하나님의 기적을 체험하고는 기독교로 개종을 하였던 것이다. 독일은 그때로부터 하나님을 믿는 나라가 되었다. 하나님을 믿는 나라는 하나님의 사랑과 은혜를 받게 된다.

(2) 구텐베르크의 금속활자

인류 문명의 발전에 중요한 역할을 한 것으로는 문자와 인쇄술의 발명이 있다. 문자는 사람들의 생각과 뜻을 나타낼 수 있는 수단이기에 그러하고, 인쇄술은 문자를 대량으로 만들어 낼 수 있는 기술이기에 그러하다 할 것이다.

ⓐ 구텐베르크 인쇄술의 발전

유럽에서 최초로 금속활자를 만들어서 대량으로 책을 만들어 낼 수 있는 인쇄술을 발전시킨 사람은 구텐베르크(Johann Gutenberg, 1398?~1468)이다. 그는 독일의 마인츠에서 출생하였다. 그가 슈트라스부르크에 있을 때(1434~1444)에 이미 인쇄술을 발명하기 시작했다고 한다. 그가 마인츠로 돌아와서 1450년경에 금은 세공사인 J. 푸스트와 함께 인쇄공장을 만들어서 천문력(天文曆)이나 면죄부(免罪符)를 인쇄했을 것으로 생각된다. 2~3년 후에는 기술이 향상되어서『36행 성경』,『42행 성경』을 인쇄하였다(동아 세계대백과사전, 4권, p. 439).

활자의 주형(鑄型)은 주석과 납의 합금이었으며, 그 주조법도 납땜 세공사의 손에 의하여 고도로 발전시켜 왔다. 그때 인쇄된 성경이 1760년에 추기경 마자랭의 문고에서 발견되었기 때문에 '마자랭 성경'이라고도 했다.

마인츠에서 성행한 인쇄업은 마인츠시의 대주교 자리를 노리던 나소 왕 아돌프 2세에 의하여 약탈되었던 때(1462)가 있었다. 이로 인하여 구텐베르크는 그의 제자들과 함께 이곳저곳으로 다니면서 인쇄술을 퍼뜨리게 되었다. 인쇄술은 마인츠로부터 남독일에, 그리고 전 유럽에 보급되었다. 구텐베르크 인쇄술의 발전은 마틴 루터의 종교개혁에도 크게 기여했다는 평가를 받고 있다. 루터의 책들과 주장들을 대량으로 인쇄하여 퍼뜨렸기 때문이다.

ⓑ 구텐베르크 박물관

독일의 마인츠에는 구텐베르크 박물관이 있다. 이 박물관에 전시된 전시물 중에 최고의 보물은 단연『42행 성경』이다. 이 성경은 1452~1455년경에 인쇄하였다. 그때에 180권을 인쇄하였는데 오늘날에는 49권만 남아 있다. 마인츠에 있는 구텐베르크 박물관에는 철제 금고 안에 4권의『구텐베르크 성경』이 전시되어 있다. 영국 등에도 이 성경이 있다고 한다.

이 박물관 자료에 따르면 '세계 최초의 일간 신문이 1650년 라이프치히에서 발간되었다'라고 되어 있다. 또한 4층 전시관에는 '코리아'와 '중국'의 인쇄술 역사를 전시하는 동아시아관도 있다.

ⓒ 코리아의 금속활자

구텐베르크 박물관 입구에는 이러한 글이 기록되어 있다. '1450년경에 구텐베르크가 활자를 발명하였다. 그보다 800년 앞서 중국에서 목판 인쇄가 있었고, 1050년경에 동(銅)활자도 주조했다. 13~15세기에 한국의 금속활자도 나타났다. 그러나 구텐베르크가 이들 아시아의 인쇄 방법을 알았다는 근거는 없다. 따라서 아시아와 유럽에서 독립적으로 발명한 것이다.' 이 글에서 알 수 있듯이 독일에서도 한국과 중국의 인쇄술과 금속활자의 사용을 증거하고 있다.

금속활자에 의하여 세계 최초로 간행된 책으로 밝혀진 것은 고려의 『남명천화상송중도가(南明泉和尙頌證道歌)』이다. 이는 1232년(고종 19) 이전에 주자본(鑄字本)으로 찍었던(동아 세계대백과사전, 6권. p. 10) 것이다.

아울러 프랑스 국립박물관에 있는 고려의 금속활자로 발간된 책이 있다. 그 책은 『백운화상초록불조직지심체요절: 직지심체요절, 또는 '직시'』인데 상·하권의 2권 중 하권만 있다. 이는 구한말 프랑스 외교관이 가져간 것이다.

이상의 증거 등으로 한국 금속활자의 발명과 인쇄술의 발전은 세계 최초인 것으로 증명이 되고 있다.

독일의 구텐베르크가 발명하여 발전시킨 금속활자 인쇄술은 독일과 유럽에 큰 영향을 주었으며 특히 마틴 루터의 종교개혁에 큰 역할을 하였다는 것이 증거되고 있다. 이러한 금속활자의 발명은 분명히 인류 문명의 발전에 크게 기여했으며, 하나님의 뜻에 순응하는 방향이라 할 것이다.

(3) 마틴 루터의 종교개혁

인류 역사에서 가장 위대한 인물 가운데 한 사람으로 손꼽히며, 독일인에게는 독일어로 번역한 독일어 성경과 독일어 찬송가를 제공했으며, 독일어 표준 문장어를 창시하여 사용하게 한 인물인 마틴 루터는 1483년 11월 10일에 농부의 아들로 태어나서 1505년 석사 학위를 취득하였다. 그해 7월 17일에 아우구스티누스 수도원에 들어가 수도사가 된다. 그는 1507년 2월 27일에 신부 서품을 받았으며, 1512년 10월에 신학박사 학위를 받았다.

ⓐ 자신의 구원에 대한 확신이 없었다

마틴 루터는 신부가 되고 신학박사가 되었지만 여전히 자기 영혼의 문제를 해결하지 못하고 있었다. 즉, 영혼의 불안과 고통을 겪고 있었다는 것이다. 그것은 자신의 구원에 대한 확신이 없었기 때문이었다. 즉, 자신은 구원을 얻을 만한 공로가 없기에 확신을 가질 수가 없었다는 것이다. 실제로 그는 1509년 10월에 로마를 여행하면서 자신의 면죄를 위해서 '거룩한 층계'의 계단에 무릎을 꿇고 오르내리면서도 면죄의 확신을 얻지 못했다. 오히려 그가 만난 로마의 고위 성직자와 하위 성직자들이 보여준 혐오스러운 부도덕성, 소유욕과 추잡한 행동들이 루터를 크게 분노하게 만들었다(루터, p. 37). 그는 로마 여행에서 큰 실망을 안고 돌아온 것이다.

그러다가 그는 로마서를 읽고 연구하다가 바울 사상을 재발견하게 된다. '구원은 공로에 의해서가 아니라 믿음에 의해서'라는 말씀이다.

루터는 로마서를 읽으면서 이렇게 말했다. "그때 나는 참으로 기뻤으며, 내게 성경 전체와 하늘이 열렸다(루터, p. 40)." 이러한 기쁨을 얻은 루터는 로마서 연구에 매진하였으며 마침내 로마서 1:16-17의 말씀을 깨닫게 된다.

"내가 복음을 부끄러워하지 아니하노니 이 복음은 모든 믿는 자에게 구원을 주시는 하나님의 능력이 됨이라 첫째는 유대인에게요 또한 헬라인에게로다 복음에는 하나님의 의가 나타나서 믿음으로 믿음에 이르게 하나니 기록된 바 오직 의인은 믿음으로 말미암아 살리라 함과 같으니라(로마서 1:17)"

그는 의인은 믿음으로 하나님의 은혜에 의해서 구원을 얻는다는 확신을 얻었다. 그리하여 그는 종교개혁의 모토를 '오직 믿음으로, 오직 은혜로, 오직 성경으로' 구원을 얻는다는 3가지를 내걸게 된 것이다.

ⓑ 95개조의 항의문을 내걸다

루터는 당시 독일, 프랑스 황제에 버금가는 큰 힘을 가지고 있었던 로마의 교황을 향하여 선전포고를 선언했다. 1517년 10월 31일 비텐베르그 성당 게시판에 95개조의 항의문(논제)을 내걸었던 것이다. 그 95개조의 항의문에는 당시 교황이 교황청의 모든 것을 동원하여 힘을 쏟고 있었던 '면죄부 판매'에 대한 부당함 등을 쓰고 있었다.

한 사람의 평범한 신부로서 그 엄청난 95개의 항목에 걸쳐 교황과 카톨릭 교회의 부당함을 항의하고 있었던 것이다. 그 95개 항의 논제 중 몇 개의 항을 소개한다.

- 6a: 교황은 하나님으로 말미암아 죄사함을 받았다는 것을 선언하고 시인하는 것 이외에는 어떤 죄도 용서할 수 없다.
- 21: 그러므로 교황이 면죄부를 통하여 인간이 모든 형벌에서 벗어나며 구원받을 수 있다고 선포하는 면죄부 설교자들은 모두 오류에 빠져 있는 것이다.
- 27: 연보함에 던진 동전이 짤랑 소리를 내자마자 영혼이 연옥에서 나온다고 말하는 것은 인간의 학설을 설교하는 것이다.
- 36: 어떤 그리스도인이든지 진심으로 자기 죄를 뉘우치고 회개하는 사람은 면죄부 없이도 형벌과 죄책에서 완전한 사함을 받는다.

소위 말하는 비유로, 달걀(루터)로 바위(교황)를 치는 대사건이 시작된 것이다. 루터는 중세 암흑기에 나타난 빛이었다. 성경 해석을 독점하고 있던 교황과 성직자들로부터 성경을 번역하여 모든 사람들이 읽을 수 있게 해 준 사람이다. 그는 무엇보다도 교황을 하나님의 말씀을 어기는 사람으로 고발을 한 것이다.

ⓒ 루터가 이단 심문을 당하다

1518년 8월, 2개월 안에 로마에서 이단 심문을 받으라는 통보가 왔다. 그가 로마에 간다면 그는 죽음을 면치 못했을 것이다. 그는 후원자 선제후의 도움으로 독일 땅 아우크스부르크에서 심문을 받게 된다. 루터는 교황의 사절인 카예탄 추기경의 심문을 받게 되었다. 이때 루터는 성경으로써 자신이 이단이 아님을 증거하여 극복하고자 했다.

그러나 추기경은 "교황은 성경보다 높은 곳에 있으며, 오직 교황만이 성경을 해석할 수 있다(루터, p. 51)"라는 주장을 펼치면서 루터와의 논쟁을 차단했다. 이제 루터는 체포되어 처형될 수 있는 상황이었다. 그러한 때 루터는 그 밤에 아우크스부르크를 탈출하게 되었다.

ⓓ 교황권과 교황 교회를 공격하다

루터는『그리스도인의 자유에 관하여』,『독일 민족의 그리스도인 귀족들에게 보내는 글』,『교회의 바벨론 포로 상태에 관한 전주곡』등을 발표함으로써 교황권에 공격을 가한다. 특이할 만한 일이 일어났다.『독일 민족 그리스도인 귀족들에게 보내는 글』이 발표되자 8일 만에 4,000부가 매진되어서 새로 인쇄를 해야만 했다. 마침내 레오 10세 교황은 루터가 자신의 책을 60일 이내로 철회하지 않으면 파문을 한다고 선포했다.

ⓔ 추방령과 파문이 발표되다

1521년 4월 16일 루터는 보름스에 입성하여 제국의회에 인도되었다. 수석판사가 놓여 있는 이 책들이 루터가 쓴 것이냐고 질문을 하고, 그리고 이 책들을 철회할 의사가 있느냐고 물었다. 이어서 황제도 루터에게 직접 질문을 하였다.

공의회들이 오류를 범했느냐는 질문이었다. 루터는 그렇다고 대답을 했다. 그러한 과정을 거쳤지만 결국 황제는 루터에게 추방령과 파문을 발표하기에 이른다. 그리하여 루터는 4월 26일 보름스를 떠나게 되었으며, 후원자들이 준비한 바르트부르크에서 숨어 살아야 하는 처지가 되고 말았다. 루터에게는 가장 혐오스러운 이단자라는 죄(루터, p. 79)를 씌우고 모든 사람에게 다음과 같이 명령했다.

"루터에게 집이나 먹을 것, 마실 것을 주지 말라. 그를 당장 체포하여 우리에게 보내라. 루터의 추종자, 보호자, 후원자들도 루터같이 대우하라. 감금시키고, 그들의 재산을 몰수하여 여러분의 유익을 위하여 사용하라."

이처럼 루터와 후원자들에게 큰 시련이 닥쳐 온 것이다.

ⓕ 독일어로 성경을 번역하다

그는 바르트부르크에서 저술활동을 하게 되는데, 그중에서 가장 괄목할 일은 성경을 번역하는 일이었다. 먼저 신약성경을 번역하는 데 2~3개월이 걸렸다. 그는 멜란히톤과 의논하여 1522년에 신약성경을 출판하였으며 그리고 신구약 전체를 번역하여 완성한 해는 1534년이었다.

그의 성경 번역에는 히브리어 구약성경과 헬라어 신약성경을 사용했다. 특히 그는 독일어로 번역된 성경을 읽는 모든 사람들이 이해할 수 있어야 한다고 말하고 있다. 즉, 성경을 민중의 책으로 만들고자 했던 것이다.

루터는 민중이 사용하는 언어에서 선별하여 얻어낸 표현들을 통해서 끊임없이 언어를 풍요롭게 만들어야 했으며, 언어의 용법들을 스스로 만들어 내어야 했다. 그는 많은 언어를 처음으로 창안해 내야 했다.

즉, 그는 독일어 표준 문장어(文章語)를 창시한 것이다. 루터는 독일어에 힘과 위엄, 부드러움과 친밀성을 부여해 주었다(루터, p. 85). 루터의 성경은 독일의 프로테스탄트교도들에 의해서 학교와 교회, 가정 예배에서 사용되었던 것이다. 모든 사람들은 그 책에서 그들의 교양을 쌓았다. 이제 독일 민족은 서로의 의사를 소통할 수 있게 된 것이다. 모두가 이해할 수 있는 하나의 언어를 갖게 되었기 때문이다(루터, p. 87). 이처럼 루터의 성경 번역은 나라의 언어를 통일하고 품위 있는 독일어의 탄생을 가져온 것이었다.

루터의 성경 번역으로 누구든지 성경을 읽게 됨으로써 교황의 가르침에서 무엇이 잘못된 것인지, '면죄부 판매'가 왜 잘못인지를 판단하기에 이르렀다. 번역된 독일어 성경이 암흑시대를 끝내는 무기가 된 것이다. 그리하여 독일인들과 유럽인들은 루터를 지지하게 되었으며, 그의 종교개혁은 성공으로 나아가게 된 것이다. 마침내 달걀이 바위를 쳐서 부숴뜨린 것이다.

이러한 종교개혁은 하나님의 뜻을 사람들에게 환히 보여주는 사건이 된 것이다. 따라서 하나님은 마틴 루터를 사랑하시고 독일 민족에게 큰 은혜를 베풀어주신 것이다.

(4) 본 훼퍼 목사와 고백교회 운동

본 훼퍼 목사와 고백교회 운동은 나치의 히틀러에 대하여 저항운동을 펼친 운동이다. 본 훼퍼 목사는 1906년 아버지인 칼 본 훼퍼(정신과 의사)와 어머니 파울라 사이에서 태어난 유복한 청년이었다. 그는 1927년에 신학박사 학위를 취득하였고, 1930년에는 교수 자격을 취득할 정도로 우수한 인재였다. 그는 루터교회의 목사로서 활동하였는데, 『나를 따르라』(1937년), 『신도의 공동생활』(1939년), 『윤리학』(1940년)을 저술하였다.

그는 예수 그리스도를 믿는다는 것은 예수 그리스도의 제자가 되는 것이며, 십자가에 달리신 예수 그리스도를 따르는 것이라고 했다. 그는 행동하는 신학자였으며, 그의 신앙과 행위에 일치되는 그리스도의 증인된 삶이 많은 사람들에게 감명을 주었다. 특히 그는 나치 치하에서 박해받고 있는 유대인들에 대해서 교회가 침묵하고 있을 때에 유대인들을 위하여 소리치는 자만이 진정한 그리스도인이라 주장하였다. 그는 1933년부터 나치가 실시하고 있었던 유대인 차별 정책(유대인 공무원 축출, 교수, 목사직에서 해임, 국방 의무에서 제외 등)에 반대하고 나선 것이다. 실제로 본 훼퍼는 1941년 2월 유대인들을 독일 정보국의 첩보원으로 위장하여 스위스로 피신시키는 일을 했다. 이러한 그의 활동이 비밀경찰에 체포되는 계기가 된 것이다.

ⓐ 미국에서 독일로 돌아온 본 훼퍼 목사

1933년 히틀러가 『Mein Kampt(나의 투쟁)』이라는 책에서 독일 게르만 민족의 우수성을 강조하면서 독일 그리스도인들의 반유대적 감정을 자극해서 그리스도인들을 히틀러 편으로 유인하였다. 당시 히틀러를 우상시하며 수많은 교회들이 그의 힘에 굴복하여 히틀러를 지지했다. '독일 그리스도인들'이라는 어용단체를 만들어서 유대인 탄압을 시작한 것이다. 수용소와 가스실에서 죽어가는 유대인들을 돕기 위하여, 그리고 '독일 그리스도인들'에 대항하기 위하며 본 훼퍼는 '고백교회' 운동에 적극 참여하게 되었다. 본 훼퍼는 1933년 10월 영국으로 건너가서 재영 독일 교회를 사역하기도 했다.

그는 독일 고백교회로부터 신학교 설립을 위해 귀국할 것을 요청받고 귀국하여서 교수가 되었다. 이 신학교는 반나치적인 고백교회 지도자 양성소였다. 1936년 본 훼퍼는 교수직을 박탈당했고 1937년에는 신학교가 폐교되었다. 그는 미국의 유니온 신학교의 초청을 받아 1939년 6월 12일에 뉴욕에 도착하게 된다. 그러나 그는 독일의 국내 상황을 파악하고 1939년 7월 7일에 승선하여 7월 25일에 독일로 돌아왔다.

그는 미국의 친구들에게 자신이 미국에 온 것은 잘못 판단한 것이며, 조국으로 돌아가야 함을 알렸다. 그는 평안하고 안전하게 살 수 있는 미국생활을 포기하고 독일로 돌아온 것이다. 그는 1941년 제네바에서 WCC 총무 비서트 후푸트와 회담하면서 연합국이 독일에서 저항운동을 할 수 있도록 지원해 줄 것을 요청하기도 했다.

그는 제2차 세계대전을 일으킨 히틀러를 적그리스도인으로 보았고 그가 할 수 있는 마지막 일, 즉 자신의 몸을 던지는 행동을 실천한 것이다. 그것은 히틀러 암살단(크라이사우 서클)에 가입하고 활동하는 일이었다. 실제로 크라이사우 서클은 1943년 3월 13일 히틀러가 탄 비행기에 시한폭탄을 장치하였으나 그 폭탄이 작동하지 않아서 실패하였고, 그리고 1943년 3월 21일에는 베를린 무기박물관에 참석하는 히틀러를 암살하려다가 실패하였다.

1943년 4월 5일 본 훼퍼는 유대인들을 스위스로 도피시키는 일에 관여했다는 혐의로 비밀경찰에 의해 체포되었다. 그는 2년여 동안 형무소와 수용소를 옮겨다니다가 1945년 4월 9일 동료들과 함께 교수형에 처해졌다.

ⓑ 본 훼퍼 목사의 법정 최후진술

유럽에 살고 있던 유대인의 60%에 달하는 600만 명이 학살을 당했다. 홀로코스트(유대인 대학살) 사건은 20세기 현대사에서 인류의 잔학상을 여지없이 드러내는 사건이었다.

그러한 잔혹함이 하나님의 뜻에 반대하는 일이며 교회가 그 일에 저항해야 함을 일깨운 본 훼퍼 목사는 실로 순교자라 할 수 있다. 그는 히틀러 암살단에 가입한 일 때문에 사형에 처해졌다.

그의 법정 최후진술은 유명하다.

"미친 자에게 운전대를 맡길 수는 없다. 죄 없는 구경꾼들의 무리를 향해서 차를 운전하는 미친 사람을 본다면, 나는 그리스도인으로서 그저 재앙을 기다리다가 상처 입은 사람을 위로하고 죽은 사람을 장사 지낼 수는 없다. 나는 그 운전자의 손에서 운전대를 빼앗으려 애쓰지 않으면 안 된다"라고 진술했다.

그는 미친 운전사를 히틀러로 비유하고 자신은 그 미친 운전사를 끌어내리는 일을 해야만 했다고 진술한 것이다. 암살단에 가입한 본 훼퍼 목사를 어찌 평가해야 하는가?

기독교인들 중에는 '살인'이라는 윤리적 틀에서 평가할 것이 아니라 히틀러의 손에 죽어 가는 수백만 명의 생명을 살리기 위해 자신의 목숨을 건 일이라고 하는 사람도 있다. 그러므로 미국의 라인홀트 니이버 교수는 본 훼퍼 목사를 '순교자'라 했다. 그의 삶을 '현대적인 사도행전'이라고까지 평가했다.

여하튼 본 훼퍼 목사는 20세기 순교자 10명 중의 한 사람으로 뽑혔으며 웨스터 민스터 대성당 서쪽 입구에 그의 석상이 세워져 있다.

필자는 생각한다. 하나님께서는 본 훼퍼를 어떻게 평가하시고 계실까? 홀로코스트 현장인 아우슈비츠 수용소에서 유대인 소설가 '엘리위젤'은 포승줄에 대롱대롱 달려 숨을 헐떡이며 고통스럽게 죽어 가고 있는 한 소년을 보며 하나님께 탄식했다. 왜 이 소년에게 이런 고통을 허락하십니까? 하나님의 음성이 그에게 들려왔다. "내가 그 아이와 함께 고통받고 있다(기독일보, 2021년 11월 30일, 김명룡 목사 온신학 강의)"

하나님 자신이 고통을 당하시고 있었다는 말씀이시다. 유대인 대학살을 하나님을 슬퍼하셔서 고통당한 사건임에 틀림이 없다. 그 학살을 멈추려고 자신의 몸을 던진 본 훼퍼를 하나님은 얼마나 사랑하셨을까! 자신의 종이 온몸을 던지는 그 일을 얼마나 안타까워하셨을지 깨달아 본다.

(5) 2차 대전 후의 '나치 청산'과 '보상운동'

ⓐ '나치 청산'의 의지

2021년 10월 21일 자 조선일보에서는 96세의 나치 전범을 법정에 세웠다는 보도를 하였다. 가르트 푸르히너는 1943~1945년까지 슈투트호프 강제수용소에서 파울 베르너 호페 사령관의 비서 겸 타자수로 일하며 약 11,000명에 대한 살인 등 잔혹 행위에 가담한 혐의로 재판에 넘겨진 사람이다. 독일은 나치에 가담한 이들에게도 엄격한 잣대로 죄를 묻고 있다는 것이다.

2019년 4월 함부르크 검찰은 17세 때 슈투트호프 수용소에서 경비원으로 근무했던 브루노데이(당시 92세)에게 징역 3년을 구형했다.

위의 신문 보도를 보면 독일은 제2차 세계대전이 종전된 후에도 엄격하게 나치 전범자들의 죄악을 묻고 있는 것을 알 수 있다. 1945년 5월 8일 독일이 미국과 영국에 무조건 항복을 선언하였다. 6월 5일 미·소·영·프는 베를린 연합관리위원회를 설치하고 독일을 4개로 분할 점령하였다. 연합국 4국은 뉘른베르크에 국제군사법정을 설치하고 재판을 진행하였다. 그 후 4국은 자기 점령지에서 독자적인 재판을 계속하였다.
- 미국: 유죄 판결 1,517명, 사형 324명, 종신형 247명
- 영국: 사형 240명
- 프랑스: 사형 104명
- 소련: 유죄 판결 13,532명

그 후 급변하는 국제정세 때문에 미국은 1948년 냉전이 본격화하자 '나치 청산'에서 '반공'으로 전환하게 되었다. 이러한 국제정세로 인하여 '반나치'는 독일 재건을 통한 소련 견제 정책으로 전환되었다.

그러나 68세대를 중심으로 서독의 젊은 지식인들이 과거사를 폭로하고 반성하기 시작하면서 정치인들의 인식도 변화되었다. 1969년 총선에서 사회민주당이 원내 제1당이 되고 빌리 브란트가 총리가 되면서 '나치 청산'에 나선 것이다.

빌리 브란트 수상은 1970년 폴란드 수도 바르샤바를 방문하여 전쟁 희생자 비석 앞에서 비를 맞으며 무릎을 꿇고 사죄하였다. 이후 독일의 고위 정치인들은 기회가 있을 때마다 과거 나치의 범죄 행위에 대해 거듭 사죄하였으며 철저한 '나치 청산'과 '배상 작업'을 진행하여 오고 있다. 그러한 독일의 나치 청산은 2021년 10월 21일에 이르러서도 계속되고 있는 것이다.

ⓑ 전쟁 배상운동

독일 정부는 나치의 잔혹 행위에 대한 보상운동을 전개하였으며, 이스라엘의 '홀로코스트 기념관' 건립에 상당한 액수를 보상

하였다.

한국에도 서독의 교회가 지원하는 보상금이 전달되어서 수유리 '아카데미 하우스'를 건립하는 데 일조하였다. 이처럼 자발적으로 '보상운동'을 실시하였기에 독일인들의 마음이 전달되고 있었다고 할 수 있다.

ⓒ 걸림돌 프로젝트: 슈톨퍼슈타인 운동

독일 국민들은 역사를 기억하는 방법으로 '걸림돌 프로젝트' 운동을 실시하고 있다. 저들은 '슈톨퍼슈타인'을 제작하여 그들의 과거 전쟁을 기억하고 있다는 것이다. 걸림돌 프로젝트는 가로, 세로 10센티미터 동판에 이름, 생년월일, 사망·추방일을 기록하여 거리 바닥에 심는 프로그램이다. 이미 베를린에는 5,000여 개의 슈톨퍼슈타인이 있다고 한다. 이 운동은 조각가 군터 뎀니히가 1992년에 시작하였다. 그는 말하기를, 희생자들의 정체성과 운명이 담긴 돌을 통하여 그들에게 생명을 불어넣고 있다는 것이다. 그는 또 말하기를, "사람은 그의 이름이 잊힐 때 비로소 잊히는 것"이라 했다.

독일인들은 자신들의 죄악에 대하여 철저히 회개하는 모습을 세계에 보이고 있다 할 것이다. 전승국들의 압박에 의하여 '나치 청산'을 한 것이 아니라 저들 스스로가 청산을 시작하였으며, 또한 '보상운동'을 한 것이다. 그리고 저들 스스로가 '걸림돌 프로젝트'를 실시하여 역사를 기억하고자 애쓰고 있다.

성경은 회개하는 자를 용서하시는 하나님을 말씀하시고 있다.

하나님의 뜻과 세계 역사

오늘날의 독일이 있게 함은 바로 저들의 '회개운동'이 있었기에 가능하지 않았는가를 생각하게 한다.

ⓓ 홀로코스트를 세계인이 추모하고 있다

1945년 1월 27일 아우슈비츠 강제수용소에 갇혀 있던 유대인과 양심수, 소수자들이 죽음의 문턱에서 풀려났다. 이날을 홀로코스트 추모의 날로 기념해 왔으며, 2022년 1월 27일에 서울의 독일문화원에서는 국제 홀로코스트 희생자 추모의 날 기념식이 열렸다. 이날 주한 이스라엘의 대사 아키바 토르와 주한 독일 대사 미하엘 라이펜슈톨이 같이 기념식에 참여하여 추모하였으며 대한민국의 오세훈 서울시장도 함께 참여하였다.

매년 1월 27일에는 가해국 독일과 피해국 이스라엘이 주재국과 같이 추모 행사를 거행하고 있을 뿐만 아니라 국제적으로 추모 행사를 거행하고 있는 것이다(조선일보, 2022년 1월 28일, A23면).

2005년 UN 총회는 이날(1월 27일)을 국제 추모일로 채택하여 추모 행사를 하고 있다. 이러한 독일과 이스라엘을 보면 우리에게 35년간 큰 고통을 안겨주었던 일본은 과연 무엇을 하고 있는가 생각하게 된다.

3.

하나님의 뜻을 거스르는 방향의 독일

(1) 마녀 사냥

ⓐ 배경

십자군 전쟁의 실패 이후 카톨릭 교회는 사회 불안과 종교적 위기를 극복하기 위해서 12세기 말에 이단적 신앙에 공격을 가하면서 18세기 초엽까지 '마녀 사냥'을 실시하였다(동아 세계대백과사전, 11권, p. 200).

ⓑ 마녀 사냥의 교과서, 『마녀의 망치』

1487년 독일인 신부 하일리히 크레이머와 자콥 스프링거가 저술한 책인데, 이는 마녀 사냥의 교과서로 불린다. 교황 이노센트 8세가 이 책의 출판을 칭찬하면서 추천사를 썼다고 한다.

이 책에는 마녀를 구별하는 예를 들고 있는데, 그 이론은 아무런 근거도 없고 논리에도 맞지 않는, 크레이머 신부의 독단적인 글일 뿐이다. 마녀 사냥의 교과서로 쓰인 책이 독일인 신부의 글이라는 것이 안타까울 뿐이다.

ⓒ 마녀 사냥으로 희생된 사람들

실제로 마녀 사냥에 희생된 억울한 여성들이 4만 명에서 6만 명에 이른다고 한다. 이는 생명을 중시하시는 하나님의 뜻을 정면으로 거스르는 일이다.

구약성경 창세기 34:24-26에는 시므온과 레위가 '세겜 성'의 사람들을 죽이는 사건(세겜이 성주인데 그가 할례를 받자고 하여 할례를 받고 난 후에 고통하고 있을 때에 할례를 받으라고 한 시므온과 레위가 행한 사건)은 하나님의 진노를 불러일으킨 사건이다. 사람들을 죽이는 일, 그것도 하나님의 말씀인 할례를 받으라고 한 후에 죽이는 일에 대하여 진노하신 것이다. 그러니까 하나님의 말씀을 이용하여 사람들을 죽이는 일을 하나님은 크게 진노하신 것이다. 마찬가지로 '마녀 사냥'은 하나님의 말씀을 이용하여 무고한 사람들을 마녀로 몰아서 억울하게 죽였기에 이는 하나님의 큰 진노를 불러일으킨 사건인 것이다.

마녀 사냥에 독일인 신부가 앞장을 섰으니 이 또한 독일에게는 참으로 비극인 것이라 할 수가 있다(마녀 사냥에 대해서는 앞의 장 「프랑스」의 '마녀 사냥' 부분에 상세히 기록하였음).

(2) 식민지를 세우다

독일의 식민지 정책은 영국, 프랑스와 비교하면 대체로 늦게 시작되었음을 알 수가 있다. 1887년에 설립된 '독일 식민지협회'와 1891년에 설립된 '전 독일 연맹'의 압력으로 독일 정부는 아프리카와 오세아니아에 식민지 건설을 시작했다.

그리하여 남서아프리카의 나미비아, 동아프리카의 탄자니아, 토고, 카메룬, 뉴기니 섬의 일부와 중국의 칭다오 지방이 독일의 보호령이 되었다.

이로써 독일도 세계의 열강들과 마찬가지로 식민지 정책을 수행하였으며 식민지를 통치하는 죄악에 빠지게 된 것이다.

(3) 제1차 세계대전

ⓐ 배경

19세기(1800년대)의 유럽은 변화의 광풍이 불어오던 시기였다. 산업혁명이 일어났고, 중공업의 발전이 일어났으며, 상업주의의 발전이 있었던 때이다.

이러한 때에 유럽의 세 나라(독일, 프랑스, 영국)는 그야말로 경쟁의 극치를 이루고 있었다. 1871년 이후 독일 경제의 성장은 중공업에 기반해 이룬 것이었다(독일 역사, p. 198) 1910년에 독일의 철강 총 생산량이 1,480만 톤이었으며 영국은 1,020톤이었다. 영국, 프랑스, 독일은 자신들의 나라를 부강하게 하기 위하여 식민

하나님의 뜻과 세계 역사

지를 개척하고 중공업을 육성하고 상업을 발전시켜 나가고 있었던 것이다. 그리하여 상대보다 더 발전된 나라가 되기 위해 온 힘을 기울이고 있었던 것이다.

✠ 보불전쟁

보불전쟁(Franco-Prussian war, 1870년 7월 19일~1871년 5월 10일)은 프랑스의 나폴레옹 3세가 1870년 7월 19일에 프로이센에 선전포고를 하면서 시작되었다. 이로써 프랑스와 프로이센의 전쟁이 시작된 것이다. 그 원인은 에스파냐 국왕 선출의 문제 등이었다. 이 전쟁에서 프로이센이 크게 승리하였다. 프로이센이 승리함으로써 독일 통일이 이루어지는 결과를 가져왔다.

또한 프랑스는 알사스 로렌 지방을 독일에 빼앗기고 전쟁 보상금으로 50억 프랑(프랑스 GNP의 25%)을 배상해야만 했다.

✠ 독일 해군의 발전으로 영국이 위협을 느끼다

1897년 뷜로우가 독일 외교 정책을 담당하고 티르비츠 제독이 독일 함대 건설에 박차를 가함으로써 영국 함대가 위협을 느끼게 된 것이다. 그 외에도 영국은 독일의 경제, 정치, 외교의 눈부신 발전으로 인하여 다방면에서 위협을 느끼고 있었다.

✠ 3국 동맹과 삼국협상이 이루어지다

유럽 각국의 경쟁이 가속되던 때에 독일, 오스트리아-헝가리, 이탈리아는 1882년 3국 동맹을 맺었다. 그 동맹의 내용은, 동맹국이 침공을 당하면 협력한다는 것이다.

이에 대하여 영국, 프랑스, 러시아가 1907년 3국 협상(연합)을 맺어 3국 동맹에 대항하고자 했다.

ⓑ 직접적인 원인

　제1차 세계대전의 시발은 1914년 6월 28일 세르비아의 수도 사라예보에서 오스트리아의 왕위 계승자인 페르디난드 황태자가 암살을 당하는 사태였다. 1908년 오스트리아가 세르비아 주변인 보스니아와 헤르체코비나 지역을 차지하였다. 이에 화가 난 세르비아 청년이 1914년 사라예보를 방문한 황태자를 암살한 것이었다.

　이에 오스트리아는 1914년 7월 28일 세르비아에 선전포고를 하고 전쟁을 일으킨 것이다. 세르비아가 침공을 당하자 개전 일주일 만에 슬라브족의 나라인 러시아가 세르비아 편에 서게 되었다. 이리하여 오스트리아 동맹국(독일, 이탈리아)과 러시아 동맹국(영국, 프랑스)이 전쟁에 참여하게 되었다. 이 전쟁이 바로 제1차 세계대전으로 확전되게 되는 것이다.

ⓒ 전쟁의 진행

　사라예보의 암살이 독일, 오스트리아, 이탈리아와 러시아, 영국, 프랑스 간의 전쟁으로 확대된 것이다. 처음에 독일 국민들은 수 주 안에 이 전쟁이 끝날 것으로 생각했다. 독일 참모본부의 계획인 슐리펜안(案)에는 빠른 시일 안에 승리할 것으로 계획되었기 때문이다.

　서부전선에서는 프랑스와 '마르느 전투'에서 진격이 일단 저지되었으며, 1914년 10월부터는 참호전 양상으로 발전되어 갔다. 반면에 동부전선에서는 발틱 3국과 우크라이나와 코카서스 지방에 이르는 남부 러시아를 점령하는 데 성공했다(독일 역사, p. 208).

한편 독일의 지식인들 사이에는 전쟁을 둘러싸고 뜨거운 논쟁
이 일어났다. 수많은 설교와 강연을 통하여 프로테스탄트 목사
들과 민족·자유주의 교수들은 적을 악의 화신으로 '불타는 세계
(전쟁)'를 최후의 심판으로 몰아세우고, 독일 민족을 신(神)의 의지
(하나님의 뜻)를 집행하는 민족으로 추켜세웠다(독일 역사, p. 208).

필자는 여기서 생각을 해 본다. 미국의 남북전쟁 때에 북부의 군목
들과 남부의 군목들이 서로 간에 어떠한 기도를 하였을까 하는 생각이다. 결
과는 무엇이었을까? 그것은 하나님의 뜻대로 행하는 편에서 승리한다는 것
이다. 독일의 목사들이 아무리 독일이 하나님의 의지를 집행한다
고 떠들어대도 저들은 결국은 침략자들이었다. 따라서 하나님은
독일의 편을 들어주지 않았다.

ⓓ 미국이 참전하다

1915년 독일 해군이 영국 여객선 '루시타니호'를 침몰시킨다.
이 여객선의 침몰로 인하여 1,200여 명의 승객이 희생을 당하였
다. 이때 100여 명이 넘는 미국인들도 희생을 당한 것이다.

이에 미국은 독일에 항의했으나 독일은 공격을 멈추지 아니하
였다. 마침내 미국은 이제까지의 중립 노선을 포기하고 1917년 4
월에 연합군으로 참전하게 된 것이다. 독일 해군의 영국 여객선
침몰 사건으로 인하여 미국이 참전하게 된 것이다. 미국의 참전으
로 제1차 세계대전의 양상은 새로운 국면에 접어들게 된 것이다.

마침내 독일은 1918년 11월 11일에 연합군에 항복을 선언하

게 되었다. 이로써 4년이 넘는 제1차 세계대전은 종전을 맞게 되었다. 전쟁의 결과는 비참하였다. 9,549,515명의 사망자(동아 세계대백과사전, 25권, p. 105)가 나왔으며, 21,219,452명의 부상자가 나왔으니 실로 형언할 수 없는 비극의 결과였다 할 것이다. 거기에다 물적인 피해는 이루 말할 수 없었던 것이다.

이러한 침략전쟁을 하나님께서는 어찌 생각하실까? 오스트리아가 시작을 했지만 왜 독일이 책임을 도맡게 되었을까? 많은 것들을 생각할 수 있는 전쟁이다.

(4) 제2차 세계대전

ⓐ 배경

제1차 세계대전이 종전되고 난 후에 세계의 경제는 내부적으로 위기를 잉태하고 있었다. 겉으로는 번영을 구가하고 있었으나 실제로는 과잉 생산과 실업자 문제가 심각해지고 있었다.

✠ 대공황이 일어나다

1929년 10월 24일 미국의 주식시장이 붕괴되었다. 주식 가격의 폭락으로 기업 도산이 속출하고 실업자가 폭증하고 말았다. 대공황의 여파가 미국으로부터 독일, 영국, 프랑스 등 유럽으로 파급되고 말았다.

1932년 미국 노동자 1/4이 실직을 하였으며 공업 생산고는 1929년 대공황 발생 이전과 비교하여 44%나 감소했다. 대공황은 농업부문에도 영향을 미쳐서 미국, 유럽, 남아메리카 농산물 가격이 폭락을 하였다. 심지어는 소맥, 커피, 가축 등이 대량으로 파기되는 사태까지 일어나고 말았다.

✠ 일본이 중국을 침략하다

자본주의 국가로서 기초가 약한 독일, 이탈리아, 일본은 대공황의 여파가 심각한 수준이었다. 1931년 9월 일본은 자국의 문제를 타개하기 위하여 중국 동북을 침략하여 1933년 '만주국'을 만들어 이 지역에서 자본주의 발전의 기반을 얻으려고 했다.

1933년 3월 국제연맹에서 일본이 세운 '만주국'을 부인하자 일본은 국제연맹을 탈퇴하기에 이른다. 그리고 1937년 7월 전면적인 중국, 일본 간 전쟁이 발발하였다.

✠ 독일의 전쟁 준비

1933년 독일은 국내 정치의 혼란 가운데에서 히틀러가 정권을 장악하고 1933년 10월 제네바 군축회의의 결과에 대하여 불만을 품고 국제연맹을 탈퇴하였다.

1935년 3월 재군비를 선언하고 1936년 3월 라인란트 비무장지대에 진주하여 로카르노조약을 파기함에 이어 베르사이유조약(1차 대전 후 독일과 연합국이 맺은 조약: 독일에 대한 제재 포함)을 유명무실하게 만들었다.

✠ 이탈리아가 이디오피아를 침략하다

1935년 10월 이탈리아가 이디오피아를 침략하여 1936년 5월 전국을 정복하였다.

✠ 3국 동맹이 이루어지다

독일과 일본은 1936년 11월 독·일 방공협정(防空協定)을 체결하여 협력할 것을 다짐하였다. 이에 1937년 11월에 이탈리아가 이 협정에 가입하였다.

이로써 3국 동맹이 이루어진 것이다.

✠ 독·소 불가침조약을 체결하다

1939년 8월 23일 독일과 소련은 독·소 불가침조약을 체결하였다. 이로써 소련의 중립을 확보한 독일은 마침내 계획했던 폴란드 침공을 실시하였고, 이렇게 제2차 세계대전이 발발하게 된 것이다.

ⓑ 제2차 세계대전이 일어나다

독일은 소련과의 불가침조약을 체결하고 마침내 저들의 계획대로 1939년 9월 1일에 폴란드를 침공하였다. 이에 영국과 프랑스는 9월 3일에 독일에 선전포고를 하였다. 이에 제2차 세계대전이 시작된 것이다.

이미 독일은 1938년 3월에 오스트리아를 합병하였으며, 체코슬로바키아의 수레텐 지방을 요구하여 성공하였다. 이리하여 독일은 동·중부 유럽 진출을 위한 전략적 지역을 확보하기에 이른다. 이와 같이 독일에서는 전쟁을 위한 준비가 진행되어 온 것이다.

✠ 소련군이 폴란드 등 이웃 나라들을 침공하다

1939년 9월 17일 소련군이 폴란드를 침공하여 9월 28일 독·소양국이 폴란드를 분할하였다. 이어서 소련은 이스토니아, 라트비아, 라두아니아를 1940년 7월에 소련령으로 편입시켰다. 40년 6월에는 루마니아 북부의 땅을 획득하였다. 이러한 소련의 침공이 부당하다 하여 국제연맹은 1940년 3월 소련을 제명 처분하기에 이른다.

※ 영국 처칠 수상, 드골이 런던에 프랑스 망명정부를 세우다

1940년 5월 10일에 처칠이 영국 수상으로 등장을 하고, 이날에 독일은 중립국인 벨기에, 네덜란드, 룩셈부르크를 침공하였다. 이어서 독일은 1941년 6월 14일에 파리를 점령하였다. 이에 드골은 런던으로 망명하여 대독일 항전을 선언하기에 이른다.

※ 이탈리아가 그리스를 침공하다

1940년 6월 10일 이탈리아가 프랑스 남부를 침공하였으며, 1940년 10월에는 무솔리니가 그리스를 침공하였다.

※ 독일이 소련을 침공하다

소련은 국내 사정으로 스탈린이 1941년 5월 6일에 수상이 되어 있었다. 이때를 기하여 독일은 1941년 6월 22일 소련을 침공하였다. 저들의 처음 계획은 2개월 안에 소련을 점령할 수 있다고 기대했으나 모스크바 공략에서 엄동과 함께 정체되고 말았다. 이에 12월에는 소련군이 독일군에게 반격을 가하였다.

독일의 소련 침공으로 말미암아 영국과 미국은 즉각 소련 원조를 선언하였다. 아울러 영·미가 '대서양 헌장'을 선언하면서 전쟁의 목적을 분명히 밝히자 소련이 이에 동조했다. 이로써 영·미·소의 반파시즘 연합이 형성되었던 것이다.

✣ 일본의 미국 침공과 미국의 참전

일본은 1941년 7월 프랑스령 인도차이나를 침공하였다. 이로써 미국은 일본에 대한 석유 금수를 명령하고 미국 내의 일본 자산을 동결하였다. 1941년 12월 8일 일본은 기습적으로 진주만을 공격하였다. 12월 11일에는 독일과 이탈리아가 미국에 대하여 선전포고를 하였다.

이로 말미암아 미국과 일본의 전쟁이 시작되었으며, 미국은 연합국의 일원으로 제2차 세계대전에 참전하게 된 것이다.

✣ 전세 역전의 계기

이탈리아가 북아프리카 침공에서 어려움을 겪자 독일은 롬멜 장군을 보내어서 전세를 역전하고자 했다. 그러나 1943년 5월 북아프리카에서 독일과 이탈리아군이 패배하였으며, 독일은 스탈린그라드 전투에서 1943년 1월 패배하였다.

1944년 6월 6일 영·미 연합군이 프랑스의 노르망디에 상륙하였다. 이로써 유럽의 전세는 연합국에 유리하게 전개되어 갔다.

✣ 히틀러의 자살과 독일, 일본의 항복

영·미 연합군의 노르망디 상륙으로 연합국은 승리의 계기를 마련하였고, 그리하여 마침내 1945년 4월 30일 히틀러가 자살하기에 이른다. 후계자인 데니츠는 5월 7일 연합국에 무조건 항복하였다. 한편 일본에 대하여는 8월 6일 히로시마에, 8월 9일 나가사키에 미국이 원자폭탄을 투하함으로써 천황은 8월 15일에 항복하였다. 이리하여 제2차 세계대전이 종전을 맞게 된 것이다.

하나님의 뜻과 세계 역사

ⓒ 제2차 세계대전이 남긴 것들

　제2차 세계대전은 동원 병력이 1억 1,000만 명, 전사자 1,360만 명, 민간인 희생자 2,500만 명에 이른다. 특히 유대인 희생자는 600만 명에 이르며, 물적인 피해 역시 상상할 수 없을 정도였다.
　독일, 일본, 이탈리아가 일으킨 침략전쟁이 이처럼 엄청난 피해를 불러온 것이다.

ⓓ 불가사의한 일들

　2차 대전의 양상이 초창기에는 독일, 일본, 이탈리아가 승리하는 방향이었다. 더구나 소련도 침략국으로 등장을 한 것이다. 따라서 국제연맹이 소련을 제명 처분하기에 이르렀다. 그런데 독일이 독·소 불가침조약(1939년 8월 23일)에도 불구하고 소련을 침공함으로써 소련이 연합국의 일원이 되었으며, 또한 일본도 중국과 전면전을 치르면서 동남아의 나라들을 침공하였고, 마침내 미국을 침공함으로써 미국이 참전하기에 이르렀다.
　제2차 세계대전 기간 6여 년 동안 반전에 반전을 거듭하였으나 결국은 침략국들이 패배하고 말았다. 2차 대전의 결과는 분명히 하나님의 뜻에 들어 있다 할 것이다. 그것은 침략국은 승리하지 못한다는 것이다. 만약에 침략국들이 승리를 한다면 하나님의 정의를 무엇이라 표현할 수가 있을 것인가?
　그 어떠한 말로도 표현할 수가 없을 것이다. 표현한다면 그것은 억지요, 거짓이다. 침략국들이 패배함으로써 하나님의 정의를 말할 수가 있는 것이다. 세계의 역사는 하나님의 정의를 떳떳

이 말할 수 있도록 진행되어 오고 있는 것이다. 어째서인가? 하나님께서 살아 계시고 세계를 통치하시기 때문이다.

(5) 히틀러의 유대인 학살

히틀러가 저지른 광적인 추태는 유대인 학살이라는 전대미문의 죄악이다. 그의 명령으로 학살된 유대인의 숫자가 600여만 명에 이른다는 것은 인류의 수치요, 인류의 자학인 것이다.

ⓐ 배경

나치는 인종에 우열이 있다는 이데올로기에서 출발하고 있다. 아리안족이 가장 우수한 민족이고, 유대인은 가장 하위에 있는 민족이라고 했다(독일 역사, p. 268). 나치는 독일 내의 유대인 학살을 준비하기 위하여 반나치 세력들에게 박해를 가했다. 양심적인 교수나 목사들을 강단에서 쫓아냈으며, '어용 독일 기독교회'를 후원하였으며, 양심적인 '고백교회' 운동을 박해했다. 심지어는 아동용 도서에도 반유대적인(그림이 그려져 있는) 책 제목(푸른 들판의 어떤 여우도 믿지 말고 유대인의 어떤 맹세도 믿지 말라)을 붙이면서 어린이들을 세뇌시켜(독일 역사, p. 277) 갔다. 제2차 세계대전이 일어나기 전부터 유대인들에 대한 박해를 시작했던 것이다.

1933년 4월 7일에 '직업공무원 정비법'을 통하여 유대인 공무원들을 추방하였으며, 1935년 5월 21일에 제정된 '방위법'에서는 유대인을 '독일 국민에 봉사하는 명예로운 의무'로부터 제외시켰다. 1935년 9월 15일에 제정된 '뉘른베르그법'에는 유대인이 시민으로서 누릴 수 있는 최소한의 권리를 박탈했다. 이 법은 정치적 권리나 관직을 받기 위해서는 당사자가 아리안족 혈통임을 증명해야 한다는 조항이 있었다. 이로써 유대인의 시민권을 박탈하였으며, 유대인과 비유대인의 결혼도 금지시켰다. 나치는 계획적으로 유대인 박해를 진행시켜 온 것이다.

히틀러는 1939년 1월 국제회의에서 "세계대전이 일어난다면 그 결과는 유럽 내 유대인의 완전한 파괴가 될 것이다"라고 공언을 하였다. 나치는 유럽의 유대인을 체계적으로 말살하는 계획을 세웠던 것이다. 히틀러는 유대인의 타락한 본성에 의해 서구 민주주의가 희생되고 있다고 생각했다. 마치 건강한 민족공동체가 유대인에 의해 분해 및 파괴되고 있다고 믿었던 것이다.

이러한 히틀러의 병적인 논리 때문에 유대인은 아리안족의 철천지 원수이며 멸망되어야 할 족속으로 간주된 것이다.

ⓑ 아우슈비츠 가스 학살과 유대인 생체실험

히틀러가 '유대 문제 최종 해결'을 명령한 것은 1941년 여름으로 추정된다고 한다. 반년 간의 행정적, 기술적 준비 단계를 거치고 난 후 1942년 1월 20일 이 계획에 참여한 기관장들이 모여 회의를 한 후에 본격적인 인종 청소를 시작한 것이다. 아우슈비츠에서의 '가스 살인'은 1942년 1월부터 시작(독일 역사, p. 290)되었다. 산업공정 처리 방식의 대량 학살은 위장과 기만의 수법으로 처음부터 비밀리에 처리해 온 것이었다. 특히 폴란드에서는 3,000,000명의 유대인이 학살되었으며, 폴란드 내 전체 유대인

수의 90%의 숫자이다(독일 역사, p. 286). 도저히 상상할 수 없는 학살이 자행된 것이다. 뿐만 아니라 독일은 유대인들을 생체실험용(生體實驗用)으로 사용했다고 하니 가히 사람으로서는 할 수 없는 만행을 저지른 것이다.

이러한 천인공노할 죄악을 저지르면서 제2차 세계대전에서 승리할 수 있었겠는가? 만약 독일이 이러한 죄악을 행하고도 승리했다면 하나님의 정의는 무엇이라 표현할 수가 있을까?

독일의 현재와 미래

(1) 분단을 극복하고 통일 독일을 이루다

1945년 히틀러의 나치 독일이 제2차 세계대전에서 패망하자 그 결과로 독일은 서독(민주주의)과 동독(공산주의)으로 나뉘어지고 말았다. 이는 독일 민족이 겪어야 했던 비극의 역사였다. 그 비극의 역사에 '독일 통일'이라는 축복의 시간이 다가오고 있었다. 그것은 1985년 소련 고르바쵸프 서기장의 '페레스토이카(개혁)' 정책에 따라 동유럽 공산주의 국가들이 점차 자본주의 시장경제와 민주주의를 도입하여 '자유화'가 진행되었기 때문이다. 이러한 세계적 역사의 흐름에 서독은 국력을 모아 지혜롭게 대처하여 독일 통일을 이루어 낸 것이다. 1990년 10월 3일 베를린 장벽이 무너지고 동독이 해체되어 서독에 흡수 통일이 된 것이다. 이로써 분단 45년 만에 독일은 통일을 이루어 냈다.

(2) 독일의 미래를 생각하자

　제1·2차 세계대전을 일으킨 나라로서 그 책임이 막중하다 할 것이다. 이미 서독과 동독이 통일됨으로써 분단을 극복한 나라가 되었다. 또한 독일은 G7 국가로, 그리고 미래학자들이 주장하는 21세기의 GUTS(독일, 미국, 터키, S. 코리아) 시대의 한 국가로서의 위상을 가질 것이라 한다. 이제까지 독일에는 특별한 재앙의 징조가 나타난 것은 없다. 미국의 '9·11 사태'라든지, 일본의 '쓰나미'와 같은 징조는 없었다. 또한 러시아가 우크라이나를 침략하는 그러한 침략전쟁을 일으키지도 않았다.

　이제 독일은 세계의 평화를 위하여, 인류의 복지를 위하여 세계에 공헌해야 할 책임이 있는 나라이다. 그 책임을 어떻게 감당해야 할 것인가를 깊이 연구해야 한다. 그러한 책임을 수행할 때에 우리 하나님은 기뻐하시고 마틴 루터의 나라를 생각해 주시지 않을까 한다.

러시아

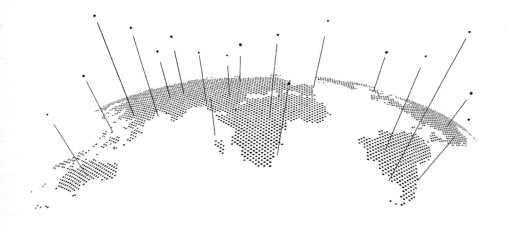

찬송가
194장 '저 하늘 거룩하신 주여'

성경
인내를 온전히 이루라
이는 너희로 온전하고 구비하여
조금도 부족함이 없게 하려 함이라

(야고보서 1:4)

I.

러시아에 대하여

세계 제1위의 영토를 자랑하는 러시아는 2022년 2월 우크라이나와 전쟁 중에 있다. 필자가 먼저 생각하는 바는, 러시아라는 나라가 침략국이 되어 있다는 사실이다.

원래 러시아는 프랑스 나폴레옹의 침략으로 비참한 고통을 당했던 나라다. 수도인 모스크바를 자신들의 손으로 파괴하고 불을 질러서 프랑스 군대에게 보급품을 남기지 아니한 전쟁 일화로도 유명하다.

저들은 프랑스 군대를 물리치기 위하여 엄청난 희생의 대가를 치렀던 것이다.

뿐만 아니라 제2차 세계대전 때에는 독일 히틀러의 침략을 당해서 엄청난 피해를 본 나라이다. 러시아(소련)는 제2차 세계대전을 치르면서 가장 많은 희생을 당한 나라이다.

- 영토: 17,098,242㎢로 세계 1위다.
- 인구: 1억 4,580만 5944명(2022년 통계), 세계 9위
- GDP: 1조 7,757억 9,992만 달러(2021년 통계), 세계 11위

- 종교: 러시아정교

(1) 러시아의 전쟁

ⓐ 제2차 세계대전

- 소련 군인의 전사자: 1,000만여 명(민간인 2,000만여 명)
- 영국 군인의 전사자: 49만 5천여 명
- 미국 군인의 전사자: 48만여 명
- 독일 군인의 전사자: 700만여 명

ⓑ 1943년 스탈린그라드 전쟁

독일군 200여 사단이 소련군을 이기기 위해서 스탈린그라드 전투에 동원되었으며, 당시 아프리카 롬멜 장군의 휘하에는 4개 사단이 있었다. 그러므로 스탈린그라드에서의 전투가 얼마나 중요한 전투였는가를 알 수가 있다 할 것이다. 스탈린그라드에서의 전투에서 소련군이 승리함으로써 연합군이 제2차 세계대전의 승기를 잡게 되었던 것이다. 그리고 1944년 6월에는 미국과 영국군 등 연합국 8개국의 병사들이 프랑스의 노르망디 상륙작전을 수행하여 성공함으로써 프랑스를 회복하였으며 그리고 마침내 1945년 4월에 소련군이 독일의 수도 베를린을 공격하여 4월 말경에 히틀러가 자살하고 독일군이 항복하면서 소련은 베를린

국회의사당에 붉은 깃발(소련기)를 날리게 된 것이다.

　이처럼 러시아는 제2차 세계대전에서도 큰 역할을 하였을뿐만 아니라 연합군의 승리에 많은 기여를 한 것이 사실이다. 동시에 엄청난 인명 피해를 본 것도 사실이다.

ⓒ 우크라이나를 침략하다

　2022년 2월 러시아는 우크라이나를 침략하여 2023년 1월 현재에도 전쟁을 수행 중에 있다. 필자가 이해할 수 없는 것은, 왜 러시아가 침략국이 되었는가 하는 것이다.

　러시아는 프랑스 나폴레옹과 독일의 히틀러의 침략을 당해서 엄청난 피해를 당한 나라이다. 그런데 어찌하여 이제는 우크라이나를 침략하는 나라가 되었는가 하는 것이다. 국력이 강력해져서인가? 세계 제1, 2위를 다투는 군사 강국이 되어서인가?

　필자가 하나님의 뜻을 이해하기는, 침략을 당했던 러시아를 하나님은 응원하셨다. 그리하여 프랑스도, 독일도 물리치고 승리를 하였다. 그런데 어찌하여 이제는 침략국이 되어서 하나님의 진노를 쌓아가고 있는 것인가?

　분명한 하나님의 메시지를 읽어야 한다. 나폴레옹도, 히틀러도 역사의 패배자가 되고 만 것이다.

　2022년의 러시아 푸틴은 승리자가 될 것인가? 설사 푸틴이 승리자가 되었다 하더라도 역사의 평가는 분명하다. 그것은 푸틴은 침략자요, 파괴자요, 살인자가 되고 만 것이다.

(2) 러시아의 역사

고대 러시아는 몽고와 그 주변 지역으로 유럽 지역까지 걸쳐 있던 다양한 유목민들의 통로로 주로 이용되었으나 독자적인 문명이 형성된 것은 아니었다. 중앙아시아 지역의 사마르칸트나 하바 등에서 기원전 2~3천 년경부터 조직된 거류민들이 나타나기 시작했다. 그러나 국가의 형태가 등장한 것은 오랜 세월이 지나서였다.

ⓐ 슬라브족이 주류 족속으로 등장하다

러시아의 주류를 이루고 있는 슬라브족의 등장은 기원후 7세기부터이다. 그들은 러시아의 삼림지대 동북부 지역에 살고 있던 슬라브족이 러시아의 주류 민족으로 등장을 한 것이다.

9세기경 스칸디나비아 반도 바이킹의 후손인 '바랑고이족'이 이 지역으로 확장해 오면서 슬라브족과 동화하기에 이른다. 882년 바랑고이족의 올레그(Oleg)에 의해서 최초의 러시아 국가형태인 키이우 공국으로 역사에 등장을 한다.

ⓑ 키이우 공국

키이우(현 우크라이나 수도) 공국은 뛰어난 전략적 위치를 근거로 하여 그 세력을 확장하여 갔다. 그리하여 주변의 도시국가들인 공국들을 지배하였다.

비잔티움제국의 황제 바실은 국내 정변을 진압하기 위하여 키이우의 블라디미르 대공에게 군사적인 도움을 요청하였고, 키이우 전사들이 988년 콘스탄티노플에 도착하여 정변을 진압하였다. 이때의 조건이 황제의 누이 안나와 결혼을 약속한 것이다. 그 후 황제는 그 약속을 미루고 있었다. 이에 블라디미르 대공은 989년 흑해 연안의 케르손을 점령하고 콘스탄티노플을 점령하겠다고 위협할 정도로 군사력이 막강하였다.

1054년 키이우 왕가의 분열로 블라디미르, 모스크바, 노보고르트 등 여러 도시국가가 독립하면서 키이우 공국은 쇠퇴하기에 이른다. 키이우 공국은 여러 이민족의 침입을 받다가 1237년부터 시작된 몽골인의 침입으로 인하여 1240년에 멸망을 당하고 만다.

ⓒ 키이우 공국이 기독교화되다

러시아가 비잔틴(동로마제국) 문화권으로 편입되는 기독교화는 러시아의 방향에 결정적인 의미가 있었다(러시아의 역사, 전지용, p. 23). 즉, 989년 여름 키이우 공국의 대공 블라디미르가 흑해 연안의 케르손(Cherson)을 점령한 뒤에 콘스탄티노플(동로마제국의 수도)도 공격하겠다고 위협했을 때 비잔티움의 황제 바실(Basil) 2세(976~1025)는 대공녀 안나와 여러 명의 신부들, 그리고 많은 서적들을 보내왔다. 이로써 블라디미르 대공은 안나 대공녀와 결혼을 하고 기독교로 개종하였다. 그리고 교회가 세워지고 키이우 국민들의 개종이 시작되었다. 키이우 공국이 기독교화되고 비잔틴의 문명을 받아들임으로써 러시아의 문명화가 빨리 이루어진

하나님의 뜻과 세계 역사

것이다.

이로써 러시아는 기독교 국가가 된 것이다. 오늘날의 러시아 정교회다. 러시아정교회는 기독교의 카톨릭 교회와 개신교회와 동방정교회로 발전하여 온 기독교의 한 종파다.

ⓓ 몽골의 러시아 지배

징기스칸의 서방 정벌은 1240년 키이우 공국의 멸망으로 이어 졌으며, 이후로는 몽골인의 지배를 받게 되었다. 징기스칸의 후 계자 오고타이 칸은 바투에게 명하여 키이우를 점령하게 하고 킵 착 칸국을 세워서 러시아를 지배하기에 이른다. 1243~1480년까 지 존속했던 킵착 칸국은 키이우, 모스크바, 노브고르드 등 러시 아를 지배했으며 저들 도시국가들의 대공들은 대칸의 허락하에 존재했고 저들은 대칸에게 조공을 바쳐야만 했다. 킵착 칸국의 종교 정책은 지배하는 국가의 종교를 허용하는 정책이었다. 그 리하여 러시아는 몽골인의 지배하에서도 동방정교회를 유지하 고 발전할 수가 있었다.

ⓔ 모스크바 공국의 러시아 제패

모스크바 공국의 알렉산더 네프스키는 몽고에 저항하지 않고 몽고의 지배를 인정함으로써 대공의 칭호를 부여받았으며 다른 도시국가들에 비하여 월등한 자치권을 부여받았다. 그리하여 부 자 세습을 하는 지위도 누렸다. 알렉산더 네프스키의 손자 이반

1세는 모스크바를 러시아의 중심지로 부상시키는 데 큰 역할을 했으며, 특히 모스크바가 동방정교의 중심지로 부상하는 데 결정적인 역할을 하였다. 러시아가 몽고의 지배하에서 벗어나는 데 결정적인 역할을 한 사람은 모스크바 공국의 이반 3세다. 그는 비잔틴제국의 마지막 황제의 조카딸과 결혼함으로써 비잔틴의 계승자이자 동방정교의 수장임을 주장하였다.

이반 3세는 1471년 6월 14일 북쪽의 노보고르트 공국을 침략하여 복종시키는 등 러시아 지역을 합병해 갔다. 마침내 1480년 이반 3세는 몽고의 지배에서 벗어난다는 선언을 하고 전제군주제도를 확립해 갔다. 그는 법률, 행정 조직을 정비하고 새로운 토지제도를 확립하고 크레믈린 궁을 건립하였다. 그의 아들 이반 4세는 '차르'라는 전제군주의 명칭을 사용하기 시작하였다. 명실공히 러시아는 모스크바를 중심으로 발전해 가고 있었다. 그러나 1610년 폴란드의 침략에 모스크바가 항복하기에 이른다.

ⓕ 반폴란드 운동과 로마노프 왕조의 시작

1610년 폴란드에 정복당한 모스크바 공국의 국민들은 반폴란드 운동을 전개하였다. 1611년 3월 19일 반폴란드군이 모스크바 입성에 실패하고 모스크바는 폴란드에 의하여 장악이 되었던 것이다. 1611년 9월경에 새로운 애국운동이 일어났으며 그 중심에는 쿠지마 마닌이라는 노브고르드 상인이 있었다. 그는 제 2차 시민군에 지원해 줄 것을 선전하고 폴란드에 맞서서 마침내 1612년 9월경에 모스크바 가까이 진군을 하였으며 1612년 10월에 크레믈린 궁에서 폴란드군의 항복을 받아냈다(러시아의 역사, p.

하나님의 뜻과 세계 역사

70). 1613년에 국유지 소농민까지 참여하는 '제국회의'가 개최되고 6월에는 16세의 미하일 로마노프를 새로운 차르로 선출하였다. 이로써 러시아는 폴란드의 침략군을 몰아내고 새로운 왕조 시대를 열게 된 것이다.

로마노프는 경제 회복을 위하여 농업제도를 개혁하는 등 러시아의 발전을 위해여 노력하였다. 그의 후손 표트르 대제는 러시아의 새로운 시대를 열어 가면서 나라를 우뚝 서게 하는 역할을 하게 된다.

ⓖ 표트르 황제

루스 차르국의 4대 차르인 표트르(1682~1725)는 러시아 제국의 초대 황제가 되었다. 그는 러시아 제국을 서구 열강과 견줄 수 있는 강대국으로 도약하게 한 황제다. 그의 업적은 괄목할 정도였다.

✠ 급진적으로 서구화 개혁을 행하다

그는 1689년 실질적인 루스 차르국의 통치자가 되면서 3가지 목표를 정했다.

'러시아의 근대화', '루스의 오랜 숙원인 부동항 획득', '군주 전제권의 강화'다. 그는 자신의 나라가 서구 열강에 비해 후진국임을 인정하면서 서구화를 급진적으로 추구하였다. 그는 두 차례의 서유럽 순방을 하는 등 서구의 발전된 나라들을 배우는 데 열심이었다.

1698년 서유럽 사절단을 파견하면서 자신도 그 일원으로 참여하여 대포 조작 기술, 조선 기술을 배웠으며 영국에서는 수학·기하학을 공부하고 그리니치 천문대를 방문하고 뉴턴의 연구도 공부하는 등 서구를 배우는 데 열정적이었다. 이는 나라를 근대화하여 서구와 어깨를 나란히 하기 위해서였다.

✠ 신분보다 능력으로 인재를 등용하다

그는 귀족 등의 신분보다 능력 위주의 인재 등용을 실시하였다. 그는 국력을 키울 수 있다면 형식과 전통에 얽매이지 않고 혁명적인 생각으로 통치해 나갔다. 그는 중앙 행정 기구들을 개혁하고, 군사적이고 정치적인 새로운 목표들을 개혁해 나갔다. 이러한 발상은 나라를 빨리 발전시키려는 그의 의도가 있었던 것이다. 그는 스웨덴과의 전쟁에서 승리하면서 발트함대를 창설하는 등 러시아 해군의 토대를 마련하였던 것이다.

✠ 상트페테르부르크를 건설하다

표트르 차르는 상트페테르부르크 도시를 건설하기 시작했다. 발트해의 오른쪽 핀란드 만으로 들어가는 지역 늪지대에 도시를 건설한 것이다. 1703년에 시작하여 9년만인 1712년에 완공하여 새로운 수도로 삼았다. 이 도시의 이름이 상트(스웨덴어) 페터스부르크(독일어)의 합성어이며 '성 베드로의 도시'라는 뜻이다. 여하튼 도시의 이름을 러시아어로 표현하지 않고 서유럽어로 표시했다는 것은 표트르가 서방에 대하여 어떠한 생각이었는가를 알 수가 있다. 오늘날에도 러시아의 2대 도시로서 그 위용을 나타내고 있다.

❖ 러시아 초대 황제가 되다

1721년 11월 2일 루스 차르국은 스웨덴과의 전쟁에서 대승을 거두었다. 전쟁의 승리를 축하하면서 '러시아제국'을 선언한 것이다. 루스 차르국에서 '러시아제국'이 되면서 마침내 황제의 나라가 선포된 것이다. 그 초대 황제로서 표트르 황제가 등극했다. 표트르 황제는 명실공히 러시아를 서방과 대등한 나라로 발전을 시켰으며 '러시아'라는 이름을 역사에 등장하게 했다.

(3) 러시아의 영토 확장

러시아는 세계에서 가장 넓은 영토(17억 982만 5ha)를 가진 나라다. 표트르 황제 때에 시베리아로 계속해서 영토를 확장하여 오늘날의 러시아가 된 것이다. 그런데 그 영토 확장에서 중요한 공헌자들은 상인들이었다. 바랑고이인들은 삼림 지역에서 수집된 모피, 밀랍, 벌꿀 등을 주요 교역품으로 삼았다. 그들은 전적으로 비잔틴에 상품들을 판매하였다. 상인들은 모피(담비)와 밀랍, 벌꿀을 얻기 위하여 시베리아로 확장해 가야만 하는 상황이 전개되었다.

스트로가노프라는 상인 일행은 모피를 구하려고 시베리아로 확장해 가기 위하여 표트르 황제의 허락을 받았으며, 시베리아 토착 세력과의 마찰도 있었지만 이러한 때는 코사크군이 해결을 해 주었다. 이러한 상업적인 이유로 인하여 계속해서 시베리아로 향하였다. 러시아의 영토를 더욱더 팽창하게 하고 국경을 확정한 때는 알렉산드르 2세(1855~1881) 때다. 아편전쟁(1840~1842)과 애로우(Arrow)호 사건(1856)으로 영국과 프랑스 연합군이 북경을 점령하는 사태가 일어났을 때 러시아는 중국과 아이훈(Aigun) 조약을 체결하여 아무르 강을 국경선으로 확정했으며, 1860년 블라디보스톡 항을 건설하면서 러시아의 국경을 확정하기에 이른다(러시아 역사, p. 103). 이러한 과정을 통하여 러시아는 세계에서 가장 넓은 영토를 가진 나라가 되었다.

(4) 러시아는 어떻게 세계의 열강이 되었는가?

알렉산드르 1세(1801~1825)는 그의 재임 기간 동안 나폴레옹의 러시아 침략을 물리치는 등 뛰어난 업적을 남겼다. 그는 1803년 '자유농민에 관한 법'을 제정해서 농노 해방을 실시했다. 그는 프랑스 나폴레옹의 대륙 봉쇄령에 대항하여 1810년 12월 '신관세법'을 제정하여 프랑스 상품에 대하여 관세 장벽을 설정하였다. 그는 대륙 봉쇄령에 대항하여 영국과 밀무역을 진행하며 프랑스에 맞서기도 했다.

마침내 나폴레옹은 1812년 6월에 대군을 이끌고 러시아를 침략해 왔다. 막강한 군사력을 앞세운 프랑스는 파죽지세로 러시아의 영토를 유린하였다. 9월에는 수도인 모스크바로 진격해 왔다. 이때 러시아군의 총사령관인 쿠투조프는 지연전술을 쓰면서 모스크바를 불태우는 작전을 수행했다. 나폴레옹은 모스크바를 점령하면 승리할 것으로 판단을 하였다. 그러나 모스크바는 화재로 불타오르고 군량 등 보급품을 구할 수도 없었다. 그리고 매서운 겨울 날씨가 프랑스군을 힘들게 하였다. 마침내 나폴레옹은 러시아 점령을 포기하고 모스크바에서 철수하기에 이른다. 이 전쟁으로 인하여 나폴레옹군은 60만 대군을 잃어버리는 참혹한 결과를 초래했다. 그러나 러시아군은 수천 명의 사상자만 내는 대승을 거두게 되었다.

이로 인하여 러시아는 '신성동맹' 등을 통하여 서유럽의 정치·사회적인 사건에 대하여 발언권을 높이게 되었다.

하나님의 뜻을 따르는 방향의 러시아

(1) 종교를 기독교화하다

키이우 공국의 군사력이 강대해지자 비잔티움 제국의 황제 바실(Basil) 2세(976~1025)는 국내에서 정치적 위기를 당했을 때에 키이우 공국 블라디미르 1세의 군사적인 도움을 요청하였다. 이때의 조건이 황제의 누이동생을 블라디미르 1세와 결혼시키는 일과 기독교로 개종한다는 일이었다. 일찍이 블라디미르 1세는 비잔티움 왕국의 발전된 문화와 종교에 관심을 가져 왔기에 바실 황제의 조건을 수락하였다. 그리하여 키이우 공국의 군사들이 비잔티움의 정치적 위기를 해결해 주었다. 그리하여 989년에 이루어진 황제의 여동생과 블라디미르 1세의 결혼은 키이우 공국(러시아)을 기독교화하기에 이른다. 비잔틴으로부터 안나 대공녀와 여러 명의 신부들, 그리고 많은 책들이 키이우에 도착하게 되었다. 이로써 키이우 공국은 비잔틴의 문명화를 받아들이게 되었고, 나라의 발전에 지대한 영향을 받게 되었다.

또한 키이우 공국의 사람들도 기독교로 개종하기 시작했던 것이다. 블라디미르 1세의 기독교화 결정은 러시아 역사에서 가장 빛나는 결정이었다. 이는 하나님께서 기뻐하시는 결정이었다.

수많은 러시아 국민들이 하나님의 백성이 되는 결단이었던 것이다. 몽고의 지배하에서도 기독교는 발전을 거듭할 수가 있었다. 이는 몽고의 종교 정책이 피지배국의 종교를 인정하는 관용 정책이었기 때문이다. 뿐만 아니라 성직자와 그 가족들까지도 인두세를 면제해 주는 등 성직자의 자유를 많이 보장해 주었다. 이러한 몽고의 관용정책으로 인하여 큰 교회나 수도원, 그리고 대교구청이 있었던 블라디미르와 모스크바는 공물을 더 많이 면제받을 수가 있었다. 1299년 대교구청이 키이우에서 블라디미르로 옮겨지고, 1318년에는 모스크바로 옮겨갔다(러시아 역사, p. 41). 특히 몽고의 지배하(1240~1480)에서도 기독교(동방정교, 러시아정교)는 발전을 거듭하였으며, 슬라브족의 정체성을 지켜가는 데 많은 공헌을 했다. 오늘날에도 러시아 국민들은 러시아정교를 믿는 나라가 되었다. 기독교의 3대 종파는 카톨릭 교회, 개신교 교회, 그리고 동방정교회이다. 러시아는 동방정교를 발전시켜 오늘에 이르게 하였다.

(2) 영토가 세계에서 제1위다

러시아의 영토는 세계에서 제1위를 자랑하고 있다.

- 1위 러시아: 17,098,242㎢, 비율 11.5%
- 2위 캐나다: 9,984 670㎢, 비율 6.7%
- 3위 중국: 9,706,961㎢, 비율 6.5%
- 4위 미국: 9,372,610㎢, 비율 6.3%
- 5위 브라질: 8,515,767㎢, 비율 5.3%

이상에서 보는 바와 같이 러시아의 영토는 가히 압도적이라 할 수가 있다. 2위와의 격차가 7,113,572㎢의 차이다. 이는 그 영토의 내용(시베리아 동토)이 어쩌하다 하더라도 대단한 일이라 할 수가 있다.

러시아가 이러한 영토를 차지한 일이 하나님의 뜻과는 관계가 없다고 말할 수가 없다. 분명히 이러한 영토를 주신 이유가 있을 것이다.

즉, 이토록 광대한 영토를 이용하여 세계의 발전과 인류 공통의 이익에 크게 기여할 수 있는 방향으로 나아가기를 바라시고 있을 것이다. 그것이 하나님의 뜻이라 할 수가 있다.

2022년 러시아는 유럽이 의존할 정도의 천연가스를 생산하는 나라가 되어 있다. 지하자원이 무궁무진할 수가 있다는 말이다. 그러므로 그 광대한 영토를 이용하여 자기 나라만을 위한 유익을 추구할 것이 아니라 인류 공통의 유익에 공헌해야 할 것이다. 그것이 바로 세계 제1의 영토를 가진 나라에 대한 하나님의 기대요, 바람일 것이다.

(3) 침략자들을 물리치고 승리하였다

러시아의 역사에서 나라가 침략을 당한 일이 여러 차례 있었다. 나라가 침략을 당한 일이 하나님의 뜻이라고 규정할 수는 없다. 그러나 분명한 사실은 침략을 한 것이 아니라는 것이다.

침략을 당했기에 전쟁을 수행할 수밖에 없었으며, 그 전쟁에서 나라를 지켜내야만 했던 것이다. 그런데 러시아는 여러 번 침략군을 물리치고 승리하였던 역사가 있다.

ⓐ 몽고의 지배하에 들어가다

882년 키이우 공국으로 세계의 무대에 등장한 러시아는 1240년에 몽고의 침략에 의하여 멸망하고 만다. 어쩔 수 없이 몽고의 지배하에서 살아야만 했다.

그 세월이 1480년까지이니 240여 년의 세월이다. 그 긴 세월을 몽고의 지배하에 살면서 나라의 독립과 발전을 그리면서 지내왔던 것이다. 이 기간 동안에 동방정교(러시아정교)는 러시아 슬라브족들의 정체성을 지켜내며 정교의 발전을 거듭하여 왔다.

ⓑ 폴란드의 침략

1480년 이반 3세는 몽고의 지배에서 벗어난다는 선언을 하게 되었고, 이제 새로운 러시아제국의 발전을 시작하였던 것이다. 이러한 러시아를 침략한 나라가 폴란드였다. 1610년 폴란드는 러시아를 침략하여 러시아의 항복을 받아냈다.

그러나 시민군의 봉기와 반폴란드 운동과 전쟁으로 1612년 10월 크레믈린 궁에서 폴란드군의 항복을 받아냈다. 이로써 폴란드의 세력을 물리치고 승리를 할 수가 있었다.

ⓒ 나폴레옹의 침략을 패퇴시키다

나폴레옹 황제는 유럽을 제패하기 위한 작전으로 영국을 고립시키고자 했다. 그리하여 1806년 '대륙 봉쇄령'을 발표하고 유럽

의 나라들이 영국과 교역하는 것을 금지한 것이다. 그리고 1808
년 스페인-포르투갈을 점령하고 자신의 형을 왕으로 세우기에
이른다. 마침내 나폴레옹은 60만 대군을 동원하여 1812년 여름
러시아를 침략하였다. 나폴레옹군은 보로디노 근교에서 러시아
군과 격돌하였으나 무승부였다.

   그러나 러시아군은 나폴레옹의 기세를 감당할 수가 없었다.
당시 러시아군의 총사령관 쿠투조프 공작은 새로운 작전을 전개
하였는데, 그 작전은 '지연전술'을 펼치면서 러시아군을 후퇴시
키는 작전이었다. 마침내 프랑스군은 러시아의 심장인 수도 모
스크바에 접근해 오게 되었다. 이때 쿠투조프 사령관은 모스크
바 포기작전을 전개했다. 즉, 모스크바의 모든 시민들을 도시 밖
으로 피난을 가게 하고 그리고 모스크바에 있는 필수품을 모두
다 불태워버렸다. 러시아 스스로 자신들의 수도를 불태운 것이
다. 이는 프랑스군에게 필수품을 넘기지 않은 작전인 것이다.

   텅 빈 모스크바를 점령한 프랑스군은 그곳에서 필수품을 구할
수가 없었다. 모스크바를 점령하면 승리한다는 나폴레옹의 작전
은 실패한 것이다. 더욱이 닥쳐온 겨울 추위를 견디지 못하고 프
랑스군은 모스크바에서 철수하기에 이른다. 마침내 러시아군은
철수하는 프랑스군을 추격하여 격퇴하였다. 저들은 비참한 참패
를 당한 것이다. 나폴레옹은 60만 대군에서 겨우 3만여 명의 군
사들만 이끌고 프랑스로 돌아갈 수밖에 없었다. 러시아군의 대
승은 나폴레옹의 야욕을 무참히도 짓밟아버린 것이었다. 러시아
침략전쟁의 참패로 인하여 나폴레옹의 힘이 급격히 약화되고 있
었다. 그리고 1813년 10월 라이프치히 전투에서 오스트리아, 프
로이센(독일), 러시아 연합군이 나폴레옹에게 결정적인 패배를 안
겨 주었다. 마침내 1814년 3월 영국과 러시아, 프로이센, 오스트

리아 연합군은 파리를 점령하고 나폴레옹을 엘바 섬으로 유배시켰던 것이다. 러시아가 나폴레옹을 무너뜨리는 결정적인 역할을 한 것이다. 이처럼 러시아는 유럽의 안정과 평화를 위하여 지대한 공로를 끼친 것이다.

ⓓ 제1·2차 세계대전에서 전승국이 되다

제1·2차 세계대전에서 러시아는 연합국의 일원으로 참여하여 전승국이 되었다. 그러나 러시아가 감당해야 했던 희생은 그 어느 나라보다도 컸다는 사실에 주목할 필요가 있다 할 것이다. 왜냐하면, 왜 그렇게도 큰 희생을 치러야만 했던 것일까 하고 의문을 제기하게 되기 때문이다.

✠ 제1차 세계대전

- 러시아의 군인 전사자: 800만여 명(포로 된 자 250만여 명)
- 영국의 군인 전사자: 42만여 명
- 프랑스의 군인 전사자: 20만여 명
- 독일의 군인 전사자: 50만여 명

✠ 제2차 세계대전

- 소련 군인의 전사자: 1,000만여 명(민간인 2,000만여 명)
- 영국 군인의 전사자: 32만여 명
- 미국 군인의 전사자: 28만여 명

러시아(소련)의 희생자가 다른 연합국의 희생자와 비교할 수 없을 정도로 많다 할 것이다. 그 원인과 이유를 다 알 수는 없지만, 여하튼 러시아는 너무나 큰 희생을 치렀던 것이 사실이다. 이러한 러시아의 희생의 대가로 제1·2차 세계대전에서 연합군이 승리하게 된 것이다.

물론 러시아도 전승국으로서의 권리를 행사하며 세계의 무대에서 발언권이 커지고 있었던 것도 사실이다.

(4) 우주 플랜의 선도자

1961년 4월 12일, 세계가 깜짝 놀랄 일이 일어났다. 그것은 사람이 달에 착륙했다는 뉴스였다. 소련인 우주 비행사 유리 가가린 소령이 인류 최초로 우주로 나간 사람이 된 것이다.

소련은 유인 우주선 계획인 '보스토크' 계획을 추진하고 있었다. 저들은 무인 우주선 비행 실험을 7차례나 실시한 후, 8번째에 유인으로 발사하였던 것이다. 즉, 유리 가가린 소령이 '보스토크 1호'를 타고 달에 상륙을 한 것이다. 가가린 소령은 달에서 1시간 30분 동안 머물다가 지구로 귀환하였다.

그가 우주 비행을 하면서 남긴 말이 유명하다. 1961년 4월 12일자 「이즈베스티아」의 기사에는 가가린의 이러한 말이 실려 있다. 유리 가가린이 말했다. "우주는 매우 어두웠으나 지구는 푸르렀습니다. 모든 것이 명확하게 보였습니다."

유리 가가린은 달 착륙으로 소련뿐만이 아니라 전 세계의 영웅이 되었다. 소련 당국은 자신들의 나라 체제의 우월성과 우주 기술을 과시하기 위해서 가가린 소령으로 하여금 30국을 방문하면서 강연을 하게 했다. 가가린은 2년 만에 대위에서 소령으로, 그

하나님의 뜻과 세계 역사

리고 대령으로 진급하기도 한 영웅이었다.

　이러한 러시아의 우주 기술 개발은 미국의 우주 계획에도 영향을 끼쳤다. 미국은 소련의 달 착륙 뉴스를 접한 후에 우주 계획에 박차를 가하기 시작했다고 한다. 즉, 미국의 우주 플랜인 '아폴로 계획'을 추진하는 계기로 삼은 것이다. 그러한 우주 계획으로 미 항공우주국(NASA)은 소련보다 더 발전된 우주 계획을 발전시킬 수가 있었다. 2022년 9월 22일 조선일보 기사에 의하면 '지구 방어 시스템'의 작동으로 나사에서 보낸 다트(한국 시간 27일 8시 14분) 우주선이 지구에서 1,100만㎞ 떨어진 디모르포스 소행성과 충돌하는 데 성공했다는 것이다. 이는 지구를 보호하기 위한 시작된 프로젝트가 성공했다는 것이다.

　소행성이 지구에 떨어지면 그 위험성이 얼마나 큰가를 살펴보면, 1908년 지름 50m의 소행성이 시베리아에 떨어졌을 때 2,000㎢(서울 면적의 3배)의 산림이 사라졌다는 것이다. 이번에 미국 나사가 이룩한 소행성 충돌은 지구를 구하는 힘을 보여준 쾌거라 할 수가 있다.

3

하나님의 뜻을 거스르는 방향의 러시아

(1) 표트르 차르가 건립한 상트페테르부르크 사건

표트르 차르는 나라를 서구화하는 등 러시아 발전에 공헌한 차르다. 그러나 그가 재임하는 동안 1700년 스웨덴과의 전쟁, 1710~1711년의 터키 전쟁이 일어났고 1712년 러시아는 발트해를 점령하였다. 이러한 전쟁 수행 등으로 수많은 사상자가 발생하였음은 주지의 사실이다.

힘이 강력해진 군주일수록 악행을 행하는 경우가 많다. 표트르 차르도 상트페테르부르크 도시를 건립하는 큰 오류를 범하고 말았다. 한때는 러시아의 수도로, 오늘날에도 러시아 제2의 도시로 그 이름을 떨치고 있지만 하나님의 뜻으로 본다면 그것은 너무나 큰 죄악을 범한 사건이다. 왜냐하면 상트페테르부르크 도시를 건립하면서 수많은 사람들의 생명을 앗아갔기 때문이다.

1703년 도시 건설을 시작하였는데, 그 지역이 늪지대 위였다. 발트해의 오른쪽 핀란드 만으로 들어가는 넓은 늪지대 위에 농민들과 노동자들을 강제로 동원하여 9년 동안 건설하였다. 카람진이 이 도시를 가리켜 "백골 위에 세워진 도시"라 비난했을 정도로 수많은 사람들의 희생을 치른 도시였다.

ⓐ 힘이 강력한 군주가 악행의 사건을 일으킨 예

✠ 로마의 네로 황제

구 로마 시가지에 군사들을 동원하여 불을 지르게 하여 도시를 불태웠다. 그리고 그러한 죄악의 책임을 기독교인들에게로 돌려서 수많은 사람들을 죽였다.

✠ 중국의 진시황제와 만리장성

진시황제(B.C. 259~210)는 B.C. 221년 중국을 통일하자 만리장성(6,300㎞)을 쌓았다고 한다. 장성을 건립하면서 너무나 많은 사람들이 강제로 동원되어서 장성을 건립하다가 죽어 갔다. 이렇게 많은 국민들을 죽이면서까지 장성을 건립해야만 하는 이유는 무엇인가? 억울하게 죽어야만 했던 국민들은 누구를 위하여, 무엇을 위하여 죽어 가야만 했다는 말인가?

✠ 일본의 도요토미 히데요시와 코리아 침략

일본의 권력자 도요토미 히데요시는 1592년 코리아를 침략하는 임진왜란을 일으켰다. 악랄하고 무자비하게 코리아를 유린하였으며 수많은 국민들을 죽였다. 7년간의 이 전쟁은 코리아의 강토를 짓밟았으며 폐허화시켰다. 그런데 그 기세등등하던 일본도 코리아의 영웅 이순신 장군 앞에서는 무릎을 꿇어야만 했다. 수많은 일본 수군이 코리아의 바다에 수장되고 말았다. 그리하여 일본은 패망하고 자신의 나라로 물러가야만 했다.

그러나 이 전쟁으로 인하여 코리아 국민들의 희생과 그리고 일
본군의 사상자들도 무수했다. 독재자 한 사람의 오판은 수많은
사람들을 죽이는 결과를 초래하고 만다.

✠ 프랑스의 나폴레옹 황제

나폴레옹이 일으킨 전쟁은 스페인, 포르투갈, 영국, 독일, 오스
트리아, 그리고 러시아까지 전쟁에 휩싸이게 했다. 그 전쟁으로
인하여 너무나 많은 군인들과 국민들이 죽어가야만 했다는 사실
을 알아야 한다. 한 사람의 정치적인 야욕을 채우기 위하여 힘없
는 젊은이들이 죽어가야만 했다.

✠ 독일의 히틀러

제2차 세계대전을 일으켜서 수천만 명의 사상자를 내게 했던
악독한 권력자다. 그가 600만 명의 유대인들에게 행한 그 악랄
한 행위는 인류는 잊을 수가 없을 것이다. 그 수많은 원혼들의 외
침을 그는 어찌 보상할 수 있을까? 그가 일으킨 전쟁으로 인하여
사람 생명의 죽음과 희생, 건물 등의 파괴는 인류의 발전에 커다
란 방해가 되고 말았다.

ⓑ 성전 건축에 대한 하나님의 뜻

✠ 하나님은 다윗 왕이 성전 건축을 하지 못하게 하셨다

다윗 왕은 하나님의 마음에 합한 자라는 칭찬을 들었던 왕이
다. 그는 이스라엘의 영웅이요, 하나님의 극진한 사랑을 받고 있
던 왕이다. 그가 하나님의 성전(예루살렘 성전)을 건축하고자 하였

다. 그러나 그는 하나님의 허락을 받지 못하고 그의 아들 솔로몬이 예루살렘 성전을 건축할 수가 있었다. 왜일까?

하나님께서는 그 이유를 분명히 밝히시고 계신다.

"여호와의 말씀이 내게 임하여 이르시되 너는 피를 심히 많이 흘렸고 크게 전쟁하였느니라 네가 내 앞에서 땅에 피를 많이 흘렸은즉 내 이름을 위하여 전을 건축하지 못하리라(역대상 22:8)"

다윗은 그 자신의 뜻과는 관계없이 전쟁을 할 수밖에 없는 상황이었다. 그는 왕이기에 적군이 침략해 오면 맞서 싸울 수밖에 없었던 것이다. 다윗의 시대에 수많은 전쟁이 일어났다. 그러나 그 전쟁은 대체로 방어 전쟁이었다.

그럼에도 불구하고 전쟁에는 아군과 적군이 죽는다. 젊은 군인들이 죽을 수밖에 없다는 것이다. 그러기에 다윗은 피를 많이 흘렸다는 것이다. 결국 하나님은 많은 사람들을 죽게 한 다윗의 손으로 성전을 건축하지 못하게 하신 것이다.

✠ 피 흘린 자는 성전을 건축할 수 없다는 것이 하나님의 뜻

다윗처럼 불가피하게 전쟁을 했다 하더라도 하나님께서 거하시는 예루살렘 성전을 건축할 수 없다는 것이다. 이처럼 하나님은 많은 사람을 죽게 한 사람에게 하나님의 중요한 일을 맡기시지 않으신다.

✠ 하나님은 피를 흘리게 한 왕들을 싫어하신다

세계의 역사에서 힘이 강력했던 왕들, 즉 저들의 마음대로 전쟁을 일으키거나 거대한 건축사업을 일으켜서 많은 사람들을 죽게 만든 왕들을 하나님은 싫어하신다. 이미 역사에서 저들은 심판을 받고 있다. 나폴레옹도, 히틀러도, 네로 황제도, 그 결말이 비참한 최후가 되고 말았다.

(2) 레닌의 공산주의 혁명

사회주의는 사유재산제도를 폐지하고 재산을 공동 소유로 하여 합리적이고 정의로운 공동사회 실현을 이상으로 하고 있다. 공산주의도 사회주의 속에 포함된다고 본다.

마르크스·레닌주의로 불리는 사회주의(공산주의) 운동은 서유럽에서 출발하였지만 그 결실은 러시아에서 거두었다. 1917년 레닌의 무장봉기로 이룩한 10월 혁명으로 러시아 정부를 장악하게 되면서 사회주의 국가를 실현하기에 이른다.

ⓐ 레닌에 대하여

레닌은 독학으로 1891년 변호사가 되었으며 1892년 사마라 법률사무소에서 일하면서 마르크스 서클을 이끌었다. 1893년 그는 확고한 마르크스주의자가 되어서 페테르부르크에서 활동을 하였다. 1895년 레닌은 체포되어 14개월 동안 투옥되었다.

우여곡절을 겪으면서 그는 1903년 러시아 사회민주노동당을 이끌었으며, 1912년 프라하 대회에서 '볼셰비키'당을 만들었다. 그는 1917년 4월에 러시아로 돌아오면서 '모든 권력은 소비에트로'라는 슬로건을 내걸고 노동자와 빈농에 의한 혁명을 주장하였다. 7월 핀란드로 피신하였으며 은신처에서『국가와 혁명』을 집필하면서 무장봉기를 준비하였다.

ⓑ 제1차 세계대전과 러시아의 10월 혁명

　레닌이 치밀하게 무장봉기를 준비하고 있었을 때에 러시아의 사회는 불안하기 그지없는 상태였다. 제1차 세계대전에 러시아의 군인 800만여 명이 전쟁에 참가하여 공장과 농장에서는 노동력의 부족이 심각한 수준에 이르렀다. 전쟁의 피해와 노동력의 부족은 러시아 인민들의 삶에 문제를 불러왔다.

　물가는 치솟고 생활고는 심각한 수준에 이르렀다. 이러한 러시아 사회에서 결국 1917년 2월 23일 여성의 날을 계기로 군중들이 봉기하였다. 니콜라이 2세 황제는 군중들에게 발포하라고 명령하였으나 군인들이 불복하였다. 이로 인하여 황제는 물러나고 임시정부가 들어섰지만 사회의 혼란을 수습하기에는 역부족이었다. 그러한 사회적인 혼란을 틈타서 레닌은 직접 볼셰비키당을 이끌고 10월에 혁명을 일으켰다. 그리하여 무능한 임시정부의 주요 기관을 장악하기에 이른다. 이로써 정부의 권력을 장악한 레닌과 볼셰비키당은 1921년 나라의 경제를 회복하기 위하여 '신경제 정책'을 펼치면서 나라의 안정을 꾀했다.

　그리고 마침내 레닌은 1922년 러시아 최초의 사회주의 국가인 '소비에트 연방사회주의공화국(소련, U.S.S.R.)'을 선언하였다. 이제 소련이라는 이름으로 사회주의 국가가 역사에 등장하게 된 것이다. 마르크스·레닌의 사회주의가 국가라는 이름으로 실현된 것이다.

(3) 스탈린의 철권정치와 시베리아 수용소

1924년 1월 21일에 레닌이 사망하면서 권력투쟁이 본격화되었다. 레닌의 후계자는 2명이었는데, 트로츠키와 스탈린이었다. 당시 트로츠키는 전쟁위원장직에 있었으며, 스탈린은 공산당 서기장이었다. 트로츠키와 스탈린의 권력투쟁에서 스탈린이 승리하게 되었고, 트로츠키는 1925년 전쟁위원장직에서 사퇴하기에 이른다.

1927년 12월에 개최된 15차 '전 소련 공산당 대회'에서(러시아의 역사, p. 123) 스탈린은 권력을 장악하게 된다. 그리하여 신경제 정책을 종식하고 1928년에 시작된 스탈린의 제1차 경제개발 5개년 계획을 실시하여 비약적인 경제성장을 이루었다. 또한 소련의 중공업도 비약적인 발전을 이루었다. 이러한 성공을 거둔 스탈린은 이제 공산주의가 지향하는 국가건설을 목적으로 토지를 몰수하고 집단 농장을 제도화하였다.

ⓐ 스탈린의 철권정치가 시작되다

권력을 장악한 스탈린은 정적인 트로츠키를 1929년 해외로 추방하였으며, 제1차 경제개발 5개년 계획(1928~1932)의 정책으로 비약적인 경제성장과 중공업의 발전을 이룩하였다. 이러한 업적으로 권력의 독점이 강화되었으며, 집단 농장의 정책을 계획하기에 이른다.

그러나 집단 농장화의 초기에 농민들의 반발에 직면하게 되었고, 강제적으로 농민들을 집단 농장에 몰아넣었다. 1930년 초에

하나님의 뜻과 세계 역사

시베리아 강제수용소가 제도화되었고 2차 대전 직전까지 수용소에 약 200만 명이 수용되어 있었다.

이러한 집단 농장 제도는 그 생산성이 크게 저하되었고, 차르 때보다도 그 생산성이 떨어졌다. 이로 인하여 1932년 기근이 발생하여 500만여 명이 굶주림으로 인하여 사망하였다(러시아의 역사, p. 125).

그러나 스탈린의 철권정치는 계속되었다. 소련의 인민들은 비밀경찰의 공포 속에서 살아야만 했다. 스탈린의 정치적 탄압과 공포정치는 계속되었다.

ⓑ 마르크스·레닌의 사회주의 이론과 실제의 괴리

공산주의 이론과 실제는 달랐다. 실제로 공산주의가 실시된 소련에서는 500만여 명의 국민들이 굶주림으로 죽어갔고, 강제 수용소에서는 200만여 명의 사람들이 감옥생활을 하고 있었다는 사실이다.

ⓒ 레닌 공산주의 이상과는 달리 소련 현실은 공포정치였다

그는 그의 생애에서 공산주의 국가 건설의 실현을 보지 못한 채 죽었다. 즉, 1917년 10월 혁명으로 소련의 정권을 장악했으나 1924년 1월에 사망함으로서 공산주의 이론이 제대로 사회에서 실현되는 것을 볼 시간이 부족했던 것이다. 스탈린 공산주의 소련의 현실은 공포정치였다. 권력을 유지하기 위하여 비밀경찰제

도를 운영하였으며, 강제로 집단 농장에 몰아넣었고, 강제수용소에 집어넣었다. 레닌이 바라던 공산주의는 그러한 사회가 아니었을 것이다. 이론과 실제는 너무나도 달랐던 것이다.

그리하여 공산주의는 그 수명을 재촉하여 1991년 고르바쵸프 대통령이 소련 연방을 해체하기에 이른다. 자본주의에 대항하여 발전된 공산주의의 이론과 실제가 자본주의보다 우월했다면 오늘날까지도 소련 연방이 유지되었어야 했던 것이다. 그러나 공산주의는 인민들의 고통을 불러왔으며 그리하여 그 수명이 끝이 난 것이다.

ⓓ 스탈린의 사주에 의해 김일성이 일으킨 한국전쟁(Korean War)

1950년 6월 25일 새벽 4시, 북한군은 38선 전역에 선전포고 없이 남침을 감행했다. 이 한국전쟁으로 인하여 한반도는 쑥대밭이 되고 말았다. 남한을 지원하기 위하여 UN군 16개국이 참전하였으며, 북한을 지원하기 위하여 3개국이 참전을 감행했다. 1945년 제2차 세계대전이 종전되고 난 후에 미국을 중심으로 하는 민주주의 진영과 소련을 중심으로 하는 공산주의 진영의 냉전이 계속되고 있을 때에 김일성의 극악무도한 계획이 소련과 중국의 지원하에 진행되었던 것이다.

그러므로 한국전쟁은 세계의 양대 진영의 대리전이 되고 만 것이다. 그러나 그 피해는 한반도의 무고한 국민들이 당하고 만 것이다.

이러한 전쟁의 책임이 김일성과 소련의 스탈린에게 있다는 사실은 분명하다 할 것이다. 한 나라를 쑥대밭으로 만든 그 책임을 소련은 당연히 져야 할 것이다.

다음 표를 보면 그 피해가 얼마나 심각했는지 알 수 있다.

	S. Korea	N. Korea
군인 수	92만여 명	120만여 명
인적 피해	군인 전사자: 170,927명 군인 실종자: 32,585명 군인 부상자: 566,434명 민간인 사상자: 100만여 명	군인·민간인 전사자: 250만여 명 (대규모의 민간인 월남)
피해 규모	공업 기반시설 1/2 소실 피해액 30억 달러 (국부의 1/4 손실)	전력의 74% 소실 연료공업 89% 소실 화학공업 70% 소실

이처럼 엄청난 피해를 당한 한반도이다.

3년 1개월(1,129일)간의 전쟁을 멈추고 정전협정이 체결되었다. 한국전쟁을 통하여 알 수 있듯이, 지도자 한 사람의 범죄는 수많은 사람들의 생명과 재산과 가족을 빼앗아 가고 마는 것이다. 한국전쟁의 그 무한한 책임은 김일성과 스탈린에게 있다 할 것이다.

(4) 우크라이나 전쟁을 일으킨 블라디미르 푸틴

블라디미르 푸틴 대통령이 2022년 2월 우크라이나를 침략했다. 이로 인하여 우크라이나는 이루 말할 수 없는 피해를 입고 있다. 사람들이 죽어가고 있으며 건물은 파괴되고, 농산물은 수출을 할 수 없게 되었다. 미국, EU 등 민주주의 진영에서는 힘을 다하여 우크라이나를 지원하고 있다. 무기류와 물자 등이다. 뿐만 아니라 미국 등은 러시아의 침략이 우크라이나뿐만이 아니라 세계에 재앙을 불러온 죄악이라 규정하고 있다.

이런 가운데 2022년 9월 푸틴은 '동원령'을 발표하여 러시아 병사 30만 명을 소집하고 있다. 수많은 러시아인이 동원령에 반대하며 데모를 벌이다가 체포되었다. 침략전쟁이 가져오는 문제는 러시아 자체에도, 그리고 우크라이나와 세계에도 커다란 피해를 불러오고 있음이 분명하다 할 것이다.

ⓐ 동원령으로 인하여 러시아 탈출이 시작되었다

2022년 9월 예비군 동원령이 떨어지자 러시아를 탈출하려는 사람들이 장사진을 이루고 있다. 공항은 북새통이고 국경에는 끝이 없는 자동차 행렬이다. 할 수만 있으면 러시아를 탈출하고자 하는 모습이다. 왜 이러한 상황이 전개되고 있을까? 그것은 데모하는 젊은이들의 외침에서 분명히 표현되고 있다.

"푸틴을 위해서 죽을 수는 없다."

"푸틴이 가서 싸워라."

의미 없는 전쟁이라는 뜻이다. 무엇을 위한 전쟁인가? 누구를 위한 전쟁인가? 의미 없는 전쟁에 왜 내가 죽어야 하는가를 외치고 있는 것이다.

ⓑ 점령지 합병 발표

2022년 9월 23일부터 27일까지 러시아가 점령한 우크라이나

하나님의 뜻과 세계 역사

영토에서 '러시아 합병 주민투표'가 실시되었다. 점령지(도네츠크, 루한스크, 라포리자, 헤르손) 4지역에서 실시된 주민투표는 투표함이 훤히 보이는 공개투표였다. 그 투표율과 찬성률이 87~99%로 높게 나왔지만 그것은 불법투표요, 주민들의 의사가 강제로 억압받은 데서 나온 투표일 뿐이다.

러시아는 4개 지역의 병합을 축하하고 있지만 미국 등의 진영에서는 불법이요, 인정할 수 없다고 선언을 하고 있다.

과연 푸틴이 의도하는 대로 우크라이나 영토가 러시아에 병합된다 한들, 그리고 우크라이나 전쟁에서 승리한들 푸틴과 러시아에게 돌아오는 것들은 무엇일까? 역사는 증거할 것이다. 푸틴은 침략자요, 파괴자요, 살인자라고!

그러한 평가를 받을 침략전쟁을 왜 할까? 필자의 생각으로는 도저히 알 수가 없다.

4.

러시아의 미래

하나님이 사랑하시고 세계인이 존경하는 러시아가 되는 길에 대해 필자가 제언하는 것은 특별한 것들이 아니다. 성경을 읽는 자들은 누구나 알 수 있는 것들이다. 다만 이를 행할 수 있는지는 러시아인의 문제이다.

　분명한 것은, 러시아인들이 먼저 하나님의 사랑하심을 받기를 소망해야 하며 자신들이 나아가야 할 분명한 목표를 정해야 한다는 것이다.

(1) 러시아의 상황

　러시아의 상황은 아주 좋다.
- 종교가 하나님을 믿는 동방정교다.
- 우주 계획 선도자로서의 실력이 있다.
- 과학 기술, 군사력 등 뛰어난 두뇌를 가진 민족이다.
- 세계에서 가장 넓은 영토를 확보한 나라이다.

　필자의 생각에도 러시아는 올바른 목표를 정하고 행하면 하나

님의 사랑과 세계인이 존경하는 나라가 될 만큼 많은 것이 갖추
어진 나라이다.

(2) 러시아가 나아갈 방향

ⓐ 정치적인 제도 개혁

독재자가 나올 수 없는 제도로 개혁해야 한다. 푸틴의 경우를 보
면 대통령 8년, 그리고 총리로 8년, 또 다시 대통령에 당선되었다.
이와 같은 장기 집권은 독재자를 만들어 내는 환경이 되고 만다.

ⓑ 침략전쟁을 하지 않는다고 선언해야 한다

러시아는 '앞으로 그 어떠한 침략전쟁도 없다'라고 선언해야
한다. 이미 러시아는 몽골의 지배를 240여 년이나 받았으며, 폴
란드의 공격을 받았고, 그리고 나폴레옹의 침략을 당했으며, 독
일 히틀러의 침략을 받은 바 있다. 이처럼 침략을 당했던 민족이
기에 러시아는 푸틴이 한 것처럼 어리석은 침략전쟁을 다시는 하
지 않겠다는 선언을 해야 한다. 그리고 그 주변의 국가들과 세계
인이 믿을 수 있는 환경을 만들어 가야 한다. 주변국들에게 신뢰
를 충분히 쌓아야 한다.

ⓒ 지하와 영해, 바닷속을 개발하라

그 뛰어난 두뇌로 이제는 영토 속의 지하자원을 개발하고 영해 속의 해양자원을 개발하면 러시아는 그 발전이 무궁무진할 것이다. 그 넘치는 자원으로 세계인들에게 유익을 주라.

ⓓ 주변 국가들에게 혜택을 주는 나라가 되어야 한다

강대국 러시아의 침략이 없다는 확신과 환경이 만들어지고, 거기다가 러시아가 함께 잘 살아가는 플랜을 가동시킨다면 주변국들의 신뢰를 받을 수가 있다.
좋은 이웃 러시아가 되는 것이다.

ⓔ 세계인을 향한 선교 플랜을 실시하라

세계에서 가장 많은 선교사를 파송하는 나라는 미국이고 그 두 번째가 대한민국이다. 그 두 나라가 하나님의 사랑을 얼마나 많이 받고 있는가를 알아야 한다. 선교사 파송에 적극적인 나라 러시아가 되라.

미국

United States of America

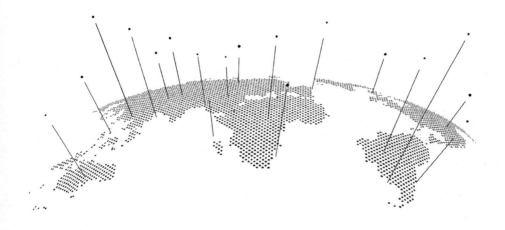

찬송가

304장 '그 크신 하나님의 사랑'

성경

진리를 알지니
진리가 너희를 자유롭게 하리라

(요 8:32)

1

미국의 역사

14~15세기의 유럽은 중요한 변화를 맞고 있었다. 영국에서는 농업혁명, 산업혁명 등이 발전하고 르네상스운동이 일어났으며 종교개혁운동이 거세게 휘몰아쳤고 산업 전반의 기술이 발전하였다.

특히 인쇄술의 발전으로 책과 사상이 유럽을 넘어 전 세계로 확산되어 갔다. 당시 유럽에서는 실크로드를 통하여 유입되어 오는 중국의 실크와 향신료, 후추 등의 인기가 대단했다.

그리하여 유럽인들은 실크로드보다 더 빠른 뱃길을 찾아나섰다. 이로 인하여 탐험가들이 모험에 나선 것이다. 더욱이 항해술, 나침반, 화약이 발명되어서 탐험가들에게 절대적인 영향을 주었다.

이 모험에 앞장을 선 나라는 포르투갈이었다. 1497년 7월 8일 포르투갈 사람 바스코 다 가마가 4척의 배를 인솔하여 리스본 항구를 출발하여 1498년 5월 20일에 인도의 켈리컷에 도착을 했다. 그는 인도 항로를 개척한 사람이다. 이러한 항해술의 발전에 의하여 아메리카 대륙을 발견한 사람은 크리스토퍼 콜럼버스였다.

이탈리아인 콜럼버스는 스페인의 후원을 받아서 1492년 8월 3일에 3척의 배와 120명의 선원들과 함께 스페인 팔로스 항구를 떠났다. 그가 도착한 곳은 멕시코 동쪽의 바하마 군도였다. 그러나 콜럼버스는 이곳을 인도로 생각하여 그 이름을 '서인도제도'라 불렀다. 중요한 사실은 콜럼버스가 아메리카 대륙을 발견한 최초의 유럽인이 되었다는 것이다.

그리고 미국 땅에 처음으로 도착한 사람은 스페인 탐험가 후안 폰세 데 리온이다. 그는 콜럼버스와 동행하여 신대륙에 와서 플로리다까지 항해함으로써 미국 땅에 최초로 발을 들여놓은 사람이 되었다(조성일, 미국 역사, 소이연, 2020년, p. 43).

(1) 유럽의 식민지 각축장이 된 아메리카 대륙

ⓐ 스페인의 식민지 개척

스페인은 콜럼버스가 신대륙을 발견하였기에 아메리카 대륙 식민지 정책에 우선권을 가졌다. 그들은 1535년에 멕시코의 아스텍제국을 점령하여 '뉴스페인'을 세웠으며 그리고 북아메리카에서도 '프리디시오'라 불리는 요새를 건설했다.

그리고 1565년에는 페드로 멘넨데스 데 아빌레스가 11척의 배에 2,000명의 이주민을 태우고 플로리다의 세인트 오거스틴 만에 상륙해서 도시 '세인트 오거스틴'을 세웠다. 이 도시는 유럽인이 세운 도시 중 미국에서 가장 오래된 도시다. 스페인은 1598년에도 이주민과 군인 성직자들을 이주시켰다. 이처럼 스페인은 북아메리카 대륙에서 강자였다.

ⓑ 영국의 식민지 개척

영국은 1497년 이탈리아 탐험가인 존 캐벗을 후원하였다. 그는 대서양 서쪽을 항해하여 캐나다에 도착하였으며 캐나다 연안의 풍부한 어장을 발견하기에 이른다. 이 소식을 들은 유럽인들의 고깃배가 이 지역을 항해하여 북극과 가까운 북서 통로를 찾아내게 된다.

ⓒ 프랑스의 식민지 개척

프랑스도 북아메리카 탐험에 나서서 1524년 이탈리아 사람 지오반니 다 베란자노를 파송하여서 북아메리카 동쪽의 연안을 10여 년 동안 탐험하였으며 1608년 사무엘 드 샹플랭은 인디언 말로 '강이 좋게 흐르는 지역'이라는 의미의 '케벡'에서 따와 이 지역이름을 '퀘벡'이라 했다.

ⓓ 네덜란드의 식민지 개척

네덜란드는 1609년 영국인 선장 헨리 허드슨을 후원하여 탐험하게 하였는데, 그가 오늘날 뉴욕의 허드슨 강을 탐험하여 그 지역을 식민지로 삼았다.

하나님의 뜻과 세계 역사

이처럼 아메리카 대륙에서는 원주민(인디언)의 의사와는 관계 없이 주인이 아닌 객들이 주인 행세를 하는, 이른바 주객전도가 일어나고 있었다.

(2) 스페인 무적함대를 격파시킨 영국

아메리카 대륙이 유럽의 식민지 각축장이 되어 서로 경쟁하고 있을 때에 아메리카 대륙의 운명에 지대한 영향을 끼치는 사건이 일어났다. 그것은 1588년 8월 8일 엘리자베스 여왕 때에 스페인 무적함대와 영국 함대의 해전이었다.

이 해전에서 영국은 스페인의 무적함대를 격파하고 승리했다. 이로 인하여 아메리카 대륙의 식민지 정책에서 스페인을 누르고 영국 우위의 정책이 시작되었던 것이다.

(3) 영국의 식민지에서 독립하여 나라를 세우다

ⓐ 세계 제1의 강대국

미국 역사의 시작을 영국의 청교도들(Puritan)이 1620년 9월 16일 영국 플리머스 항을 출발하여 1620년 12월 21일에 메사추세츠 연안에 도착하여 그곳의 이름을 플리머스라 정한 때부터라 해도 2022년 올해 402년이 되는 역사를 가지고 있다.

물론 영국은 신대륙에 식민지를 개척하기 위하여 여러 차례의 시도를 했다. 1585년 100명의 영국인들이 노스캐롤라이나 연안에 도착하여 식민지 개척을 시도했으나 결과는 실패였고, 1606년 영국 왕 제임스 1세는 칙령을 내려서 식민지 건설을 담당할 '버지니아 회사'의 설립을 허가했다. 버지니아 회사는 1607년 약 100명의 남자와 소년들을 버지니아로 이주시켜서 식민지 건설을 시작했다. 제임스 1세의 이름을 따서 '제임스 타운'이라는 식민지를 건설하였으나 여의치 않았다. 1612년 버지니아 회사의 3번째 보급선단 '시 벤처호'를 타고 아내와 어린 자녀를 데리고 온 존 롤프는 담배 재배에 성공하게 되었으며 1619년 최초로 아프리카인들이 제임스 타운에 도착했다. 이때의 아프리카인들은 정식으로 계약한 노예들이었다.

이러한 신대륙의 식민지 개척의 역사를 거쳐서 마침내 1620년 영국의 청교도들이 12월 21일에 도착함으로써 미국 식민지 개척에 성공하기에 이르렀다. 미국 식민지 개척의 역사가 미국의 역사라 해도 그들의 역사는 402년에 불과하다. 일천한 역사를 가진 그 미국이 세계 제1의 강대국이 되어 있다.

- 영토: 983,151,000ha, 세계 3위
- 인구: 334,805,268명, 세계 3위
- GDP: 20조 9,366억 달러(2020년 통계), 세계 1위
- 종교: 개신교 46.5%, 카톨릭 20.8%, 몰몬교 1.6%

이 미국을 어떻게 평가해야 하는 것인가? 무엇 때문에 이리도 짧은 역사를 가진 나라가 세계 제1의 강대국이 되어 있다는 것인가?

필자는 많은 생각과 연구 끝에 한 가지 생각에 도달하게 되었

다. 그 이유는 바로 미국의 수정 헌법 제 1조에 있다는 것이다. 달리 미국을 설명할 길이 없음을 고백한다.

ⓑ 수정 헌법 1조에 나타난 자유의 권리

"수정 헌법 1조: 연방의회는 국교를 정하거나 자유로운 신앙 행위를 금지하는 법률을 제정할 수 없다. 또한 언론, 출판의 자유나 집회, 청원을 할 권리를 제한하는 법률을 만들 수 없다."

미국의 수정 헌법 1조에는 종교, 언론, 출판, 집회, 청원할 권리를 제한하는 법률을 제정할 수 없다는 것이다. 이는 '자유의 권리'를 보장하고 있다는 것이다. 즉, 미국을 나타내는 표현인 '자유의 권리'가 보장되는 나라다.

이 수정 헌법 1조와 세계의 강대국을 비교해 보자.
- 중국: 정치와 종교의 자유가 제한을 받는 나라다.
- 러시아: 미국처럼 자유가 보장되는 나라가 아니다. 미국이 우크라이나를 침략할 수 있겠는가? 의회가 동의하겠는가?
- 인도: 종교의 자유가 제한을 받고 있다.

사람이 자유할 수 있는 권리를 가진 나라가 세계에서 몇 나라나 될까? 반대로 사람의 자유가 제한을 받는 나라들은 얼마나 될까?
그러므로 '자유의 권리'가 보장되는 나라, 사람들이 자유를 마음껏 누리며 살 수 있는 나라는 하나님의 눈에도 귀중한 나라일 것이다. 그러므로 하나님께서 미국을 축복하셔서 세계 제1의 강대국으로 만들어 주시고 있다 할 것이다.

이미 이탈리아, 프랑스, 독일, 영국은 자신들이 받은 하나님의 축복을 노예무역, 식민지 지배, 침략전쟁 등으로 하나님의 뜻을 거슬렀다.

"만국을 커지게도 하시고 다시 멸하기도 하시며 열국으로 광대하게도 하시고 다시 사로잡히게도 하시며(욥 12:23 - He makes nations great, and destroys them. he enlarges nations, and disperes them)"

세계는 사람의 뜻으로 운행됨이 아니라 하나님의 뜻으로 운행되고 있음을 알아야 한다.

2.

하나님의 뜻을 따르는 방향의 미국

(1) 수정 헌법 1조에 나타난 자유의 권리

미국은 헌법 1조에서 '자유의 권리'를 보장함으로써 하나님의 형상으로 창조하신 사람으로 자유롭게 살 수 있도록 하였다.

"진리를 알지니 진리가 너희를 자유케 하리라(요한복음 8:33)"
"그러므로 아들이 너희를 자유케 하면 너희가 참으로 자유하리라(요 8:36)"

여기서 아들은 예수 그리스도시며, 예수가 곧 진리이다. 그러므로 '자유'를 누리려면 예수 그리스도를 믿어야 함을 말씀하고 있다.

미국이 세계를 향하여 '자유의 가치'를 전한 사례들을 보자.

(2) 신앙의 자유를 찾아 신대륙으로 건너가다

미국 건국의 아버지라 불리는 청교도들은 신앙의 자유를 찾아 미국으로 건너갔던 사람들이다. 우리는 청교도들이 누구인가를

미국

251

알기 위하여 영국의 종교 정책을 살펴보아야 한다. 청교도들이
바로 영국의 청교도들이기 때문이다.

ⓐ 영국의 신교도, 청교도

영국의 헨리 8세 국왕은 의회가 수장법(영국 교회의 수장은 왕, 로
마 카톨릭으로부터 독립)을 1534년에 통과시키자 헨리 8세는 영국국
교회(성공회)의 수장이 된 것이다. 이로써 영국은 카톨릭으로부터
독립하여 신교의 나라가 되는 길을 가게 되었다. 엘리자베스 1세
여왕은 교회의 혼란을 안정시키고자 1559년 '신교원칙'을 재확인
하고 칼뱅주의를 인정함과 동시에 카톨릭식의 주교와 교회 조직
은 그대로 두었다(박지향, 영국사, 까치글방, 서울, 1997년, p. 295).

이러한 엘리자베스 국왕의 종교개혁에 대하여 청교도들은 카
톨릭적인 색채를 전부 제거하는 철저한 종교개혁을 요구했다.
그들이 원한 개혁의 내용은 다음과 같다.
- 교회의 전승보다도 성경의 권위를 존중
- 예배에서 카톨릭적인 미신적 요소를 배격
- 특권 계급을 암시하는 사제 제복 폐지

오늘날에도 성공회의 사제는 '신부'라 칭하고 있으며 신교의
사제는 '목사'라 칭하고 있다.

이러한 청교도들의 주장에 부담을 느낀 왕은 국교도 중심의 종
교생활을 강조하고 이에 반대하는 청교도들은 신앙의 자유를 찾
아 신대륙으로 건너가게 된 것이다.

하나님의 뜻과 세계 역사

ⓑ 메이플라워호와 102명의 청교도

1620년 9월 16일 102명의 청교도들은 '메이플라워호'를 타고 영국의 플리머스 항을 출발하여 1620년 12월 21일에 메사추세츠주 연안에 도착하였다. 저들은 그곳을 플리머스라 명명했다.

그 후에도 청교도들은 신대륙으로 계속하여 이주하였는데 1640년까지 2만여 명에 이르렀다.

ⓒ 메이플라워호의 서약

1620년 11월 20일에 메이플라워호 선상에서 41명이 서명한 서약서가 유명하다. 그 서약서를 요약해본다.

"하나님의 영광과 기독교 신앙의 진흥을 위해 우리 스스로 민간 정치체제를 결성할 것을 결정했다. 우리 식민지의 질서 유지를 위하여 정당하고 평등한 헌법과 법률, 법, 조례를 만들어 순종할 것을 약속한다"라는 내용이다. '자유와 평등'을 보장하는 법을 만들겠다는 약속인 것이다. 이 서약은 다수의 자유의지에 의하여 정부를 설립한다는 미국 최초의 자치 헌법이며 독립정신의 근간이기도 했다.

1776년 미국 독립선언서에는 개인의 자유를 최우선의 권리로 인정하고 자유의지를 강조하면서 동시에 개인의 책임을 엄격히 묻는다고 했다.

이러한 자유정신의 발전으로 미국의 헌법에는 권력을 입법, 사법, 행정으로 분산하여 상호 견제하도록 했다. 이런 전통에서 미국에서는 세계 최초의 근대 민주주의와 정치체제가 꽃을 피우게 된 것이다.

이처럼 메이플라워호의 서약은 오늘의 미국을 낳은 정신이 된 것이다.

(3) 나에게 자유가 아니면 죽음을 달라

페트릭 헨리는 1775년 3월 23일 버지니아 하원 의회에서 행한 연설에서 "나에게 자유가 아니면 죽음을 달라"라는 유명한 말로 그 연설을 마치고 있다.

그는 영국에서 요구하는 일들에 대해 의회에서 다음과 같이 발언했다.

의장님!

나는 그것이 우리가 자유인이 되느냐 노예가 되느냐 하는 문제라고 생각합니다.

···(중략)···

여러분!

대자연을 지으신 하나님이 우리에게 부여한 수단을 적절히 사용하면 우리는 결코 약하지 않습니다. 우리의 적이 보낸 그 어떠한 힘도 우리가 가진 이 나라에서 '자유'라는 신성한 목적을 위해 무장한 300만 명을 이길 수 없을 것입니다. 뿐만 아니라 여러분! 우리만 외롭게 싸우지 않을 것입니다. 모든 나라의 운명을 관장하시는 정의의 하나님이 계시기 때문에, 우리를 위해 같이 싸울 원군을 보내 주실 것입니다.

···(중략)···

여러분! 다시 한번 말씀드리거니와 우리는 싸워야 합니다. 무

　하나님의 뜻과 세계 역사

력(武力)과 만군(萬軍)의 주(主)이신 하나님께 호소하는 것만이 우리에게 남아 있는 전부입니다.

…(중략)…

다른 사람들이 어떤 길을 택할지 모릅니다. 그러나 내 입장은 이것입니다.

"나에게 자유가 아니면 죽음을 달라."

(페트릭 헨리의 연설 일부분)

페트릭 헨리의 이 연설로 인하여 미국인들은 '자유'에 대하여 다시 한번 더 생각하고 되고 저들의 선조들이 신앙의 자유를 찾아 신대륙으로 건너온 사람들임을 깨달으며, 메이플라워호 서약의 정신 '자유와 평등'을 위해 몸부림을 쳐서 오늘의 자유의 국가 미국을 만들어 낸 것이다.

(4) 여성이 참정권을 획득하다

'자유와 평등'의 나라 미국에서도 여성이 참정권을 획득하기까지는 오랜 세월이 걸렸다. 수전 엔서니(1820~1906)와 엘리자베스 스탠턴(1815~1902)이 여성 참정권 운동의 선구자였으며, 1872년 엔서니는 뉴욕주 로체스터에서 유권자 등록을 하고 투표에 참가했다가 체포되고 100달러의 벌금형을 받았다. 이러한 선구자들의 운동에 의하여 마침내 1910년에는 일부 주(State)에서 여성 참정권을 인정하였으며, 드디어 1920년 9월 18일에 수정 헌법 19조가 연방의회를 통과하고 여성의 투표권을 인정하기에 이르렀다.

"미국의 투표권은 성별을 이유로 미합중국 또는 어떤 주에 의

해서도 부정되거나 제한되지 않는다(수정 헌법 19조)." 마침내 여성이 투표하고 선출직 공무원에 출마할 권리를 획득하였던 것이다.

의회제도가 발전한 영국에서도 여성의 참정권은 1918년에 이르러서 30세 이상의 여성에게만 투표권이 주어졌다. 이는 제1차 세계대전에서 여성들이 전쟁에 공헌한 바가 컸기 때문이었다.

그러나 이때에도 남성들에게는 21세에 주어진 투표권이 여성에게는 30세 이상에게만 주어졌다. 마침내 영국에서도 1928년 남성과 같이 21세의 여성들에게도 투표권이 주어졌다.

(5) 청바지 바람(자유의 바람)이 불기 시작했다

미국의 유대인 리바이 스트라우스가 만든 청바지는 세계에서 가장 사랑받는 옷이 되었다. 배우 제임스 딘이 영화 '자이언트'에서 선보인 청바지는 세계의 젊은이들 사이에서 폭발적인 인기를 끌었다. 제1차 세계대전에서 미국 병사들은 청바지를 즐겨 입었다. 마침내 1934년 여성용 청바지가 등장하고 청바지를 입은 미국 여성 여행객들이 유럽을 여행하자 유럽 여성들도 바지를 입게 된 것이다. 당시 유럽의 여성들은 바지를 입으면 벌금형을 받았던 시대다. 미국 여성들의 청바지 여행객들이 유럽 여성들에게도 바지를 입게 만든 것이다.

청바지가 유럽 여성들에게 바지를 입을 수 있는 자유를 준 것이다. 청바지는 옷이기 이전에 하나의 사상이요, 주의(主義)였다. 청바지는 다섯 가지 없음(No)을 표현한다. 노 클래스(no class: 계급 초월), 노 에이지(no age: 연령 초월). 노 시즌(no season: 계절 초월), 노 섹스(no sex: 성별 추월), 노 보더(no bother: 국경 초월)이다(조선일보, 2022년 2월 15일, A30면).

이처럼 미국에서 불어오는 청바지 바람은 세계의 젊은이들에게 '자유'의 사상을 널리 퍼뜨려 나갔던 것이다.

(6) 미국의 독립전쟁

미국은 영국이 북아메리카(신대륙)에 개척한 식민지로부터 시작된 나라이다. 즉, 영국의 식민지에서 출발하여 독립전쟁을 통하여 영국에서 독립하고 그리하여 나라를 세운 나라이다. 식민지 독립전쟁의 배경에는 자유의 정신이 있다. 영국의 청교도들은 신앙의 자유를 찾아 1620년 신대륙으로 건너온 사람들이다. 저들은 메이플라워호의 서약에서 이미 '자유와 평등'을 서약했으며, 미국의 독립선언문(1776년 7월 4일)이 발표되기까지 150년 이상이나 영국 왕의 통치 아래 살아온 것이 아니라 자유와 평등, 그리고 투표로써 대표를 선출하는 자유를 누리면서 살아온 사람들이다.

식민지인들은 과거 영국에서 느꼈던 숨 막히는 통제와 억압을 무척이나 싫어했다. 그들은 이제 스스로가 삶의 주인이 되어 살아온 것이다(친절한 세계사, 헨드릭 빌렘 반 룬, 옮긴이 박일귀, 문예춘추사, 서울, 1994년, p. 337). 그들에게 영국 정부의 억압과 세금 부과는 저항할 수밖에 없는 대상이었다. 그러한 저항운동이 미국 독립운동이다. 실은 영국과의 전쟁에는 승리의 희망이 없었다. 오히려 패배가 보이는 전쟁이었다. 그러나 저들은 '자유와 평등', 즉 자신이 주인이 되는 삶을 포기할 수 없었던 것이다. 자유의 기치 아래

모인 오합지졸들이 영국의 정규군을 물리치고 승리하게 될 줄이야! 이토록 자유의 정신은 위대한 것이다. 그들의 처절한 전쟁의 과정을 생각하여 보자.

영국은 북아메리카에 13개의 식민지를 개척한다. 영국과 프랑스는 북아메리카에서 식민지 건설에 경쟁적이었다. 그러나 결과는 영국의 승리로 끝이 났다. 이러한 결과를 낳은 요소 중에는 이주민들의 정신도 있다. 영국의 이주민들은 신앙의 자유를 찾아서 이주했으며, 영국 왕의 압박에서 벗어나기를 바라는 마음과 상업적인 열망으로 가득 찬 사람들로 구성되었다. 저들은 식민지에서 자유를 누리면서 살고 있었다. 반면에 프랑스 이주민들은 왕의 명령에 어쩔 수 없이 끌려온 사람들이었다. 그들은 가능하면 파리로 돌아가고자 했다(친절한 세계사, p. 336). 이러한 식민지 이주민의 정신적인 차이는 크다 할 것이다.

✠ 메사추세츠베이 식민지 건설, 투표로 대표 선출

영국의 청교도들은 1629년 영국 정부로부터 식민지 건설 허가장을 받았다. 그 허가장에는 '메사추세츠베이' 식민지 설립과 그곳의 통치 권한을 인정한다고 되어 있었다. 이로써 아메리카에 독립적인 사회 건설이 가능하게 되었으며 초대 총독은 존 윈스럽 변호사였다(미국 역사, 조성일, 소이연, 2012년, p. 57).

청교도들은 성경의 가르침을 따르며 하나님을 섬기는 공동체를 만들었다. 저들은 메사추세츠베이 식민지 정부를 구성하였는데, 저들은 남자 성도들이 투표로써 대표를 선출하는 자치권을 행사하기에 이른다.

✠ 로드아일랜드 식민지 건설

로저 윌리암스는 정치와 종교의 분리를 주장하는 등 청교도들과 마찰을 빚은 사람이다. 그는 1636년 로드아일랜드를 발견하고는 영국에 가서 1644년 식민지 건설을 허가받고 초대 로드아일랜드 총독이 되었다. 로드아일랜드는 각 종파에 대하여 관용적인 정책을 펼쳤으며 종교적인 핍박을 받는 사람들의 피난처가 되었다.

✠ 뉴욕 식민지 건설

네덜란드인 헨리 허드슨은 허드슨 강 하구에 네덜란드 식민지를 건설하고 뉴네덜란드라 불렀다. 1626년 뉴네덜란드 총독은 맨헤이드 인디언으로부터 뉴욕의 맨해튼 섬을 구입해서 그 남단에 뉴암스테르담을 건설하였다. 그러나 네덜란드 사람들의 이주자가 적어서 다른 나라에서 이주민들을 찾았던 것이다. 그리하여 종교 및 나라와 관계없이 이주할 수가 있게 했다. 당시 뉴네덜란드 총독은 독단적인 사람이어서 이주민들을 화나게 하는 법을 만들어 주민들의 지지를 받지 못하는 총독이었다. 1664년 영국배가 뉴암스테르담을 공격할 때에 주민들의 도움을 받았다. 그 결과로 뉴네덜란드는 영국의 식민지가 되고 말았다. 영국인들은 영국의 요크 공작을 기리기 위하여 뉴암스테르담의 이름을 '뉴욕'이라 지었는데 오늘날 세계의 중심지 뉴욕이 된 것이다.

✠ 펜실베니아 식민지 건설

윌리엄 펜은 퀘이커교도였는데 그는 찰스 2세로부터 식민지를 건설할 수 있는 허가장을 받게 되었으며 1682년 펜은 퀘이커교도들과 함께 미국으로 건너와서 실베니아(나무의 숲이라는 뜻)에 이르러 가족의 성인 펜(Penn)을 붙여서 펜실베니아로 불렀다. 퀘이커들은 인디언들을 존경심을 가지고 대했으며 평등하게 살기를 원했다. 저들은 의회에 나갈 대표를 선거하는 대의정부를 만들었다. 펜은 식민지 최초로 대규모 도시인 필라델피아를 건설하고 1700년대에 무역의 중심지로 발전시켰다.

이렇게 영국은 북아메리카에 13개의 식민지를 건설하였다. 이 13개의 식민지가 미국이라는 나라를 세우는 데 기초가 된 식민지였다. 그 후에 영국은 신대륙 경영을 위하여 불가피하게 프랑스와 전쟁을 할 수밖에 없었다. 1759년 9월에 퀘벡 전투에서 승리하였다. 그 결과로 '파리조약'을 체결하여 프랑스는 영국에게 캐나다와 미시시피 강 동쪽의 땅을 내주게 되었다. 또한 영국은 인디언과의 전쟁도 행하게 되었다. 영국이 북아메리카에서 승리자가 된 것이다.

(7) 7년전쟁과 설탕법

영국은 엘리자베스 여왕 때에 스페인의 무적함대를 격파했고, 그 후 영국의 경쟁국은 프랑스였다. 7년전쟁(1756년~1763년)의 시작은 북아메리카의 식민지 경쟁에서 시작된 전쟁이었지만 동맹관계에 있던 여러 유럽 국가들이 서로 뒤엉켜서 유럽, 아시아, 아메리카 대륙에서 전개된 전쟁이었다. 인도에서도 영국은 프랑스를 격퇴시켰고, 북아메리카에서도 프랑스를 이기고 퀘벡 몬트리올을 포함하여 미시시피 북쪽의 모든 지역을 지배하게 되었다(박지향, 영국사, p. 349). 7년전쟁에서 영국은 프랑스를 이기고 승리했다.

하나님의 뜻과 세계 역사

그러나 영국은 7년전쟁 승리의 후유증에 시달리게 된다. 그 결과로 북아메리카 식민지 독립전쟁이 발발하게 된 것이다. 즉, 영국은 전쟁을 수행하면서 막대한 전쟁 비용을 지출할 수밖에 없었던 것이다.

이로 인하여 영국에서는 정부 지출이 증가하였으며, 식민지를 효율적으로 통치하기 위하여 주둔군을 주둔시키고 강력한 통제를 하기 시작했다. 그리하여 주둔군의 비용을 식민지에 부과하는 세금을 신설하기에 이른다. 이른바 설탕법(Sugar Act)이(조성일, 미국 역사, p. 81) 1764년 영국의회에서 통과되었다. 이는 설탕, 커피, 옷 같은 것의 수입에 대하여 세금을 부과한 법이다. 또한 1765년에는 인지세(Stamp Act)가 발표되었다. 이는 종이에 인쇄되는 것들, 심지어는 결혼증서에도 세금이 부과되는 법이다. 이로 인하여 식민지인들은 '대표 없는 과세(영국의회에 식민지 대표가 없었다)'를 거부하게 되었으며, 식민지인들로 하여금 영국인으로서의 인식보다 아메리카인으로서의 정체성을 가지게 만들었다. 그리하여 식민지 독립전쟁(1775~1783)이 시작된 것이다.

(8) 독립전쟁이 시작되다

'대표 없는 과세'를 거부하는 식민지인들의 저항은 여러 사건들을 통하여 식민지 독립전쟁에 이르게 된다.

ⓐ 자유가 아니면 죽음을 달라

　버지니아주 하원의원인 페트릭 헨리가 청중 앞에서 외친 말은 유명하다. "자유가 아니면 죽음을 달라"라고 외치면서 '인지세' 반대운동을 펼치면서 조직적인 반대운동이 일어났는데, 대표적인 단체가 메사추세츠에서 만들어진 '자유의 아들(Sons of Liberty)'이다.

ⓑ 인지세 회의(Stamp Act Congress)

　1765년 10월 9개 식민지의 대표들이 뉴욕에서 '인지세 회의'(조성일, 미국 역사, p. 82)를 개최했다.
　이들의 주장은 '대표 없는 과세 없다'였다. 또한 필라델피아 항구도시 상인들은 영국 상품 불매운동을 벌였다. 이러한 강력한 저항에 부딪혀서 영국은 1766년에 인지세를 폐지하기에 이르렀다.

ⓒ 영국이 타운센트법을 만들다

　영국은 인지세를 폐지하고서는 1767년에 '타운센트법'을 만들었다. 이는 식민지에 근무하는 군인들의 급료를 지불한다는 명목으로 이 법을 만들어서 식민지에서 수입하는 차, 유리, 전깃줄, 페인트, 종이에 세금을 부여한 것이다. 이 법은 식민지인들의 마음에 분노를 일으키고 영국 상품 불매운동 등으로 반대의 목소리가 높아지고 있었다.

ⓓ 보스턴 학살 사건

　1770년 3월 5일 밤에 화재가 나서 사람들이 모였으며, 눈이 내린 후라서 군중들이 함께 눈싸움을 하고 있었던 때에 지나가던 영국 군인들에게 야유를 퍼부으면서 눈덩이를 던지기 시작했다. 이에 흥분한 영국 군인이 군중을 향해 발포하게 되고, 5명이 사망하고 8명이 부상을 입게 되었다. 희생당한 사람들의 장례식에 군중들이 1만여 명이나 참여하였다, 당시 보스턴 인구가 16,000명 정도였으니 가히 그들의 분노를 알 수가 있다. 이 사건을 계기로 식민지인들은 조직적인 저항운동을(조성일, 미국 역사 p. 84) 시작하게 된다. 이러한 저항운동에 부딪친 영국 정부는 '타운센트법'을 철회하였다.

ⓔ 보스턴 차 사건(Boston Tea Party)

　영국은 1773년 차 조례(Tea Act)를 제정하여 북아메리카 동인도회사가 북미 식민지에 차를 매우 싼 가격에 수출할 수 있게 했다. 즉, 수출 관세는 면제되고 식민지에서 차를 수입할 때에 수입 관세를 물게 했다.
　차 조례는 또다시 식민지인들의 저항에 부딪히고, 마침내 1773년 12월 16일 보스턴 항구에 정박해 있던 영국 동인도회사 '다트모스호'에 수십 명이 올라가 342개의 차 상자를 바다에 던지는 사건이 일어났다.

이를 일명 '보스턴 티 파티'라 한다. 이 사건을 계기로 영국은 '강압법'을 만들어서 보스턴 티 파티의 배상을 요구하고 항구를 폐쇄하며 주모자들을 영국으로 압송하여 재판하고자 했다.

ⓕ 제1차 대륙회의 개최와 식민지 연합군의 창설

티 파티의 문제를 해결하기 위하여 1774년 10월 5일 12개의 식민지 대표 55명이 참여하는 '제1차 대륙회의'를 필라델피아 카펜터즈홀에서 개최하게 된다. 회의는 식민지인들도 영국인들과 같은 자유를 가져야 하며 식민지인들의 동의 없이 식민지인들에게서 세금을 걷는 것을 중단하라고 요구했다.

영국 왕은 이들의 요구를 단호히 거절하고 저들의 반란을 막기 위하여 보스턴에 많은 군대를 보냈다. 이제 식민지인들은 조직적으로 저항하기 시작하였으며 마침내 식민지인들의 생명과 자유, 재산을 보호하기 위하여 각기 무장하고 미닛맨(Minutemen: 긴급소집병)이라는 '민병대'를 창설하기에 이르렀다. 마침내 영국군과 민병대의 전투가 일어나고 말았다.

제2차 대륙회의가 1775년 봄에 개최되고 1차 때의 대표들과 새로운 인물들이 참여했다. 거기에는 메사추세츠의 존 헨콕, 버지니아의 토마스 제퍼슨, 펜실베니아의 벤저민 프랭클린이 참여했다. 대표들은 영국과의 전쟁이 불가피하다는 판단을 내리고 '식민지 연합군'을 창설하기로 결정하였다.

식민지 연합군의 초대 사령관에는 조지 워싱턴이 임명되었으며, 7월 3일에 메사추세츠 캠브리지에 작전본부를 설치하고 군대를 사열하기에 이르렀다.

⑧ 토마스 페인의 『상식(Common Sense)』

토마스 페인은 『상식』이라는 작은 팸플릿을 발표했는데, 수십만 부가 팔려나가는 엄청난 반향을 불러 일으켰다. 상식의 내용은 이러했다.

"하나님이 영국과 북미 대륙을 이렇게 멀리 떼어놓으신 것도 우리 독립의 순리이며 당연하다는 증거이다. 영국이 북미 대륙에 행사하는 권력은 결코 하나님의 뜻이 아니다."

상식은 많은 사람들의 마음에 반향을 불러 일으켰다.

ⓗ 독립선언문이 발표되다

그리하여 독립을 요구하자는 존 애덤스의 의견에 동조하는 대표들이 늘어나고 마침내 1776년 6월 7일 버지니아 대표 헨리 리가 공식적으로 '독립선언'을 할 것을 회의에 요구하였다. 토마스 제퍼슨이 작성한 독립선언의 초안을 검토하여 수정하고, 그리하여 마침내 1776년 7월 4일에 제2차 대륙회의 대표들의 서명으로 선언문을 발표하였다.

독립선언문의 중요 내용은, 미국 국민들은 모든 것에서 '평등권'을 보장받는다는 것이다. 1776년 당시에는 모든 식민지인들이 똑같은 권리를 행사할 수가 없었다. 재산을 소유한 백인 남자만이 투표할 수가 있었으며 여자, 아프리카계 미국인, 인디언들은 투표권이 없던 때였다.

① 독립전쟁에서 승리하다

식민지의 대표들이 1776년 7월 4일 독립선언문을 발표하자 영
국은 군대를 파견하여 저들의 독립을 허락하지 않았다. 대륙군
은 조지 워싱턴을 사령관으로 세우고 영국군에 대항하였다. 전
쟁 초기에는 당연히 영국군이 우세했다.

영국군은 정예 병사들이고, 대륙군의 병사들은 훈련을 막 시작
한 초보 병사들이었다. 따라서 상대가 되지 않는 상태였다. 그러
던 중에 1776년 8월 27일에 영국군이 브루클린 대륙군을 공격하
여 2,000명이나 사상자를 내고 말았다.

대륙군의 사기가 땅에 떨어지고 영국군의 공격을 피해 북부로
피하기에 급급했다. 이러한 때 『상식』으로 유명한 토마스 페인이
대륙군의 사기를 북돋는 글을 발표하였다. 한편 벤자민 프랭클
린은 프랑스에 도움을 요청하기에 이른다.

영국에 패배하여 북아메리카 식민지 건설에서 밀려난 프랑스
는 즉시 대륙군을 돕기로 했다. 스페인, 네덜란드, 러시아까지 대
륙군을 도왔다.

자유의 정신으로 무장하고 뛰어난 조지 워싱턴의 지도와 그리
고 우방국의 원조 등으로 하여 마침내 식민지의 대륙군이 영국군을 물
리치고 승리를 하게 되었다. 1779년 10월 17일 영국군이 항복을 함으로써
독립전쟁이 끝이 났다. 그리고 1783년 9월 3일 '파리조약'을 체결함
으로써(미국 역사, p. 96) 영국은 아메리카연합국의 독립을 인정하
게 되었다.

하나님의 뜻과 세계 역사

이제 식민지인이 아닌 미국인으로서 독립된 나라를 세워나가게 된 것이다. 이로써 불가능한 독립전쟁이 승리로 이어졌고 아메리카연합국으로서 당당하게 나서게 된 것이다.

(9) 미국(The United States of America)을 건립하다

독립전쟁이 끝난 후 13개 식민지들은 이제 나라를 만들어야 했다. 저들 13개 식민지들은 각자의 헌법과 법을 가지고 있었던 것이다. 그러니까 각 주는 독립된 나라의 형태를 가지고 있었던 것이다. 이제 그 13개 주를 하나의 나라로 만드는 것이 저들이 해야 했던 일이었다. 대륙회의는 정부를 세우되, 있는 듯 없는 듯한 정부를 세우기를 원했다. 즉, 중앙정부는 상징적인 권한만을 갖도록 하여 약한 정부를 세우는 것이다. 반면에 13개 주는 각각의 절대권한을 가지는 것이었다. 이러한 정부를 1781년 '연합규약'을 만들어서 각 주가 받아들였다. 그러나 이러한 형태의 정부는 한목소리를 낼 수가 없었다. 그리하여 마침내 1787년 2월에 '제헌회의'가 열리고, 독립전쟁의 영웅인 조지 워싱턴을 의장으로 선출하고 회의를 거듭하여 1787년 9월 17일에 헌법의 최종안을 제정하기에 이른다. 그리하여 1788년 6월 뉴햄프셔주가 9번째로 비준하여 나라의 헌법으로서 권위를 가지게 되었다.

ⓐ 연방 헌법의 정신

헌법의 내용은, '우리 미국 국민들은 국민이 정치적 결정권을 갖는 민주주의 정부를 만든다'이다. 국민이 직접 투표하여 대표자를 선출하는 민주공화제이며 상원과 하원을 두었다. 정부의 형태는 3권분립으로 하여 의회와 행정부, 사법부로 했다. 이로써 연방정부의 헌법이 제정되었으며, 이에 따라 대통령과 의원의 임기는 4년이며 상원은 각 주에서 2명을 선출하도록 하고 하원은 인구수에 따라 한 명 또는 여러 명으로 구성했다. 헌법은 주의 법보다 연방정부의 법을 다 우위에 두었으며 주법과 연방법이 충돌할 때에는 연방법이 우위에 있게 했다. 미국이라는 나라는 연방 헌법에 기초하여 나라의 형태를 갖추어 나가게 되었다. 초대 대통령으로는 조지 워싱턴이 의회에서 선출되었다. 이로써 나라의 기틀을 만든 것이다.

ⓑ 초대 대통령으로 조지 워싱턴이 선출되다

1789년 1월 상하 양원의 의원을 선출하는 총선거를 통해 상하원을 구성하고 선거인단은 초대 대통령으로 조지 워싱턴을 선출하였다. 1789년 4월 30일 뉴욕의 임시정부청사에서 워싱턴은 성경 위에 손을 얹고 선서를 하였다. 이로써 미국이라는 나라가 정부의 형태를 모두 갖춘 나라로서 출발하게 된 것이다.

⑽ 나라의 영토를 확장해 가다

ⓐ 루이지애나 땅을 프랑스로부터 매입하다

3대 대통령 토마스 제퍼슨은 1803년 4월 30일 프랑스와 루이지애나 매입조약을 체결하게 되었다. 210만㎢의 방대한 땅을 1,500만 달러에 구입하게 된 것이다. 이는 당시 프랑스의 나폴레옹이 영국과의 전쟁 등으로 인하여 돈이 필요했으며, 인디언과의 전쟁에서 패배하는 등 여러 가지 요인이 있었다. 중요한 것은 미국이 프랑스로부터 아주 싼 값으로 엄청난 땅을 구입했다는 사실이다. 이렇게 미국의 영토가 배로(조성일, 미국 역사, p. 114) 늘어나게 되었다. 이후 루이지애나는 서부 개척의 교두보가 되었던 것이다.

ⓑ 텍사스 멕시코 전쟁

멕시코 땅인 텍사스에 미국인들이 이주하면서 멕시코인들보다 미국인들이 많아지게 되고, 그리하여 멕시코와 텍사스인들의 전쟁이 일어나게 되었다. 우여곡절 끝에 텍사스인들은 텍사스 공화국을 세우고 미국에 편입하기로 했다. 이로 인하여 결국은 미국과 멕시코가 전쟁을 하게 된다. 미국이 1847년 10월 멕시코시티를 점령하고 멕시코는 1848년 '과달루페이달고조약'에 서명함으로써 텍사스와 더불어 광활한 땅을 미국에 이양하게 되었다. 이양한 대가로 미국은 멕시코에 1,500만 달러를 지불하였다.

미국은 값싸게 광활한 땅을 차지하게 된 것이다.

ⓒ 알라스카를 러시아로부터 매입하다

1867년 미국은 러시아로부터 뜻밖의 제안을 받게 된다. 그것은 알라스카 땅을 매입하라는 것이었다. 알라스카는 온통 얼음으로 뒤덮인, 쓸모없는 땅이었지만 그 크기가 텍사스의 두 배에 달하는 광활한 땅이었다. 당시 미국은 남북전쟁의 후유증으로 나라가 어수선할 때였다. 그리하여 러시아의 제안을 진지하게 연구할 수도 없는 때였다. 그러나 알라스카의 가치를 즉시 알아본 사람이 있었다. 그는 당시 국무장관인 윌리엄 슈워드였다.

그는 아메리카 대륙에서 러시아를 몰아낼 수가 있으며, 캐나다 위쪽에 미국의 땅이 존재하니 캐나다 정략에도 유리하다는 것이다. 그리하여 그는 적극적으로 대통령과 의회를 설득하여 마침내 720만 달러를 주고 구입하게(조성일, 미국 역사 p. 196) 되었다. 이는 아주 비싼 가격이었다.

슈워드의 알라스카 구입에 찬반 양론이 팽배해지고 심지어는 슈워드를 조롱하는 사회적 분위기도 형성되었다. 그러나 1896년 알라스카에서 금광이 발견되자 금 사냥꾼들이 알라스카로 몰려들게 되었던 것이다.

이로써 알라스카는 가치가 대단한 땅임을 인정하게 되었으며, 또한 알라스카 지하자원과 주변 바다의 자원과 군사요충지로서의 가치 등 이루 말할 수 없는 대단한 땅임을 알게 되었다. 단 한 사람 윌리엄 슈워드의 결단이 이리도 미국에 엄청난 유익이 되는 땅을 매입하게 된 것이다.

아울러 1893년에 하와이도 미국의 한 주로 참여하게 되었다. 마침내 미국은 50개 주로 성립된 미합중국으로 발돋움하게 된 것이다.

(Ⅱ) 노예 해방선언과 남북전쟁

ⓐ 아동의 노동착취

영국의 산업혁명은 기계의 발명으로 물화의 대량생산 등 사회에 많은 도전을 주었다. 아울러서 문제도 발생시켰다. 그것은 노동자의 문제였다. 그중에서도 특히 문제가 된 것은 빈민층의 아동들이 방적공장의 노동자가 된 것이다. 법은 아동의 노동을 허용했다(친절한 세계사, 헨드릭 빌렘 반 룬, 박일귀 옮김, 문예춘추사, 서울, 2016년, p. 434). 아동의 노동착취는 심각한 문제를 야기했다. 영국의 지식층은 아동 노동의 문제를 심각하게 생각하고 저항하게 되었다.

ⓑ 노예제도 폐지를 위한 저항운동

아동 노동착취의 심각성과 동시에 아프리카 노예의 노동착취의 문제도 부각되었다. 극악무도한 노예제도는 더 이상 말할 필요가 없는 악한 제도였다. 영국의회가 노예무역을 금지하는 법을 제정했다. 그리하여 1840년 이후 영국 식민지에서는 노예제도가 폐지되었다. 프랑스도 1848년 노예제도를 폐지하였으며, 1858년 포르투갈에서도 20년 안에 모든 노예들에게 자유를 보장한다는 법을 통과시켰다.

한편 미국에서는 남부의 경제가 노예제도에 의존하고 있었기에 미국 정부는 노예제도를 지지하고 있었다. 1790~1860년 면화의 생산량이 연간 1,000톤에서 100만 톤으로 증가했다. 그 기간 동안 노예의 수도 50만에서 400만으로 증가했다(하워드 진, 김영진 옮김, 살아 있는 미국 역사, p. 114). 이 엄청난 숫자의 노예가 미국 남부의 경제를 뒷받침하고 있었기에 미국에서 노예제도 폐지는 험난한 경로를 거쳐야만 했다.

그러나 노예제는 '국가적 범죄'라고 조지 메이슨이 말했으며, 노예제는 혁명의 원칙에 맞지 않는다고 주장하기도 했다. 북부에서는 노예제 폐지 쪽으로 의견을 모아서 1808년 미국 정부는 노예 수입을 금지했다. 그러나 이 법은 잘 지켜지지 않았으며 남북전쟁이 시작된 1861년 이전에 약 25만 명의 노예들이 불법으로 수입되었다(하워드 진, 살아 있는 미국 역사, p. 115).

✖ 노예들의 저항

1831년 아프리카 노예인 네트 터너는 추종자 70명과 함께 자신들의 주인을 죽이고 길거리에서 백인들을 무차별로 죽였다. 지역 군인들의 진압으로 저들 59명이 교수형에 처해졌다(조성일, 미국 역사, p. 147).

한편 미국의 북부와 남부의 경제활동의 차이로 인하여 북부는 노예제를 반대하고, 남부는 노예 없이는 목화 재배 등을 할 수가 없을 정도였다. 이처럼 북부와 남부는 노예제도로 인하여 갈등을 겪고 있었다.

하나님의 뜻과 세계 역사

❈ 엉클 톰스 캐빈의 등장

헤리엇 스토 부인은 『엉클 톰스 캐빈』이라는 소설을 발표했다. 그 소설에는 팔려 가는 노예의 비참함이 나타나 있었다. 이 소설은 미국인들의 마음을 움직여서 노예제도 폐지론자들이 많이 나타나게 되었다.

❈ 아브라함 링컨 대통령

링컨은 공화당 상원의원으로 출마하면서 스테판 더글라스와 노예제도에 대하여 7차례의 토론을 하였다. 이 토론으로 링컨은 유명해지게 되었고, 노예제도는 '도덕적, 사회적, 정치적으로 악(조성일, 미국 역사, p. 154)'으로 주장했다. 1860년 링컨이 미국 대통령으로 당선이 되자 1860년 12월 20일 사우스캐롤라이나 등 남부의 7주가 연방에서 탈퇴를 선언하였다. 그리고 1861년 2월 4일 몽고메리에서 대표단 회의를 열어 아메리카연합주를 만들었으며 헌법과 대통령을 선출하기에 이르렀다. 미국이 두 개의 나라로 나누어지고 말았다.

1861년 3월 4일 대통령으로 취임한 링컨은 남부의 연방 탈퇴를 '내란'으로 규정하고 '우리는 적이 아니라 친구다', '우리는 적이 되면 안 된다' 하면서 타협을 호소했다. 그러나 남부 연합군은 1861년 4월 12일 연방군의 섬터 요새를 공격함으로써 남북전쟁이 시작되고 말았다. 북부와 남부는 객관적으로 비교하면 북부가 우세했다. 주의 수도 남부보다 많았으며, 인구도 2천 2백만의 북부와 700만의 남부였다. 남부는 1/3이 노예였다.

ⓒ 링컨의 노예 해방선언

남북전쟁이 계속되는 동안 링컨은 백악관에서 남북전쟁의 승리를 위해 매일 2~3시간 동안 하나님께 기도한 것으로도 유명하다. 그 링컨이 전투에서 승전보가 전해지면 노예 해방을 선포하기로 하나님께 맹세를 (조성일, 미국 역사, p. 160) 했다. 마침내 링컨은 1863년 1월 1일 노예 해방을 선언하였다. 노예 해방선언으로 아프리카 노예들이 북부 연방군에 입대하는 등 전세가 연방군에 유리하게 진행되어서 마침내 1865년 4월 9일 연합군의 리 장군이 연맹군의 그랜트 장군에게 항복하고 말았다. 이로써 북부의 연맹군이 남부의 연합군을 이기고 승리함으로써 남북전쟁이 끝이 난 것이다. 실로 4년여 동안 미국은 내전으로 큰 희생을 치르고 난 다음에야 나라가 하나가 되었으며 결국 노예제도는 폐지되었다.

(12) 제1차 세계대전

ⓐ 사라예보 사건이 일어나다

1890년대에 유럽의 열강들은 아시아와 아프리카에 식민지 건설 경쟁을 하고 있었다. 영국, 프랑스, 러시아는 3국 연합국의 동맹을 맺었으며 독일, 오스트리아, 이탈리아는 3국 동맹을 맺었다. 그리하여 두 세력 간의 경쟁이 심화되어 가고 있었다. 1914년 6월 28일 보스니아의 수도 사라예보에서 '사라예보 사건'이 일어나고 말았다. 오스트리아의 황태자 부부가 사라예보를 방문했다가 세르비아 민족주의자에게 피살이 된 사건이다. 오스트리아는 독일의 지원을 받아서 즉시 전쟁을 선포하게 되었다. 이 사건으로 3국 동맹과 3국 연합이 서로 전쟁을 선포하였다. 이 전쟁이 바로 제1차 세계대전이다.

ⓑ 미국의 중립주의

제1차 세계대전이 일어났으나 미국은 전쟁에 참전하지 않았다. 그러나 독일의 '유보트'라 불리는 잠수함들이 대서양에서 영국 배들을 침몰시키며 마침내 영국의 배 '루시타니아호'를 공격하여 승객 1,595명이 사망하였다. 이때까지도 미국은 중립을 유지하고 있었다. 독일이 루시타니호 침몰 이후에 여객선을 공격하지 않겠다는 약속을 깨뜨리고 1917년 미국의 배들을 공격하기 시작했으며, '치머만 각서(조성일, 미국 역사, p. 208)' 사건이 탄로가 나고 말았다. 즉, 독일 외무장관 치머만이 멕시코 정부에 이런 제안을 한 것이다. '독일이 미국을 공격하면 멕시코가 독일을 도와달라. 그러면 1848년의 전쟁에서 미국에게 빼앗겼던 멕시코의 영토를 되찾아 주겠다'라는 각서였다. 마침내 윌슨 대통령은 중립을 포기하고 독일과의 전쟁을 선포하게 된다. 1917년 4월 6일 미국 의회는 만장일치로 윌슨의 요청을 승인함으로써 미국이 제1차 세계대전에 참전하게 되었다.

ⓒ 미국의 참전과 베르사이유조약

　미국의 참전으로 전쟁의 양상은 달라지기 시작한다. 1918년부터 미국 참전의 효과가 나타나기 시작했다. 마침내 미국의 해군이 구축함을 이용하여 독일 잠수함의 공격을 사전에 저지하였으며 전쟁에 필요한 식량을 비롯한 보급품들은 미국이 월등했다. 윌슨 대통령은 자유주의와 민족자결주의를 발표하면서 전후 세계질서를 다시 수립하기를 바랐던 것이다. 전선에서는 연합국이 우세하였으며, 마침내 독일 황제가 1918년 11월 2일 네덜란드로 피신을 하는 상황이 벌어졌다. 11월 4일 독일은 연합국에 휴전을 제의하고 11월 11일 양측은 정전협정에 서명을 하게 되었다. 1919년 6월 28일 연합국과 연맹국 지도자들이 프랑스 베르사이유에서 회동하여 '베르사이유조약'을 체결함으로써 제1차 세계대전이 종전되었다.

　이제 미국은 전승국가가 된 것이다. 뿐만 아니라 1차 대전의 특수에 힘입어 경제적으로 큰 발전을 가져오게 되었다.

(13) 제2차 세계대전

ⓐ 독일의 폴란드 침략으로 제2차 세계대전이 일어나다

　1930년대에는 유럽과 미국 등 전 세계적으로 심각한 문제들이 일어나고 있었다. 제1차 세계대전의 후유증, 미국의 대공황, 그리고 실업자 수의 증가 등 심각해진 상태였다.

　　　　　　　　　　　　하나님의 뜻과 세계 역사

이때 등장한 아돌프 히틀러는 독일의 문제를 해결하겠다고 호언장담을 한다. 그리고 1936년 이탈리아와 동맹을 맺고 이어서 일본과도 동맹을 맺었다. 이 3국 동맹을 추축국(Axis Powers)이라 불렀다. 이들 3국은 침략을 시작했다. 독일은 라인탄드 지방에 군대를 주둔시키면서 체코슬로바키아를 압박했고, 이탈리아는 석유자원을 확보하기 위해 이디오피아를 점령했으며, 일본은 중국을 침략했다. 마침내 독일이 1939년 10월 폴란드를 침략하면서 제2차 세계대전이 일어나고 말았다. 이때의 미국은 중립을 지키고 있었다. 그러나 독일은 미국의 배들을 공격하였으며, 1941년 구축함 그리어호가 공격을 당하였다. 그래도 미국은 참전을 하지 않고 있었다.

ⓑ 일본의 진주만 공격

일본은 중국을 침략하여 성과를 거둔 후에 동아시아와 태평양 섬들을 지배하기를 원했다. 그리하여 1941년 12월 7일 새벽에 하와이 진주만을 기습하였다.

미국의 태평양함대가 거의 파괴되고 말았다. 이에 미국은 즉각 일본에 선전포고를 하고 연합국에 가담하게 된다. 이에 독일, 이탈리아, 일본도 미국에 선전포고를 하였다. 이로써 미국은 제2차 세계대전의 참전국이 되고 말았다.

ⓒ 미국의 참전과 노르망디 상륙작전

미국의 참전으로 유럽과 북아프리카에서는 연합국과 독일, 이
탈리아가, 그리고 태평양에서는 연합국과 일본이 전선을 형성했
다. 이 전쟁은 1944년 6월 6일 노르망디 상륙작전까지 추축국이
우세한 형국이었다. 그러나 노르망디 상륙작전으로 형세가 역전
되어 연합국이 우세해지기 시작했으며, 마침내 1945년 4월 연합
국은 독일의 수도 베를린을 공격하였다. 드디어 1945년 5월 7일
독일은 항복을 했다.

ⓓ 일본에 원자폭탄이 투하되다

독일이 항복했지만 여전히 전쟁을 계속하고 있었던 일본에 결
정적인 날이 다가오고 있었다. 이는 미국이 비밀리에 진행하여
왔던 '맨해튼 프로젝트'가 결실을 맺었기 때문이다. 그리하여 8월
6일 8시 15분 일본 히로시마에 원자폭탄 한 개를 투하했다. 이
폭탄은 가공할 만한 폭발로 거의 10만 명이 죽었다. 3일 후 나가
사키에도 폭탄 한 개를 투하했다. 도시는 초토화되었다. 일본은
연합국에 항복을 선언했다. 이로써 제2차 세계대전이 종전된 것
이다.

이제 미국을 비롯한 연합국은 전승국가가 되었으며, 세계질서
를 재편하는 데 영향력을 펼치게 된 것이다. 특히 UN을 결성하
여 새로운 세계질서를 만들어 가고 있었다.

⒁ 이민의 물결이 밀려오다

기회의 땅 신대륙으로 사람들이 밀려오기 시작했다. 영국, 프랑스, 네덜란드, 스페인의 개척자들이 신대륙을 개척하고자 경쟁을 했다. 1497년 영국은 이탈리아 탐험가 존 캐벗을 시켜 신대륙을 탐험하기 시작했다. 1524년 프랑스도 신대륙을 탐험하게 했다. 1585년 영국을 떠난 100명의 영국인들이 노스캐롤라이나 연안에 상륙함으로써 신대륙 개척에 박차를 가했다. 1620년 102명의 청교도들이 신대륙으로 이주했으며, 1630년에는 1,000여 명이 이주했다. 1630년 찰스 1세로부터 식민지 건설의 허가장을 받은 사람들이 10년에 걸쳐 18,000명이 신대륙으로 이주했다.

ⓐ 자유와 평등, 기회의 땅으로 사람들이 밀려오다

민주의 나라 미국이 자유와 평등, 그리고 기회의 땅으로 인식되면서 사람들이 밀려오기 시작한다. 특히 1840~1860년 사이에는 무려 400만 명이라는 어마어마한 수의 이민이 들어온다. 그 중의 절반은 아일랜드인이고 1/3은 독일인, 나머지는 유럽의 다른 나라 출신들이었다. 오늘날 미국의 아일랜드 후손들은 3,400만여 명에 이르고 미국의 대통령 15명 이상이 아일랜드계 혈통으로 알려지고 있다. 이민자들 중에 유대인들의 활동도 대단하였으며, 유대인 혈통 중에는 알버트 아인슈타인, 발명왕 에디슨, 영화감독 스티븐 스필버그 등 유명인 이민자들이 있다.

ⓑ 이민자들을 제한하다(against)

1900~1920년 사이에 1,400만 명(하워드 진, 살아 있는 미국 역사, p. 190)의 이민자들이 미국으로 건너왔다. 이러한 상황이 전개되자 이민자들을 제한하기 위하여 1924년에 '이민법'을 통과시켰다.

이 새 이민법은 영국, 독일의 백인 이민자들을 선호하고 남유럽인, 슬라브인, 유대인을 엄격히 제한하였다. 중국, 아프리카인의 이민은 한 해에 100명 정도였다. 이민의 현상 중에서도 인종적 혐오나 폭력이 곳곳에서 발생하고 있었다. 그러나 미국은 이민자들이 이룩한 나라다.

2021년 오늘날에도 미국 내에서 외국인 창업자의 수는 320만 명이나 되며, 이들 인구의 비율은 14%이나 사업 중에는 22%를 차지하고 있다.

이민자가 창업한 대어급 회사는 '구글', '테슬라', '야후'가 있다. 이민자들의 천국이었던 미국은 오늘날에 와서는 이민에 대한 법으로 인하여 어려움에 빠져 있다. 미국이 오늘날의 미국이 될 수 있었던 것은 이민자들의 노력이다.

자유와 평등, 민주의 나라요 기회의 땅인 미국이 더욱더 발전하기 위해서는 세계의 인재들을 쉽게 받아들이는 이민법이 필요하다 할 것이다.

⒂ S. Korea를 민주주의 나라로 지켜내다

미국은 1950년 6월 25일 한국전쟁이 발발하자 즉시 6월 25일 UN 안전보장이사회를 소집하여 N. Korea의 침략을 규탄하고 즉시 38선 이북으로 퇴진할 것을 요구했다. 트루먼(Truman, H. S.) 대통령은 6월 27일 미군의 해군과 공군이 코리아를 지원할 것을 명령하였으며, 7월 7일 UN의 결의로 UN군을 창설하고 동경에 있는 극동군 사령관 맥아더(MacArthur, D. S.) 장군을 UN군 총사령관으로 결정하였다. 이리하여 미국의 주도로 UN군이 한국전쟁에 참전하게 되었다. UN군의 한국전쟁 참전은 미국의 절대적인 지원 덕이다. 16개국이 참전한 한국전쟁은 1953년 7월 27일 '정전협정'이 체결될 때까지 계속되었다.

전쟁 초기에는 북한군에 밀려 낙동강전선까지 후퇴를 거듭하였으나, 9월 15일 맥아더 장군의 인천상륙작전으로 전세가 역전이 되었으며 9월 28일 서울을 수복하였다. 이후 북한으로 진격하였으나 중공군의 참전으로 진퇴를 거듭했다.

ⓐ 인천상륙작전

맥아더 장군의 인천상륙작전에는 인천만의 큰 조수간만 차이 등 악조건이 많았으며 참모들의 반대에도 불구하고 그의 결단으로 상륙작전이 전격적으로 실시되었다. 이 작전으로 말미암아 UN군과 S. 코리아군은 전세를 역전시키고 북으로 북으로 진군할 수가 있었다. 실로 신의 한 수라 할 정도로 과감한 작전이었다. 이를 기념하기 위하여 맥아더 장군의 동상이 인천시에 세워져 있다.

피해 규모		
미국	참전 군인	1,789,000명
	전사자	33,686명
	부상자	92,134명
	실종	3,737명
	포로	4,439명
영국	참전 군인	56,000명
	전사자	1,078명
	부상자	2,674명
	실종	174명
	포로	997명

이외에도 14개국의 UN군 사망자 등 피해가 컸다.

ⓑ 전후복구사업을 펼치다

미국은 전후(戰後) S. 코리아를 복구하기 위하여 물적인 지원을
아끼지 않았다. 특히 밀가루, 옥수수가루, 우유가루, 구제용품 등
을 지원하였으며 미국의 교회들은 선교 지원금을 보내서 교회와
많은 학생들의 장학금을 지원하였다.

미국은 한국전쟁에 참전하여 많은 희생자를 냈으며, 전후복구
사업을 지원함으로써 S. Korea를 지켜내고 오늘날의 민주주의 코
리아를 이룩하게 한 지대한 공로가 있다 할 것이다.

하나님의 뜻과 세계 역사

⒃ 세계 1위 선교사 파송국, 미국

미국은 세계에서 기독교 선교사들을 가장 많이 파송하는 나라이다.

- 미국: 선교사 60,300명, 세계 1위
- 코리아: 선교사 13,000명, 세계 2위

 (2005년 1월 8일 중앙일보)

- 미국: 선교사 127,000명(단기 선교사 포함), 세계 1위
- 코리아: 선교사 20,000명, 세계 6위

 (2013년 10월 25일 국민일보)

위의 신문사에서 보도한 내용에도 미국은 선교사 파송에서 세계 1위이다. 이는 하나님께서 너무나 기뻐하시는 일이다. 하나님의 백성을 확장하는 일에 미국의 교회는 사람과 물질로 봉사하고 있는 것이다.

⒄ 오바마 대통령이 당선되다

흑인 '버락 후세인 오바마 2세(1961년 8월 4일생)'가 미국의 44·45대(2009년 1월~2017년 1월) 대통령이 되었다. 그가 대통령으로 활동했다는 것은 실로 격세지감이라 할 것이다. 흑인들의 조상이 노예로 살아야 했던 때와는 판이하게 다른 세상이 된 것이다.

오바마는 일리노이주 주의회 상원의원(1997~2004)과 연방상원의원(2005~2008)을 거쳐 대통령이 된 사람이다. 그는 대통령 취임

식 때 아브라함 링컨 대통령이 손을 얹고 선서했던 성경 위에 손을 얹고 선서했다고 한다. 그는 케냐의 무슬림 집안 출신이며 미국의 흑백 인종 문제를 극복한 최초의 흑인 대통령이다.

⒅ 항공우주국(NASA)의 눈부신 발전

미국은 소련의 달 착륙 소식을 접한 후에 우주 계획에 크게 관심을 갖게 되었고 미국의 우주 플랜 '아폴로 계획'을 추진하게 된다. 미국의 우주 계획은 NASA를 통하여 온 기술력을 집중시켰다. 그리하여 소련보다 더 발전된 우주 계획을 수행할 수가 있었다.

ⓐ NASA의 '지구 방어 시스템'이 작동하다

'지구 방어 시스템'의 작동으로 나사에서 보낸 '다트 우주선'이 지구에서 1,100만㎞ 떨어진 '디모르프' 소행성과 충돌하는 데 성공했다는 것이다(한국 시간 2022년 9월 27일 8시 14분, 조선일보).

이는 지구를 보호하기 위해 시작된 NASA의 프로젝트가 성공했다는 뜻이다. 소행성이 지구에 떨어지면 그 피해가 상상을 초월한다.

1908년 지름 50m의 소행성이 시베리아에 떨어졌을 때에 2,000㎢(서울 면적의 3배)의 산림이 사라졌다. 이번에 NASA가 이룩한 소행성 충돌은 지구를 구하는 힘을 미국이 보여 준 쾌거라 할 수 있다.

하나님의 뜻과 세계 역사

ⓑ NASA가 보낸 '무인 우주선'이 지구에 귀환하다

미국의 달 복귀 프로젝트인 아르테미스1 임무에 투입된 달 궤도 무인 우주선 '오리온'이 2022년 12월 11일 지구로 무사 귀환했다. 오리온은 과거 아폴로 12호와 14호의 달 착륙 지점을 통과했으며 달 표면 130㎞ 이내 상공까지 접근해서 비행했다. 이제 미국은 2024년 달 궤도 유인 비행(아르테미스2)에 나선다. 뿐만 아니라 2025~2026년에는 인류 최초로 여성과 유색인종 우주 비행사를 남극에 착륙시키는 아르테미스3의 임무에도 착수한다고 한다.

우주 플랜은 현재 인류가 가진 모든 기술의 총집합체라 할 수 있다. 이제 미국은 러시아를 넘어서서 우주 플랜을 선도하는 나라가 되어 있다. 이는 미국이 세계 제1의 강대국일 뿐만 아니라 세계 제1의 기술 강국임을 나타내는 증거라 할 수 있다.

3.

하나님의 뜻을 거스르는 방향의 미국

(1) 노예제도

미국은 자유와 평등이라는 깃발을 높이 든 나라이다. 미국은 이 가치로 나라를 세우고 영국의 식민지에서 벗어났다. 이러한 자유의 나라에 자유를 제한받고 자유를 억압받는 무리가 있었다는 것은 참으로 아이러니하다 할 것이다.

그들은 바로 아프리카 흑인 노예들이다. 노예제도는 인권과는 거리가 먼 제도임에도 불구하고 독립 무렵 13개 주들은 모두 노예제도를 채택했다(조성일, 미국 역사, p. 144). 1790~1860년에 남부의 면화 생산량은 1,000톤에서 100만 톤으로 증가하였다. 따라서 노예의 수도 50만에서 400만 명(살아 있는 미국 역사, 하워드 진, 레베카 스테포프, 김영진 옮김, 서울, 2008년, p. 114)으로 증가했다고 한다. 그 노예들의 애환은 헤리엇 스토 부인이 쓴 소설 『엉클 톰스 캐빈』에서 속속들이 드러나고 있다. 미국에서도 1808년 연방정부에서 노예제도를 폐지하는 법을 만들었다.

그러나 미국은 노예제도를 반대하는 북부와 노예제도를 찬성하는 남부의 세력이 충돌하여 남북전쟁을 치러야만 했다. 4여 년의 남북전쟁에서 미국인들 중 60만여 명의 생명이 죽었다. 노예제도로 인한 희생을 치렀던 것이다.

악한 노예제도로 인하여 자신들의 생명을 해치는 해(害)를 받은 것이다. 이처럼 악한 제도는 사람으로 하여금 자신들 스스로에게 해(害)를 주게 되는 것이다.

하나님을 자유롭게 믿기 위하여 대서양을 건너왔던 청교도들의 후예들이 채택했던 노예제도는 하나님의 뜻을 정면으로 거스르는 제도였음을 깊이 생각하자.

(2) 대공황

1919년 제1차 세계대전이 끝나고 미국의 경제는 호황기를 맞았다. 전쟁의 특수를 확실하게 누렸으며, 발명과 기술개발, 효율적인 공장 시스템 등 다른 나라들보다 빨리 산업화를 이루었으며 자동화 시스템까지 갖추었기에 대량생산을 할 수가 있었으며 그리하여 미국은 1920년대에 경제적으로 큰 발전을 이루었다. 자동차산업도 발전하고, 신용카드도 등장했다. 이러한 미국의 경제발전은 미국인들로 하여금 '광란의 20년대(조성일, 미국 역사, p. 212)'로 불릴 만큼 넘치는 부(富)와 흥청망청 소비의 시대였다. 그러나 그 경제 호황기는 1929년에 끝이 나고 말았다.

주가가 폭락하자 공황에 빠진 사람들은 주식을 매도하기 시작하고 그리하여 주가는 더욱더 하락했다. 은행은 대출금을 회수할 수 없었으며, 회사는 파산을 하고, 그리하여 주식시장과 금융체제는 빠르게 붕괴되었고 경제위기가 닥쳐왔다. 대공황의 시대가 닥친 것이다.

흥청망청의 소비가 가져온 결과였다. 1933년경에는 1,500만여 명(하워드 진, 살아 있는 미국 역사, p. 191)이 실직했을 것이라 추정했다. 이는 국가 전체 인구의 1/4이나 1/3이 실직을 했다는 것이다. 대공황은 미국의 경제만이 아니라 세계의 경제에 큰 타격을 주었던 것이다.

(3) KKK 활동

KKK(Ku Klux Klan)는 남북전쟁이 끝난 후부터 남부에서 백인들이 백인 우월주의를 주장하면서 흑인들에 테러를 가하던 단체이다. 1866년 5월 테네시주 멤피스에서 흑인 46명을 살해하는 사건이 일어났다. 100군데 이상의 가정집과 교회, 학교에 불을 지르는 만행을 저질렀다. 1867~1871년 사이에 켄터키주에서만 116건의 인종적인 폭력(하워드 진, 살아 있는 미국 역사, p. 125)이 일어났다. KKK단도 1920년대에 부활하였으며, 북부에까지 그 활동 영역을 넓혀갔다.

1924년에는 단원의 숫자가 450만(하워드 진, p. 190)에 이르렀다고 한다. 이들은 흑인뿐만 아니라 자신들의 주장에 반대하는 진보적인 공화당원들에게도 테러를 자행했다. 자유와 평등, 민주의 가치로 나라를 이룩한 미국에서 KKK 같은 단체가 생겨나고 그 단원의 숫자가 450만에 이르렀다는 것은 이해하기 힘든 일이다. 이는 미국의 건국 정신을 정면으로 부정하는 것이며, 그리고 무엇보다도 저들의 선조들이 신앙의 자유를 찾아 신대륙으로 건너온 사람들이기에 더더욱 이해할 수 없는 일이다. 저들의 테러는 천인공노할 사건들이다. 하나님의 진노를 불러오는 일들을 하지 말아야 하는 것이다.

(4) 흑백 갈등

마틴 루터 킹 목사(1929~1968)의 활동은 흑백 갈등을 해소하는 일들이었다. 몽고메리 침례교회에 부임하였을 때 그는 그곳 시영버스의 흑인 차별적인 좌석제에 대하여 비폭력 전술로 보이콧 하였다. 1963년 워싱턴 대행진을 이끌었으며 공민권법, 투표권법의 성립을 촉진했다. 그는 1968년 멤피스에서 암살을 당하고 말았다. 흑백 갈등으로 흉탄에 의해 죽어 갔다. 그만큼 미국 내에서 흑백 갈등은 심각한 문제였다.

(5) 낙태를 용인하다

1970년대 초까지 미국 대부분의 주(State)들은 여성의 생명이 위험한 경우가 아닌 한 낙태를 금지하고 있었다. 제인 로라는 가명을 쓴 여인이 낙태를 금지한 텍사스주 형사법이 개인의 자기 결정권을 침해한다고 대법원에 소송을 하였다. 연방 대법원은 이 소송을 심의하여 1973년 판결하였는데 이 판례가 '로 대 웨이드(Roe vs Wade)'다. 로 대 웨이드 판결은 여성의 성적 결정권을 국가가 간섭할 수 없다고 판결하였다. 이로써 낙태가 허용되었다.

모든 생명은 하나님께서 잉태케 한 것인데, 이는 그 귀중한 생명을 사람이 좌지우지할 수 있게 된 것이다. 이는 하나님의 뜻을 거역하는 일이다.

(6) 동성혼을 인정하다

　미국의 상원에 이어 하원에서도 2022년 12월 8일 '동성혼(同性婚)'을 인정하는 법을 통과시켰다. 민주당 하원의원 전원이 찬성했으며, 공화당의 하원의원 39명이 찬성하고 169명이 반대했다. 조 바이든 대통령이 서명함으로써 이 법이 발효되었다.
　이는 하나님께서 기뻐하시는 법이 아니다.

　"너는 여자와 동침함같이 남자와 동침하지 말라 이는 가증한 일이니라(레위기 18:22)"
　"음욕이 불 일 듯하매 남자가 남자로 더불어 부끄러운 일을 행하여(로마서 1:27)"

　청교도의 나라 미국이 하나님의 말씀을 거역하는 법안을 합법화시키면 어떻게 되는 것인가? 미국이 행하는 것을 보는 세계의 여러 나라 사람들도 미국처럼 동성혼을 따라 행할 사람들이 많아질 것이기 때문에 더욱더 하나님의 진노가 크시다 할 것이다.

미국의 미래

세계 제1의 강대국 미국의 미래는 어떠한 나라가 될 것인가? 하나님은 이 나라를 계속하여 축복의 길로 인도하실 것인지가 궁금하다. 2022년 12월, 필자는 미국의 미래를 진단해 보기로 한다.

(1) 긍정적인 사건들

ⓐ 낙태를 금지하다

2022년 6월 25일 미국 연방 대법원은 '로 대 웨이드(Roe vs Wade)' 판례를 무효화하는 판결을 내렸다. 이로 인하여 미국의 13개 주에서는 법적인 효력이 발생되어 임신 중절을 자동적으로 불법화하였다. 1973년의 '로 대 웨이드' 판례는 여성의 낙태권이 보장받게 되었던 판례다.

그런데 이번에 연방 대법원의 판결은 '로 대 웨이드' 판례를 사실상 폐지했다. 이 판결에 대하여 바이든 대통령은 '슬픈 날'이라 했으며, 영국, 캐나다, 호주, 뉴질랜드 등의 나라에서 총리들이 반대의 입장을 발표하였다.

로마의 교황청은 생명 존중을 말하면서 환영을 발표했다. 이는 지극히 당연한 입장이다. 생명의 주인은 하나님이시다. 성경은 여러 말씀에서 생명을 잉태하게 하시는 분은 하나님이시라고 하신다. 하나님께서 주신 그 귀중한 생명을 사람들이 좌지우지해서는 안 되는 일이다. 하나님의 뜻을 따르는 판결을 함으로써 미국에 대한 긍정적인 징조를 보여준 사건이라 할 수 있다.

ⓑ 대학 입시에서 인종 차별 폐지에 찬성하다

미국 연방 대법원은 2022년 10월 31일 하버드 대학이 입시에서 아시아계 학생들을 부당하게 차별했고, 노스캐롤라이나 대학에서도 흑인과 히스패닉계 학생들을 배려하는 입시제도로 백인과 아시아계를 차별했다며 '공정한 입시를 위한 학생들'이란 시민 단체가 제기한 소송의 변론을 들을 예정이라고 발표했다.

이처럼 대학 입시에서 차별하는 데 대하여 WP와 조지메이슨 대학 정책행정대학원이 미국 성인 1,238명을 대상으로 실시한 설문조사에서 응답자의 63%가 차별을 금지해야 한다는 데에 찬성했다. 이는 인종을 고려하는 입시제도가 수정 헌법 14조 '평등 보호' 조항과 민권법 6장 '차별금지' 조항에 저촉된다며 대법원에 차별적인 입시제도를 폐지해 달라고 요청했다.

이러한 제반의 경향은 미국의 여론이 차별이 없는 입시제도를 바라는 방향으로 나아가고 있음을 시사하고 있다. 이는 더 나아가서 차별이 없는 사회를 바라는 마음이다.

하나님의 뜻과 세계 역사

© GUTS 시대가 온다

미국은 앞으로 2040년경에도 세계의 주도국으로 남을 것이라 한다. 미국 브루킹스 연구소의 브루스 존스와 토마스 라이트 연구원이 2012년과 2022년 9월에도 주장하기를 2040년경에는 GUTS 시대가 온다는 것이다. GUTS(독일, 미국, 터키, S. 코리아)의 시대에도 미국은 여전히 세계의 강대국으로 활동할 것이라 예측하고 있다.

(2) 부정적인 사건들

ⓐ 9·11 테러 사건

21세기 들어서 미국이 겪은 가장 끔찍한 사건이 미국의 중심 뉴욕에서 일어났다. 2011년 9월 11일 09:00~17:20까지 일어난 항공기 납치와 동시다발 자살 테러 사건이다. 이 사건으로 인하여 뉴욕의 110층짜리 세계무역센터(WTC) 쌍둥이 빌딩이 무너지고 워싱턴의 국방부 청사(펜타곤)가 공격을 받은 대참사였다.

이 테러를 일으킨 것은 오사마 빈 라덴과 그가 이끄는 이슬람 근본주의 무장 조직 '알 카에다'였다. 알 카에다는 항공기를 납치하여 세계무역센터 빌딩에 충돌하는 자살 테러를 저지른 것이다. 동시에 펜타곤에도 공격을 가했다. 이 끔찍한 사건으로 인하여 세계무역센터 쌍둥이 빌딩이 무너졌으며. 사망자가 3,000여 명에 이르고 항공기가 추락하고 부상자는 최소 6,000명에서

25,000명에 이르렀다. 또한 이 사건으로 인하여 관련된 실업자가 43만여 명에 달했다.

1차 피해뿐만 아니라 2차 유독가스 등의 피해도 심각했다. 이 무시무시한 테러 사건은 미국인들이 테러 단체 섬멸에 마음을 모으는 계기가 되었다.

그러나 이 사건을 어떻게 해석해야 하는 것인가? 분명한 것은 부정적인 사건이라는 것이다.

ⓑ 총기 사건들

2022년 5월 24일 텍사스주 초등학교에서 '묻지마 총격'으로 어린이 19명을 포함, 21명이 사망했다. 이 끔찍한 사건은 18세의 고등학생이 저질렀다. 이는 총기로 인한 사고다. 미국 전역에서 2022년 5월 24일까지 4명 이상 죽거나 다친 총격 사건이 총 212차례나 일어났다. 이 중 초·중·고교 내에서 발생한 크고 작은 총격 사건이 38차례나 된다. 바이든 대통령은 의회가 총기 규제 입법을 추진해 주기를 바란다고 했다. 이러한 총기 사건들을 어떻게 설명할 수가 있을까? 결코 긍정적인 사건이 아니다. 나라를 어둡게 하는 부정적인 사건임에 틀림이 없다 할 것이다.

ⓒ 코로나19 팬데믹이 일어나다

2019년 말에 일어난 코로나19는 세계를 경악하게 했다. 세계 보건기구(WHO)는 2020년 3월 11일 코로나 팬데믹(대유행)을 선포했다. 미국 워싱턴 대학의 '건강지표평가연구소'의 왕하이둥 박사가 의학저널 「랜싯(Lancet)」에 보고한 바에 의하면 2020년 1월부터 2021년 12월까지 세계 187개국에서 코로나19로 인한 사망자 수 공식집계는 549만 명이다.

그러나 왕하이둥 박사가 초과 사망자 분석을 통해서 추산한 숫자는 1,820만여 명에 달한다고 한다. 2022년 11월에 이르렀으나 아직도 코로나19 엔데믹은 요원한 것 같다.

이러한 세계적인 전염병에 대하여 우리는 무엇을 생각해야 하는가. 먼저 성경의 말씀을 생각하자.

"이 성읍에 사는 자는 칼과 기근과 전염병에 죽으려니와(예레미야 21:9 - Whoever stays in this city will die by the sword, famine or plague)"

성경은 하나님의 심판의 도구로 3가지를 사용하시는데 그것이 칼(전쟁)과 기근(경제 불황), 그리고 전염병이다.

그러므로 우리는 코로나19 팬데믹이 3년을 지나가고 있다는 점을 심각하게 생각해야 한다. 하나님께서 심판의 도구로 코로나19를 사용하시고 있다면 그 엔데믹은 하나님의 손에 달려 있다는 것이다.

필자가 '미국의 미래' 항목에서 코로나19를 등장시키는 데는 이유가 있다. 미국은 현재 세계를 이끌어 가고 있으며, 세계 제1의 강국이기 때문이다. 전 세계가 다 책임이 있지만 미국의 책임이 더 크다는 데 이유가 있다.

✠ 전 세계 기독교의 기도

로마의 교황과 W.C.C.(세계 교회 협의회)의 책임자, 그리고 동방정교회 대표는 세계의 기독교인들을 향해 코로나 엔데믹을 위하여 일정을 잡아서 하나님께 함께 기도하자고 선포해야 한다. 3년이 지나가고 있으나 교황과 W.C.C. 책임자와 정교회 대표는 그 어떠한 제스처도 없다. 마치 자신들과는 아무런 관계가 없는 것처럼 행동하고 있다. 미국은 이들에게도 영향력을 행사하여 하나님께 기도하는 일정을 잡아야 할 것이다.

✠ 미국 대통령의 기도 선포

미국의 대통령이 전 세계 기독교인(카톨릭, 개신교, 동방정교)들과 같이 하나님께 기도하는 날을 정해서 기도하자고 선포하는 것도 방법이다. 따르는 나라와 기독교인들과 더불어 우리 하나님께 간구해야 할 것이다.

ⓓ 우크라이나 전쟁이 일어나다

2022년 2월 24일 러시아의 블라디미르 푸틴 대통령의 명령으로 러시아군이 우크라이나를 침공한 것이다. 이 전쟁으로 인하여 전 세계가 수렁 속으로 빠져들어가고 있다. 전 세계의 경제가 심각한 위기에 처해 있다. 유럽의 가스료가 급등하였고, 물가가 폭등하고, 심각한 식량 위기를 맞고 있다. 2022년 11월에도 전쟁의 포화는 멈추지 않고 있다.

이 전쟁을 멈추게 하실 분도 하나님이시다. 필자가 '미국의 미래' 항목에 이 전쟁을 등장시킨 이유는, 코로나19와 마찬가지의 이유에서다. 미국의 책임이 크기 때문이다. 하나님께서 세계를 향하여 진노하심으로 칼(전쟁)을 심판의 도구로 사용하시고 계신다면 어떻게 해야 할까?

　전 세계가 고통받는 데는 분명히 이유가 있을 것이다. 미국과 전 세계의 기독교 지도자들은 심각하게 생각해야 한다.

(3) 미국은 스스로의 결단으로 하나님의 축복을 이어 갈 수가 있다

　하나님께서는 세계 제1의 강대국 미국에게 '9·11 테러 사건'과 '총기 난동의 사건', 그리고 '코로나19 팬데믹'과 '우크라이나의 전쟁' 등으로 미국에 대한 경고를 주셨다. 이러한 경고를 받은 미국은 하나님의 뜻이 무엇인가를 깊이 숙고해야 한다. 그리하여 하나님께서 기뻐하시는 일을 열심히 해야 한다. 나라 안에서 일어나는, 하나님의 말씀에 대항하는 일들을 하나하나 제거하고 하나님의 뜻을 따르려는 국민들의 마음이 하나가 될 때에 미국은 세계 제1의 국가로서 영광을 이어 갈 수가 있을 것이다. 하나님의 말씀에 충성하는 나라와 백성을 하나님은 사랑하신다.

　"사람이 떡으로만 사는 것이 아니요 하나님의 입으로 나오는 모든 말씀으로 산다(마태복음 4:4)"

중국
中國

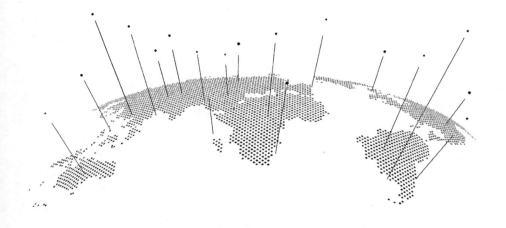

찬송가
107장 '거룩한 밤 복된 이 밤'

성경
그날에 많은 나라가 여호와께 속하여
내 백성이 될것이요
나는 네 가운데 거하리라
네가 만군의 여호와께서
나를 네게 보내신 줄 알리라

(스가랴 2:11)

중국에 대하여

중국은 곧 천하(天下)이며 세계의 중심(中心)이라는 자부심이 대단히 강한 나라이다. 세계 제1의 인구를 자랑하며 영토도 세계 제3위의 나라다. 뿐만 아니라 그 위치가 대륙의 중앙에 위치하고 있어 가히 세계의 중심 국가라 할 만하다. 이 나라는 5,000여 년의 역사 속에서 수십 개의 국가가 흥망을 거듭했던 나라이다.

제2차 세계대전 직후까지도 가부장(家父長)제도를 기반으로 한 반봉건(半封建) 사회였다. 소수의 대지주(大地主)가 광대한 토지를 소유하는, 그리하여 소작농이 경작하는 사회였다. 사회의 빈농, 소작농, 하층 계급의 생활은 비참할 정도로 가난했다. 제2차 세계대전이 종전되고 난 후 장제스의 중화민국 군대와 마오쩌둥의 중화인민공화국 군대가 충돌하여 내전(內戰)에 휩싸였으며, 장제스 군대가 타이완으로 물러감으로써 종전이 되고 마오쩌둥의 군대 중공정권(中共政權)이 오늘의 중국을 지도하고 있다.

1950년 5월 '혼인법'을 공표함으로써 남녀 평등권을 법률로 보호하게 되었으며, 1952년 '토지개혁'으로 가부장제도가 부정되는 변화가 있었다. 덩샤오핑의 '흑묘백묘(黑猫白猫)' 논리로 경제가 발전하여 GDP 규모는 세계 제2위의 나라로 발전했다.

하나님의 뜻과 세계 역사

- 영토: 9,706,961㎢, 세계 3위, 비율 6.5%
- 인구: 14억 2,580만 7,337명, 세계 1위 (2022년 통계)
- GDP: 17조 7,340억 6,265만 달러, 세계 2위 (2021년 한국은행 통계)
- 1인당 GDP: 12,556.33 달러, 세계 51위
- 언어: 중국어
- 행정조직: 23성, 5개 자치구, 4개 직할시, 2개 특별행정구
- 국경: 15,000㎞
- 해안선: 11,000㎞

(1) 고대 역사

중국 역사에서 큰 역할을 한 한족(漢民族)은 5,000여 년 전 황허 강 상·중류의 농경 민족으로 나타나서 나라를 발전시켜 왔으며, 아시아의 고대 인류 '북경원인(北京猿人)'이 발견된 곳도 북경(베이징)이다.

중국사는 3황 5제의 평화 시대를 거쳐서 3대 왕조 하(夏), 은(殷), 주(周) 왕조로 발전하여 왔다. 은허 조사에 의해 밝혀진 은 왕조의 실재는 B.C. 1500년경이었다.

은 왕조는 주 왕조에 의해 멸망을 당하였으며, 그 후 6국의 시대를 거쳐 B.C. 221년 진(秦)의 시황제 때에 통일 국가를 이루었다. 진시황제는 중앙집권적인 군현제도를 실시하여 행정, 군사, 감찰의 3권분립의 체제로 나라를 경영하였으며 북쪽 흉노족의 침략을 막기 위하여 '만리장성'을 축조하였다.

그러나 법률지상주의 실시로 인한 피로감과 만리장성을 축조

하면서 민중을 착취한 후유증으로 진나라는 B.C. 207년에 멸망하고 말았다. 유방(劉邦)이 등장하여 한(漢) 왕조를 열었다.

(2) 중세 역사

한(漢)나라 말기에 황건의 난이 일어나는 등 나라는 어지러웠다. 그 시기에 조조(曹操)의 아들 조비가 위(魏)나라를 세웠으며, 유비(劉備)가 촉한(蜀漢)을 세웠고, 손권이 오(吳)를 건국하여 삼국시대가 되었다. 이 시대가 삼국지에 등장하는 인물들의 시대였다. 이 삼국을 통일한 사람은 위의 신하였던 사마씨(司馬氏)였다. 사마씨는 280년에 나라를 통일하고 서진(西晉)이라 하였다.

4세기 초에 북방의 흉노족이 침입하여 수도를 점령하자 서진은 양쯔강을 건너 난징(南京)으로 수도를 옮겨 갔다. 이를 계기로 강남 지방이 발전하는 계기가 되었다.

ⓐ 수(隋)나라가 천하를 통일하다

수문제는 581년 통일 국가를 이루었다. 수문제의 뒤를 이은 양제는 대운하를 만들어 남북의 교통을 편리하게 했다. 그러나 고구려(Korea)와의 전쟁에서 100만 대군을 동원하여 침략하였지만 패배의 쓴잔을 마시고 말았다. 수양제는 고구려전쟁의 패배와 대운하 건설 등으로 국력을 소비하였다. 그리하여 나라를 세운 지 30년 만인 618년에 이연이 이끄는 군에 의해 멸망을 당했다. 이연은 그 나라의 이름을 당(唐)이라 하였다.

ⓑ 대제국 당나라도 907년에 멸망을 당하다

이연(李淵)은 수나라의 신하였으며 태원유수로서 수나라를 공격하여 당(唐)나라를 세운 사람이다. 그의 나라는 618~907년까지 중국을 통치하였으며 특히 당태종 때는 나라가 부국강병의 나라가 되어 갔다. 그러나 당제국도 290여 년 만에 후주의 주전충에 의하여 멸망을 당하고 만다. 당이 멸망하자 중국에는 후주 등 15개의 나라가 세워졌다.

무장들의 군웅할거 시대였던 이 시대를 5대 10국이라 불렀다. 이 나라들도 50여 년이 지나자 사라지고 말았다. 이때에 등장한 인물이 후주의 장군 조광윤이었다. 그는 장군들의 추대를 받아 황제가 된 사람이며, 그가 세운 나라가 송(宋)나라다.

ⓒ 송나라가 세워지다

후주의 조광윤이 960년 황제가 되고 나라의 이름을 송(宋)이라 했다. 송나라는 학문을 숭상하고 문치주의를 바탕으로 나라를 다스려 갔다. 인재 등용을 위해 과거시험을 치르는 등 문치에 힘을 기울였다. 송나라도 1279년 몽골의 침략을 받아 멸망하기까지 320여 년간 중국 대륙을 지배한 나라였다.

ⓓ 몽골의 지배를 받은 중국

징기스칸의 후예 쿠빌라이 칸은 1266년에 수도를 북경(베이징)

에 정하고 1268년에 남송을 공격하기 시작하였으며 1271년에는 국호를 원(元)이라 칭하였다.

1279년 예산 전투에서 남송을 멸망시키고 중국 전국을 지배하기 시작하였다. 이제 한족인 중국인들이 몽골족의 지배를 받게 된 것이다. 몽골의 지배는 명나라가 등장하기까지 89년간이었다.

ⓔ 명(明)이 건국되다

한족의 주원장이 이끄는 군대가 원을 물리치고 1368년 금릉(난징)을 수도로 하여 명나라를 세운다. 이제 한민족(漢民族)은 자신들의 나라를 세우고 중국을 새롭게 하고자 했다. 그러나 만주족의 나라 청(淸)이 중국 대륙을 지배하는 시대가 도래하고 말았다.

ⓕ 청(淸, Qing)이 중국을 지배하다

만주족의 나라 청은 명나라가 혼란한 틈을 타서 명을 멸망시키고 청나라가 한민족을 지배하는 시대로 만들었다. 이자성이 거느리는 농민 반란군에 의하여 명이 멸망하자(1644년) 청나라 군대가 이자성 군대를 격파하고 베이징에 수도를 정하였다. 이때로부터 청이 멸망한 1912년까지 266여 년의 긴 세월을 한민족(漢民族)은 만주족의 지배하에 살아가야만 했다.

이 청(淸) 말기에 외세 침략의 역사를 보면 다음과 같다.

✠ '아편전쟁'으로 상징되는 유럽 열강의 중국 침략

만주족의 청나라가 중국 대륙을 지배하던 시기는 유럽이 산업혁명으로 나라가 부강해지고 군대가 신식 무기로 변화되어 갔으며 물화(物貨)가 번창해 가던 시기였다. 따라서 유럽의 열강들은 그 눈을 세계로 돌리던 시기였다. 이러한 때에 영국은 인도를 지배하며 광저우를 중심으로 중국과의 무역을 통해 차와 아편 등을 팔면서 그 부를 축적해 갔다.

아편이 중국인들에게 급격하게 확산되었을 때에 중국은 아편의 해로움을 인식하고 그 근절을 위해 1839년 흠차대신 린쩌쉬(임칙서)를 광둥에 파송하여 아편을 몰수해 불태우고 아편 상인들을 추방하기에 이른다. 이러한 과정을 거쳐서 영국은 마침내 자신들의 무역 수익을 위하여 '아편전쟁(1840~1842년)'을 일으킨다. 이 전쟁에서 군함과 대포, 신식 무기로 무장한 영국군이 승리한다. 영국은 중국과 '난징조약(1842년)'을 체결하여 홍콩을 할양받고 광저우, 샤먼, 닝보, 상하이 등 5개 항구를 강제적으로 개항하게 했다.

이로써 중국은 자신들이 원하지도 않았던 전쟁에 휩싸이고 엄청난 피해를 입게 되었다. 뿐만 아니라 영국은 자신들의 더 많은 요구사항을 관철하기 위하여 프랑스와 손잡고 '제2차 아편전쟁(1856~1860)'을 일으킨다. 이 전쟁으로 중국은 영국, 프랑스, 러시아와 '베이징조약'을 체결하고 막대한 피해를 입고 만다.

✠ 관세의 자주권을 잃다

영국은 아편전쟁의 승리로 '난징조약'을 체결하였는데 거기에는 세율을 종가의 5%라는 저율로 하였다. 더욱이 '태평천국의 난'을 계기로 관세의 자주권(自主權)을 잃게(동아 세계대백과사전, 25

권, p. 460) 된다.

그리하여 외국인 세관리(稅官吏)에 의하여 세금이 징수되는 상태였다. 또한 징수되는 돈은 외채의 변제에 우선적으로 충당이 되었다.

✠ 조계(租界)가 설치되었다

유럽 열강의 침략으로 시작된 조계는 외국인들이 자유로이 거주하면서 치외법권을 누릴 수 있는 지역이다. 이는 '불평등조약'이었으며 중국, 조선, 일본에도 있었다. 특히 중국에는 상해, 천진, 칭다오 등에 조계가 설치되었다. 이는 중국이 자신의 나라 안에서도 유럽 열강에게 자주권을 내어주는 치욕적인 조약임을 알 수가 있다. 이처럼 중국은 병들고 약해져 가고 있었다.

(3) 근세 역사

ⓐ 의화단 사건이 일어나다

외세의 침탈 등으로 중국 사회는 혼란의 시기였다. 하층민들의 삶은 너무나 힘들었으며 생활 전반을 위협해 오고 있었다. 그러한 때에 1899년부터 산동에서 '의화단'이 '부청멸양(扶淸滅洋: 청조를 도와 서양 세력을 몰아내자)'을 기치로 내세우면서 대대적인 민중봉기를 시작했다.

서양 세력을 반대하며 기독교인들을 살해하고 교회를 불태우며, 선교사들을 축출하는 운동이었다. 의화단 사건은 일종의 비밀결사대로 운영이 되었다.

ⓑ 신해혁명이 일어나다

　중국은 밖으로는 열강의 침략과 점령, 안으로는 의화단 사건, 5·4운동 등을 겪으면서 급격히 열강의 반식민지화(半植民地化)의 과정을 밟고 있었다. 부(富)의 해외 유출, 자주권의 상실 등으로 나라의 형편이 어려워지고 있을 때에 농민들과 하층민들의 불만은 한층 고조되고 있었다. 이러한 때에 청조는 1911년 5월 민영으로 운영되던 철도를 국유화하는 법령을 발표하자 이에 반대하여 후난, 후베이, 광둥 등지에서 반대운동이 일어났다. '쓰촨 폭동'이 일어나자 이를 진압하기 위해서 청조는 후베이 신군을 동원했고, 10월 10일 우창(武昌)에서 군중들이 봉기하여 전국으로 확산된 '신해혁명'이 일어난 것이다.

　혁명파는 1912년 1월 1일 중화민국 정부를 수립하고 혁명파의 지도자 쑨원(孫文)이 중화민국의 임시 대총통이 되어서 새로운 나라를 세우려 하고 있었다. 청조의 전제군주제가 무너지고 공화제의 중화민국이 탄생하게 된 것이다. 그러나 청조가 무너지고 새로운 나라의 체제가 확립되기도 전에 군벌(軍閥) 세력이 나타나고 말았다. 위안스카이(遠世凱) 장군이 이끄는 군벌이 나라를 장악하고 신해혁명의 공을 가로채어 1912년 3월에 위안스카이가 대총통으로 정식 취임하게 되었으며 북경을 수도로 정했다. 군벌정치가 시작된 것이다.

ⓒ 5·4 운동이 일어나다

1919년 5월 4일 베이징 학생들이 일으킨 애국 항일운동이다. 당시 일본은 21개 항을 중국에 요구하면서 압박을 가해 왔다. 위안스카이가 일본의 자금을 받고 그 대가로 일본이 중국 내에서 군사적 활동과 군사기지 설치 등을 승인하는 데 타협하였다. 이에 대하여 반대운동을 펼친 것이다. 즉, 항일운동이 시발점이 된 것이다. 이 운동은 항일운동에서 반제국주의, 반봉건주의 혁명운동으로 발전하였다. 이 운동은 중국의 신민주주의 혁명의 출발점으로 평가되며, 중국 근대사의 새로운 기원을 여는 사건으로 평가되었다. 북경에서 시작된 이 운동은 상해, 텐진, 난징, 우한으로 파급되었다. 1,000여 명의 학생들이 체포되는 등 박해가 있었지만 새로운 변화의 물결을 되돌릴 수는 없었다.

이 5·4 운동은 1919년 3월 1일에 일어난 코리아의 반일 3·1 독립만세운동에 자극을 받았다고 한다.

ⓓ 청(淸)나라가 멸망하다

1644년 명(明)나라를 멸망시키고 청나라가 세워진 지 266년의 세월이 지난 1912년 드디어 노제국 청나라가 멸망을 하고 만다. 신해혁명의 뜨거운 봉기가 나라를 휩쓸자 청 황제는 북양군벌의 위안스카이 장군에게 진압할 것을 명령하였다. 그러나 위안스카이는 이미 기울어진 청나라를 구하려 하지 않고 자신이 황제가 되려는 꿈을 실현하고자 했다.

위안스카이는 신식 무기로 무장한 군사력을 가진 군벌이었다.

하나님의 뜻과 세계 역사

그는 혁명군이 있는 한구와 함양을 점령하였으나 전국적으로 타오르는 혁명의 불길을 누를 수 없다는 것을 알았다. 또한 혁명군도 신식 군대를 장악하고 있는 위안스카이를 어찌할 수 없어서 양 진영의 타협이 이루어진다. 즉, 청나라를 멸망시키고 '공화국'을 수립한다는 조건이었다. 이에 위안스카이는 황제를 폐위시키고 '중화민국'을 세우며 '대총통'이 되었다. 이로써 266년에 청나라는 멸망을 하고 새로운 공화제의 나라 '중화민국'이 새롭게 출발하게 된 것이다.

ⓒ 쑨원과 장제스가 승리하다

쑨원을 중심으로 신해혁명의 세력들이 1912년 8월에 국민당을 결성했고, 국민당은 1913년 3월에 제1당이 되었다. 그러나 위안스카이가 국민당을 해산시켜 버렸을 뿐만 아니라, 공화제의 나라 대신 자신이 황제가 되고자 하는 정책을 쓴다. 이에 대하여 쑨원 등 신해혁명파 국민당은 위안스카이의 퇴진을 요구하는 등 제2의 신해혁명을 일으켰으며, 광동을 근거지로 하여 무력 통일을 주장하면서 난징에 수도를 정하게 된다. 장제스는 쑨원의 후계자로 국민당을 이끌면서 북벌(北京 政權)을 계획하면서 나라 안의 다양한 세력들을 규합하기에 이른다. 거기에 공산당(共産黨)의 세력도 포함하게 되었다. 장제스(蔣介石)는 북벌을 감행하여 장장림(將作霖)의 군벌을 물리치고 북경을 차지하게 되었다. 장제스는 1928년 중국 전역을 통일하여 난징의 국민정부가 정통의 정부가 되었다. 장제스가 중국을 통일하면서 하나의 중국으로 발전해 가고 있는 듯했다. 여기에 일본의 만주국이라는 괴뢰정부가 등장하여 또다시 중국은 내란에 빠지고 만다.

ⓕ 일본이 중국을 침략해 오다

　일본이 중국을 침략했던 행위는 그 어떠한 이유를 대더라도 그
것은 불법이요, 악한 행위임에 틀림이 없다. 일본은 1868년 '메이
지 유신'으로 서양의 사상, 기술적인 발전, 풍습 등을 받아들여서
근대화에 성공을 하였다. 30여 년의 개혁으로 근대적인 군대를
가진 나라가 되었다. 일본은 조선 반도(코리아)를 지배하기 위하
여 온갖 술수를 행하여 왔다. 이러한 와중에 일본의 코리아 지배
를 반대하던 중국과 러시아가 일본과 전쟁을 하게 된다. 이것이
곧 '청일전쟁'과 '러일전쟁'이다.
　일본은 두 나라와의 전쟁에서 승리하는 전승국가가 되고 만
다. 이를 계기로 하여 일본은 중국을 핍박하고 중국을 침략할 온
갖 술수를 쓰기 시작했다.

✖ 청일전쟁

　1894년 6월부터 1895년 4월까지 치러진 청일(淸日)전쟁은 조
선의 지배권을 놓고 전쟁을 한 것이다. 1894년 조선에서 동학농
민혁명이 일어났다. 이를 진압하기 위하여 조선 조정은 청에 원
군을 요청함으로써 청나라 군사가 조선에 출병을 하였다. 이를
계기로 조선 조정의 원군 요청도 없이 일본은 조선에 출병을 감
행하였다. 이제 조선에서 청일전쟁이 감행되고 있었다. 일본은
평양 전투에서 청을 이기고 황해 전투에서 청국 함대를 격침시킨
다. 이어서 중국 본토를 침략하여 뤼순(旅順), 다롄(大連)을 점령하

였다.

1895년 2월 2일 산둥 반도의 웨이하이웨이에 있던 청국 북양 함대 기지를 공략했다. 3월 랴오둥 반도를 완전 장악하게 된다. 청국 정부는 이홍장을 전권대신으로 하여 일본과 강화회담을 하여서 4월 17일 '시모노세키조약'을 성립시킨다. 이 조약으로 청은 일본에게 4개 항을 양보한다. 그것은 전쟁 배상금과 구미 열강과 동등한 통상상의 특권, 그리고 랴오둥 반도, 대만, 평후 열도 등을 일본에 할양하는 것이었다. 이 조약이 성립되고 6일 후인 4월 23일에 프랑스, 독일, 러시아의 삼국 간섭에 의해 일본은 랴오둥 반도 영유권을 포기한다. 청일전쟁의 결과로 청나라 군사력의 실체가 드러나고, 일본의 군사력이 청에 비교하여 월등하다는 것이 증명된 것이다. 이에 일본은 청나라를 요리할 온갖 계책을 세우고 있던 것이다.

✠ 러일전쟁

러시아도 일본의 조선 반도 지배를 원하지 않았다. 1904년 2월 8일부터 1905년 9월 5일까지 만주 인근 해역과 조선에서 러시아와 일본의 전쟁이 벌어졌다.

러시아는 중국과의 조약으로 여순항과 대련만을 조차하여 주변의 물길을 이용할 수 있었다. 그리하여 러시아는 여순항에 러시아 극동함대를 두고 있었다.

1904년 2월 10일 일본이 러시아에 선전포고를 하였다. 그런데 2월 8일에 일본군은 여순항의 러시아 극동함대를 기습하였고, 2월 9일에는 조선의 제물포항에 정박 중인 러시아 전함 두 척을 공격하였다. 이렇게 시작된 러일전쟁은 우여곡절을 겪으면서 장기전에 돌입하게 되었다. 그 후 미국의 주선으로 1905년 9월 5일

'포츠머스 강화조약'이 성립되면서 종전이 되었다.

✖ 만주사변

1931년 9월 18일 일본군이 선양 부근 류타오후(柳條湖)를 지나던 철로가 폭파되었다. 일본 관동군의 자작극이었지만 일본은 중국의 소행이라 주장하며 1932년 1월 만주 전역에 14,000여 명의 병력을 진주시켰다. 당시 군벌인 장쉐링은 저항하지 않은 채로 점령을 당하고 말았다. 일본은 1932년 3월 만주에 청나라 마지막 황제 푸이를 수반으로 하는 괴뢰정부를 세웠다. 만주사변을 일으킨 목적은 중국 침략을 위한 병참기지를 만들어서 중국을 식민지화하려는 계획의 일환이었다. 이러한 일본의 침략에 대하여 국제연맹은 일본군의 철수를 요구하였다. 그러나 일본은 오히려 리터를 공격하면서 국제연맹에서 탈퇴를 선언하였으며 자신들의 주장을 굽히지 않았다.

⑧ 장제스의 항일전쟁

중일전쟁은 중국이 역사상 가장 사악한 악의 세력인 일본에 대항한 항일전쟁이다. 이 전쟁은 중국의 존엄을 지키며 생존해야만 했던 전쟁일 뿐만 아니라 동서양 연합국의 승리를 위한 전쟁이었다.

『중일전쟁』이란 책을 쓴 래너 미터는 책의 부제를 '역사가 망각한 그들 1937~1945년'이라 했다. 이는 세계의 역사에서 중국 항일전쟁의 중요성이 잊혔던 때가 있었다는 뜻이다.

중국과 일본 간 전쟁의 시작은 1937년 7월 7일 베이징 근처에서 중국군과 일본군 사이에 우연히 벌어진 주거우챠오(蘆溝橋) 사변(事變)이라는 국지적인 분쟁이 일본의 중국 침략 전쟁으로 이어졌다가 1945년 8월에 종전이 된 전쟁이다.

8년간의 이 전쟁으로 중국은 1,500만(소련은 2,000만)여 명 이상이 사망했다고 추정하고, 난민은 8,000만여 명에 달하는 엄청난 피해를 본 전쟁이다. 더욱이 중국은 20세기 초반에 건설된 주요 철도망, 고속도로, 산업시설을 포함하여 중국의 근대적인 시설들이 대부분 파괴되고 말았다. 광저우, 주광의 기반시설 30%, 상해의 52%, 수도 난징의 80%가 파괴되었다.

장제스와 국민당 정부는 모든 힘을 동원하여 항일전쟁을 수행한 것이다. 8년간의 그 험난한 전쟁을 무엇으로 다 설명할 수가 있겠는가? 더욱이 일본군은 근대화된 신식 군대요, 중국군은 일본에 비하면 많이 뒤떨어진 군대였다.

열악한 군사 무기로 중국군이 일본군을 상대하여 8년 동안 치른 전쟁은 참으로 험난한 전쟁이었을 것이다. 더욱이 제2차 세계대전 기간 동안에 중국의 힘으로 근대화된 일본군 80만여 명을 중국 땅에 묶어두었다는 것은 2차대전의 승리에도 큰 기여를 했음이 분명하다 할 것이다.

유럽과 아시아 두 전선에서 동시에 싸워야 했던 연합국의 승리에 중국의 투쟁이 큰 역할을 한 것이다. 그럼에도 불구하고 중국의 항일전쟁이 근세사에서 제대로 평가받지 못했던 것이다.

✤ 난징 대학살

1937년 8월 중순 오후 2시 12대의 일본군 비행기가 중국의 수도 난징(南京)을 폭격하기 시작했다. 이에 대하여 중국의 비행기 10대도 공중전을 펼쳤다. 매일 밤 난징은 폭격을 당했다. 수도의 밤하늘은 불바다를 이루었다. 장제스의 국민당 정부는 10월에 행정부를 충칭으로, 총사령부를 우한으로 이전하는 것을 명했다. 12월 13일 일본군이 난징에 진주해 들어왔다. 그들은 난징에서 2만여 명의 일반인과 3만여 명의 군인을 학살했다. 후일 중국 정부는 30만여 명을 학살했다고 주장했다. 여하튼 승리한 일본군은 약탈, 살인, 강간, 방화 등 무자비한 야만적인 행동에 들어갔다. 매일, 매 시간 여성들이 강간을 당했다는 보고가 들어왔다. 하룻밤에 1,000여 명의 여성과 소녀들이 강간을 당했다고 한다. 진량 대학에서만 100여 명의 소녀가 강간을 당했다고 한다(중일전쟁, p. 162). 실로 일본군은 악마처럼 난징의 사람들을 죽이고 강간을 저질렀다.

✖ 충칭이 공격을 당하다

1939년 5월 3일 12시 45분 일본군의 비행기 36대가 중국의 수도 충칭을 공습했다. 대공포 사격이 진행되고 사이렌 소리는 도시를 공포 속에 몰아넣었다.

14시 35분 사이렌 소리가 멈추고 일본의 폭격기가 사라졌다. 충칭의 모습은 난파선처럼 완전히 망가져 있었다. 다음 날인 5월 4일 17시 17분 27대의 폭격기가 충칭을 폭격하기 시작하여 19시 이후에야 사이렌 소리가 멈추었다.

- 5월 3일: 673명 사망, 1,608채의 가옥이 파괴되었다.
- 5월 4일: 3,318명 사망, 3,803채의 가옥이 파괴되었다.

일본군은 1939년 5월부터 1941년 8월까지 충칭을 218회 공습하면서 소이탄과 세열폭탄을 투하했다. 사망자는 11,885명이었다. 사망자들은 대부분 민간인들이었다.

장제스는 1939년 5월 3일부터 4일까지의 공습에 대해 이렇게

썼다. '가장 참혹한 모습, 끔찍한 광경. 차마 눈 뜨고 볼 수 없었
다. 신(神)이 있다면 왜 우리의 적에게 응당한 대가를 치르게 하
지 않았는가?'

✖ 서구 사회의 평가

서구 사회는 제2차 전쟁에서 중국의 역할을 상당 부분 무시하
고 제대로 평가하지 않았다. 2차 대전에서 서구 사회 자신들의
역할을 중시하고 먼 나라 중국의 항일전쟁을 중요하게 다루지 않
았다. 여기에는 서구와 중국 둘 다 책임이 있다 할 것이다.

✖ 중국 공산당 정부의 평가

1949년부터 중국 공산당 정부는 장제스의 항일전쟁에 대하여
제대로 평가하지 않고 지내왔다. 마오쩌둥의 농민혁명과 혁명의
근거지인 수도 연안을 강조하였다. 실제로 항일전쟁의 중요한
사건들인 충징 대폭격, 영미 동맹, 난징 대학살 등 일본의 전쟁범
죄에 대해 제대로 논의조차 하지 않았다.

1980년대가 되면서 중국은 중일전쟁에 대해 새로운 평가를 하
기 시작한다. 난징에 박물관을 열면서 일본군의 잔혹함을 보이
고 항일전쟁에서 국민당 정부군이 훨씬 더 중요한 역할을 했음을
보여주고 있다.

✖ 장제스 별장에 대한 평가

장제스가 머물렀던 황산의 별장을 제대로 평가하고 있다. 충
칭 대폭격 당시 일기를 쓰던 모습을 고스란히 재현했다. 내부 전
시물들은 항일 지도자로서의 장제스의 역할을 상세히 설명하고
있으며 대부분 긍정적이다(중일전쟁, p. 17).

ⓗ 중일전쟁의 결과물

장제스의 국민당 정부는 8년간의 항일전쟁을 수행하면서 나라의 산업시설물들이 거의 파괴되고 군의 사기도 저하되었으며 힘이 다 빠진 상태였다. 그러한 상태에서 내전이 일어나고 말았다. 소련의 지원을 받은 중국 공산당과의 내전이다. 공산당의 마오쩌둥은 대장정이라는 이동을 통하여서 1935년 10월 산시성에 도착하여 옌안(延安)에 도착하였다. 그들은 첫 이동 때에 80,000여 명의 군인들로 시작했으나 도착했을 때는 7,000여 명이 남았다. 1년여의 대장정에서 엄청난 피해를 입게 된 것이다. 그러나 공산당은 1941~1945년 사이 장제스가 항일전쟁을 하는 동안에 그 세력이 크게 증가하여 100만여 명의 홍군(紅軍: 공산당 군인)으로 일억여 명이 마오쩌둥의 휘하에 있는 큰 세력으로 발전되어 있었다.

1946년 6월부터 재개된 국공내전으로 장제스는 일본군은 물리쳤지만 1949년 공산당에게 나라를 빼앗기고 마는 불운을 겪고 말았다.

✠ 국민당 정부군과 공산당 홍군의 전투

장제스의 국민당 정부군은 1937년 7월부터 1945년 8월까지의 항일전쟁으로 그 힘이 쇠진되어 있었다. 나라의 산업시설은 거의 파괴되었으며 일본군이 제2차 대전의 패배로 철수하였지만 나라는 혼란할 수밖에 없는 상태였다. 1945년 10월 장제스와 마오쩌둥의 정전협정이 체결되었다. 이때는 장제스의 국민당 정부군이 무기 등에서 우세하였다. 그러나 마오쩌둥의 공산당은 지주와 한간(중일전쟁 중 대일 협력자)의 토지를 몰수하여 소농, 빈농들에게 토지(중국 내셔널리즘, 오노데라, 김하림 역, 산지니, 2020년, 부산, p.

201)를 분배해 줌으로써 그들의 지지를 얻게 된다. 이렇게 힘을 기른 마오쩌둥의 중국 공산당으로 인해 1946년 6월에 국공내전이 재개되었다.

마오쩌둥 공산당 홍군의 도전은 장제스로서는 힘에 겨울 수밖에 없었다. 결국은 마오쩌둥의 공산당이 1949년 10월 1일 베이징에서 마오쩌둥을 주석으로 하는 '중화인민공화국'을 건국함으로써 중국 전역을 통제하기 시작한다. 장제스가 1949년 12월 타이완으로 물러감으로써 마오쩌둥의 공산당이 승리를 하게 된 것이다.

❋ 마오쩌둥의 승리 이유

마오쩌둥은 농촌이 혁명의 중심이라고 주장했으며 전쟁에서 자원이 되는 것은 군수물자와 식량만이 아니라 인심(人心)이라고 주장하였다. 그의 이러한 사상을 잘 나타내는 것은 홍군의 규율에서 볼 수가 있다. 마오쩌둥은 홍군이 지켜야 할 3대 규율을 발표했다.

- 반드시 지휘에 따라 행동한다.
- 인민으로부터 실오라기 하나도 얻지 말라.
- 지주로부터 거둬들인 것은 반드시 모두의 것으로 한다.

홍군들이 이동하다가 밤을 지내야 할 경우 공공기관, 절간, 집의 문짝을 풀어서 사용하고 난 후에는 반드시 그 문짝을 달아 주었다. 인민에게 그 어떠한 피해도 주지 않았다.

마오쩌둥의 이 엄격한 규율로 농민들에게 그 어떠한 피해도 주지 않았다. 이러한 홍군의 행동은 인심(人心)을 얻어 가고 있었다. 반면에 국민당의 정부군은 보통 군인들처럼 행동하였던 것이다.

(4) 종교

ⓐ 조상신, 공자묘, 불교, 도교, 회교의 나라

중국의 종교는 조상신(祖上神), 공자묘(孔子廟), 관우묘(關羽廟)의 나라라 할 수 있다. 마을마다 묘(廟: 사당)가 세워져 있으며, 가정마다 집의 한 부분에 조상 신주를 섬기는 곳이 있다. 그러므로 중국은 특정한 종교의 나라라고 보기보다는 조상신을 섬기는 나라라 할 수 있다.

그러나 중국에도 불교, 경교, 회교 등 특정 종교를 섬기는 시대가 있었다.

ⓑ 경교

중국의 경교는 기독교 종파의 하나인 네스토리우스파가 635년 중국(당)에 전래되면서 시작되었다. 당태종 9년에 대진국(로마) 사람 아라본 일행 21명의 선교단이 당나라 수도 장안에 도착을 했다. 당태종은 이 선교단을 환영하기 위하여 관리를 파송하였으며 638년에는 토지를 주고 국비를 들여서 파사사(波斯寺 - 寺: 교회)를 세워주고 경전을 번역하게 했다.

고종은 알로펜에게 '진국대법주'라는 관직을 주고 10개 도와 385개 주에 경교사원(교회)을 세우도록 했다. 경교는 당나라에서 635~845년까지 약 210여 년간 국민들의 호응과 황실의 보호 아래 선교를 활발히 전개하였다. 당숙종 때 '안록산의 난'을 토벌하는 데 큰 공을 세운 사람이 경교 신자인 이사였다. 이사는 대종 시대에 토번(티베트)의 침공을 물리치는 데도 혁혁한 공을 세워서 경교가 권력의 후대를 받았다.

괄목할 일은 경교의 상황을 요약한 '대진경교류행중국비'를 덕종 2년에 건립했다는 것이다. 이처럼 번성하던 경교는 당나라 말기에 쇠퇴기에 접어들다가 845년 조정에서 회창금교(會昌禁敎) 칙서를 발표하여 종교를 탄압하였다. 종교탄압의 이유를 다음과 같이 설명한다. '나라의 경제가 어려운 때에 불교의 사원은 많아지고 재산은 더욱더 커지며, 스님들은 부유한 생활을 한다.' 이때를 기하여 모든 종교를 탄압한다. 불교, 경교, 회교, 조로아스터교 등이 탄압을 받았다. 이때 경교 교회가 파괴되고 토지와 재산을 몰수당했다.

특히 '황소의 난' 때 경교도 30,000여 명이 학살을 당하였다. 200,000여 명이었던 경교도는 종교탄압에 의해 뿔뿔이 흩어지고 말았다. 중국에서도 기독교가 뿌리를 내리고 확산될 수 있는 기회가 사라지고 말았던 것이다.

ⓒ 태평천국의 난

홍수전(洪秀全)은 1850년에 기독교로 개종한 신자였다. 그는 당시 사회의 불안과 생활고에 시달리는 하층민들의 불만을 이용했다. 자신은 예수 그리스도의 동생이며 만주족을 중국에서 몰아내고 태평천국(太平天國)을 세우기 위하여 하늘에서 땅으로 보내졌다고 선전했다. 그리하여 중국은 거대한 내전(內戰)에 휘말리게된다. 1856~1864년 사이에 홍수전이 실질적으로 독립국가를 세

운 것이다. 수도는 난징(南京)으로 정하고 수백만 명의 민중들이
그를 따랐다.

　그는 그의 주장대로 재산과 토지를 재분배하였다. "어디에도
불평등은 없으며 어느 누구도 못 먹거나 못 입지 않는다"라고 유
혹했다. 그는 아편 금지를 단행하는 개혁도 단행했다. 이러한 혹
세무민(惑世誣民)을 선전하여 청나라에 대항하면서 자신의 왕국을
건설하고 있었다. 이러한 때에 기독교 선교사들과 외국인들은
홍수전과의 연합을 보류했다. 이유는 겉으로는 기독교 정권이지
만 실제로는 이단적인 교리(자신이 예수 그리스도의 동생)를 주장하고
있었기 때문이다.

　청조는 '태평천국의 난'을 진압하기 위하여 지방 군벌의 새로
운 군대 양성을 지원하고 그리하여 반란군은 1864년 난징의 마
지막 전투에서 10만여 명이 사망하고 패퇴하게 되었다.

　태평천국의 난은 청나라에 심각한 피해를 주었다. 중앙정부의
권력이 약화되고 지방 군벌의 힘이 강해지는 현상이 일어났으며
그리하여 청(淸)은 점점 약해지는 나라가 되고 있었다.

　이는 또한 중국 정부와 기독교의 만남이 악연이 되는 사례가
되고 말았다.

하나님의 뜻을 따르는 방향의 중국

(1) 중국인의 바다, 해상무역의 중심에 서다

ⓐ 열린 바다, 해상무역의 주도 시대

중국은 광활한 영토의 나라다. 상하이에서 광저우까지 4,000 km의 해안선으로 이어져 있다. 상하이(上海), 장쑤(江蘇), 저쟝(浙江), 푸지엔(福建), 광둥(廣東)에서는 일찍이 바다를 통한 대외무역이 성행하고 있었다. 송(宋)과 원(元)이 지배하던 400여 년에 걸친 기간 동안 아라비아 반도에서 동남아시아를 거쳐 일본까지 연결된 해상무역망의 중심이었다. 유럽인이 바다로 진출하기 이전에 세계 무역시장은 중국을 중심으로 돌아가고 있었다(서경호, 아편전쟁, 일조각, 서울, 2020년, p. 21). 8세기에 광저우, 취엔조우, 원조우 등의 항구에 시박사(市舶司)를 설치하여 입출항 선박의 감독과 관세를 징수하게 했다. 12세기 중반에는 이 지역에서 거두는 관세 수입이 나라의 운영의 중요한 재원이 되었다(아편전쟁, p. 22).

중국의 세계 해상무역 절정기는 15세기였다. 정허(鄭和: 1371~1433) 제독의 남양 원정에서 그 위용을 알 수가 있다 할 것이다. 그는 1405년부터 1433년까지 7차례나 대선단을 이끌고 남중국해와 인도양, 그리고 아프리카 동부 해안까지에 이르렀다. 그 성과로 30여 나라를 조공국으로 편입시켰다. 그가 이끈 선단의 배가 317척으로 이루어졌다고 하니 대단했다. 정허가 이끈 대선단은 당시 세계 최대 규모였으며 선박의 크기도 유럽 선박과 비교되지 않을 정도였다고 한다. 콜럼버스가 신대륙(1492년 8월 3일 스페인 출발)을 발견하기 위해 이끌었던 선박의 크기가 테니스 코트 크기라면 정허 대선단의 선박은 축구장 크기라고 비교했다(아편전쟁, p. 23).

이러한 역사적 기록 등으로 보면 중국은 15세기에 항해술과 선박 건조 능력이 세계에서 가장 앞선 나라였음을 보여주고 있다. 이처럼 중국은 세계의 해상무역을 주도했으며 열린 해상 정책으로 중국과 다른 나라 사람들에게 유익을 주고 있었다.

ⓑ 해금의 시대, 닫힌 바다(against the will of God)

중국은 열린 바다 정책에서 후퇴하기 시작한다. 명나라는 주원장이 1368년 난징에 수도를 열고 세운 나라다. 명의 홍무제는 해상무역을 금지하는 법을 발표하고 만다. 1371년에 해금(海禁)을 선포하고 1374년에는 시박사(市舶司)를 폐지하고 말았다. 해금의 정책에는 선박의 크기(1500년에는 돛대 2개를 넘으면 안 되었다), 민간인의 국외 체재 제한(1년 내에 귀국해야 함) 무기, 유황 등 중요물자 반출 금지 등이다. 이제 중국은 세계를 향한 바다를 닫는 정책을 시행한 것이다. 그러나 이러한 시기에도 정책의 변화는 있었다. 홍무제의 뒤를 이은 영락제가 정허 제독에게 대선단을 이끌고 남양 원정(1405~1433)을 하도록 명했다는 것이다. 1차 남양 원정(1405년 겨울: 영락제 3년)에서 7차 원정(1430년 12월)까지다. 특히 영락제는 1415년 4차 원정에서 정허 제독이 케냐에서 보내온 '기린'이 북경에 도착하자 대단히 기뻐했다. 이는 상서로운 동물이기에 그러했으며 자신의 정치적인 입지를 강화할 수가 있었기에 그러했다.

정허 제독은 7차 남양 원정에서 회항하던 도중 사망하였다. 정허 제독의 사망은 중국의 해양 정책에 아주 나쁜 결과를 가져왔다. 선원들은 해산되었고 조선소는 해체되고 말았다. 이제 명의 조정에서 그 누구도 해양 원정이라는 말을 논의조차 하지 않게 되고 말았다. 뿐만 아니라 중국은 유럽의 나라들을 오랑캐(양이: 洋夷)라 지칭할 정도로 교만함에 빠져 있었다. 이는 중국의 운명과도 깊이 관계가 있음을 알 수가 있다. 이 시기에 유럽은 세계의 바다를 향해 도전하는 시기였으며 신대륙을 탐험하던 시기였다.

그러나 중국은 바다를 향한 문을 닫아버리는 쇄국정책(鎖國政策)을 채택함으로써 세계에서 가장 앞섰던 항해술과 선박 건조의 기술을 정지시키는 결과를 가져온 것이다. 이로 인하여 중국은 세계의 움직임을 제대로 파악하지 못하였고 유럽과의 기술 경쟁에서도 뒤처지게 된 결과를 가져온 것이다. 그 후 신기술에서 뒤처진 중국이 겪은 고난은 험난한 길이었다. 오랑캐라 칭하던 영국에 홍콩을 할양해야 하는 수모를 당하고 만다.

뿐만 아니라 4백여 년 동안 해상무역에서 달콤한 이익을 누렸던 집단들의 반발과 아울러 저들의 밀무역 성행을 불러오고 말았던 것이다. 밀무역이 성행하여 나라의 관세 수입은 사라졌고 밀무역을 막기 위해 엄청난 비용을 부담해야만 했던 것이다.

ⓒ 마카오가 세워지다

　지중해라는 좁은 바다를 벗어나 광대한 아시아 바다에 진출한
유럽인들은 해상무역이 활발해지기를 소망했다. 그러나 중국의
해금 정책으로 말미암아 유럽인들은 중국인들과 밀무역을 할 수
밖에 없는 사정이었다. 그럼에도 불구하고 유럽인들은 끊임없이
배를 항해하여 아시아로 진출하고 있었다. 1533년 광저우로 향
하던 포르투갈 선원과 상인들이 아오먼 섬에 상륙한다. 그들은
배가 난파되었다 하면서 섬의 책임자 왕뽀(汪柏)에게 뇌물을 주고
그 섬에 거주하면서 광저우 상인들과 무역을 할 수 있게 되었다.
왕뽀는 무역 거래에 20%의 관세를 부과하고 자신은 매년 500냥
을 받아 챙겼다.
　10년이 지난 후 섬의 새로운 책임자가 왔을 때에 저들은 전과
같이 뇌물을 바쳤다. 새로운 관리는 그 돈이 세금인 줄로 알고 국
고에 귀속시켰다. 뇌물이 세금으로 변하자 아오먼도 자연스럽게
임대한 땅이 되었다. 이리하여 광저우 당국은 조정의 허락을 받
아서 해당 지현이 관리 감독한다는 조건으로 1557년 아오먼 섬
을 포르투갈인에게 임대를 허가했다(아편전쟁, p. 29). 이렇게 포르
투갈인은 동아시아에서 유럽인 최초의 거류지를 확립하게 된 것
이다. 포르투갈인은 아오먼 섬의 이름을 '마카오'라 바꾸고 해상
무역의 근거지로 삼았다. 마카오는 서서히 유럽풍의 무역항으
로 변모해 갔다. 고아와 나가사키를 잇는 중간 기항지가 되었다.
1580년에는 멕시코-마닐라-나가사키 항로가 개발되었으며 17세
기 초에는 네덜란드 동인도회사가 개척한 바타비아-마닐라-나가
사키 항로에서 마카오가 중요한 기항지가 되었다.
　마카오는 빠르게 변모하고 있었다. 유럽인 수백 명과 인도 출

　　　　　　　　　　　　　　하나님의 뜻과 세계 역사

신 세포이 용병 100여 명, 중국인 거주자, 그리고 동남아시아의 이주민이 함께 사는 국제도시가 되어 갔다. 광저우와 직접적인 거래가 허용되지 않았기에 마카오가 거래 장터가 되었다. 광저우 상인과 유럽 상인이 마카오에서 거래를 성사시켰다. 마카오는 빠르게 변화되어서 국제도시로서 활발한 무역 거점이 되어 갔다.

ⓓ 청의 캉시 황제가 해금을 해제하고 4구 시대를 열다

중국의 해상무역은 1371년 해금 발표 이후로 정부 차원에서 공식적인 해상무역은 이루어지지 않고 있었다. 그러나 이미 해상무역의 이익을 얻은 사람들은 끊임없이 밀무역을 행하고 있었다. 더욱이 유럽의 열강들이 다투어 바다로 진출하던 시기였기에 중국의 밀무역은 성행하고 있었다. 마카오와 광저우의 번창이 주변 항구의 사람들에게 알려지자 밀무역은 더욱더 기승을 부렸다. 조정은 이 모든 것들을 감안하여 1567년에 위에깡(月港)을 무역항으로 지정해 주었다. 위에깡은 개항 초기에 3,000냥이던 관세 수입이 16세기 말에 27,000냥으로 증가했다. 무엇보다도 위에깡은 중국인의 해외 진출에 큰 역할을 했다.

영국 선박이 중국 해역에 처음 나타난 것은 1623년이었다. 존 웨들(John Weddell) 선장은 4척으로 구성된 선단을 이끌고 마카오 외곽에 닻을 내렸다.

마카오 총독의 냉대와 광저우 관리들의 냉대로 인하여 광저우에서의 무역을 허가받지 못한 웨들 선장은 광저우로 들어갈 것을 명령하였고 이로써 충돌이 일어났다. 광저우 산등성이에서 영국

배들을 향해 대포가 날아왔다. 그러나 그 대포는 제대로 기능을 발휘하지 못하는 대포였다. 중국의 무기가 어떠한지 보여 준 사례이기도 하다. 선단도 응사하는 대포를 쏘았다. 당연히 그 대포의 위력이 기능을 발휘했다. 이와 같이 크고 작은 충돌과 밀무역으로 인한 충돌 등이 빈번히 발생하고 있었다. 17세기 중반 중국 동남 해역은 난장판이었다.

이러한 때에 명(明)나라가 망하고 1644년 청(淸)나라가 세워지자 항구의 사람들과 유럽인들은 희망을 가지게 되었다. 유목민인 만주족이 변경무역을 통하여 대대로 물자를 조달해 왔기 때문이다. 그러나 청이 개국한 이래로 40년이 지나서 1684년 캉시(康熙) 황제가 해금 완화를 선포하면서 해상무역을 재개하기로 한 것이다. 1685년 닝뽀, 쏭쟝, 샤먼, 광저우 항구에 무역을 허가하고 절해관, 강해관, 민해관, 월해관을 설치하고 사구통상(四口通商)의 시대를 연 것이다. 이제 해상무역의 문이 4개의 항구를 통해 열린 것이다. 그러나 중국의 해금 정책은 너무나 늦었다. 1371년 해금 선포 후 314년이 지나서야 해금을 해제한 것이다.

'10년이면 강산(江山)이 변한다'라는 코리아의 속담이 있다. 314년이 넘도록 해상무역에서 아무런 정책도 없이 세월이 흘러 갔다. 공적인 조선소는 없어졌다. 그동안에 유럽 열강은 신기술의 발전과 조선공업의 발전, 해상무역의 발전으로 인하여 나라가 부강하게 되어 갔다. 해금 정책이야말로 중국을 병들게 하고 약하게 만들었던 정책 중의 하나였다.

(2) 전족 해방운동

12~20세기 중국에서는 전족(纏足)이라는 무서운 풍습이 유행했다. 이는 10세 이하 소녀의 발을 천으로 꽁꽁 묶어서 성장을 멈추게 하여서 10㎝보다 작은 기형적 발을 만드는 것을 뜻한다. 하나님의 창조물인 사람의 발을 이러한 악습으로 망가뜨리고 있었다. 그 세월이 1,900여 년의 세월이었다. 자그마한 발은 연꽃처럼 아름답다고 여겨졌으며, 전족용 신발을 금련(金蓮)이라 불렀다. 정신 나간 시인들은 작은 발로 위태롭게 걷는 걸음을 연보(蓮步)라 찬양했다.

이러한 전족의 풍습은 19세기 말부터 근절해야 할 악습이 된다. 기독교의 서양 선교사들은 하나님이 주신 발(天足)을 망가뜨리는 전족을 이교도의 악습이라 말하며 계도의 대상으로 삼았다. 덩샤오핑의 개혁·개방으로 촉진된 '문화 붐' 역시 전족한 여성을 낙후의 상징으로 여겼다. 국가는 적극적으로 여성의 '발'에 개입하여 1900~1930년 '방족(放足: 발 해방)'운동을 활발하게 펼쳤다. 1917년 산시성에서는 전족 근절 운동이 시작되어서 검사원들이 가가호호 방문하여 여성들의 발을 검사했다. 15세 이하의 여성은 묶은 발을 풀게 했으며 거부하면 가족이 벌금을 내야만 했다. 또한 남학생들은 전족한 여성들과 결혼하지 않겠다는 캠페인을 벌였다.

전족 해방운동은 발의 해방을 의미하기도 하지만 여성 해방운동이기도 했다. 사람에 의하여 신체의 일부를 망가뜨리는 악습을 타파하는 운동은 남자들에 의해 억눌려 살아야만 했던 여성들에게 새로운 가치관을 주는 여성 해방운동이기도 했다.

(3) 쑨원(孫文)과 삼민주의 운동

신해혁명을 이끈 혁명가이자 중국 국민당 창립자인 쑨원은 외과 의사였다. 그는 신해혁명을 통하여 청(清)나라의 시대를 끝냈으며, 1912년 1월 1일 중화민국의 임시 대총통이 되었다. 그는 중화민국을 건국하면서 내건 정치 강령이자 중화민국 헌법의 근원이 된 삼민주의(三民主義)를 제창했다. 그가 주창한 삼민주의는 민족주의(民族主義), 민권주의(民權主義), 그리고 민생주의(民生主義)다. 민(民)이 주체가 되는 나라를 주창한 것이다. 이제까지의 나라는 전제군주제로서 민(民)은 지배의 대상이었으나 새로운 중화민국에서는 민(民)이 주인이 되는 나라를 말했던 것이다. 이는 쑨원이 미국 하와이, 일본, 유럽 등지에서 꿈꾸어 왔던 나라의 기본 체제였다. 삼민주의는 중국 근대혁명과 건국의 기본 정치 이념으로 그 뿌리를 내리고 있다.

(4) 5·4 운동과 민주주의 운동

1919년 5월 4일 베이징의 대학생들이 주동하여 일으킨 항일운동이다. 현대에도 5월 4일을 '청년절'이라 하여 공휴일로 정하고 있다. 중국 공산당은 5·4 운동을 신민주주의(新民主主義)혁명의 시작이라 평가하고 있으며, 중국 현대사 분기점 중의 하나로 여기고 있다. 이처럼 중국 현대사의 중요한 기점이 된 이 운동은 조선(코리아: 일본 식민지)의 1919년 3·1 항일 만세운동에 자극을 받은 것이다. '이렇게 무기력하게만 있을 수는 없다. 우리도 무엇인가해야 한다'라는 대학생들의 자각으로 시작된 것이다. 베이징에서 시작된 이 운동은 삽시간에 전국적인 운동으로 발전하게 된다. 경찰을 동원한 정부의 무자비한 체포와 구금이 있었으나 학생들은 굴하지 않고 이 운동을 펼쳐 나갔다.

당시 사회적 분위기상 일본에 대한 반항은 최고로 고조되어 있었다. 1918년 11월 11일 제1차 세계대전이 종전되고 당시 독일이 차지하고 있던 조차지 산둥 반도를 중국에 이양해 주리라 기대하고 있었다. 그러나 일본의 농간으로 독일 대신에 일본이 산둥 반도를 차지하게 된다. 이에 중국인들은 분노하고 일본에 대한 항일 사상이 최고조로 높아지고 있었다.

이러한 사회적 분위기와 대학생들의 각성으로 5·4 항일운동이 활활 타오르고 있었던 것이다. 이 운동이 중국인들 사이에서 민주주의에 대한 깨달음이 발전하는 계기가 된 것이다.

3.

하나님의 뜻을 거스르는 방향의 중국

(1) 만리장성과 분서갱유

중국의 진시황제는 6국의 난립 시대를 끝내고 통일 중국을 이루었다. 그는 이제 북쪽 초원지대의 야만족에 대하여 눈을 돌리고 그들의 남하를 막을 준비를 하게 된다. 이것이 바로 B.C. 214년에 축조한 만리장성(萬里長城)이다. B.C. 1500년 무렵에 북쪽 초원지대에 흉노족이 나타났다. 그들은 말 등에 탄 채로 싸울 수 있는 전사들이었다. 중국인이 수적으로는 흉노족에 비하면 50배에 달하였지만 그것은 중국인들에게는 위안이 되지 못했다. 흉노족 전사들은 중국인들을 공포에 떨게 했다. 저들은 약탈 공격을 수시로 감행했다. 그리하여 중국의 지배자들은 흉노족의 지도자에게 온갖 종류의 조공을 바쳐야만 했다(데이비드 프라이, 김지혜 역, 장벽의 문명사, 민음사, 2020년, 서울, p. 86). 이러한 수모를 당한 중국의 지배자들은 북쪽의 공격을 막기 위하여 진시황제 이전에도 장성을 쌓아 올렸다.

그러나 본격적인 장성의 축조는 진시황제 때다. 데이비드 프라이가 저술한 『장벽의 문명사』에서 만리장성에 대한 글의 제목을 '통곡'이라

쓰고 있다. 즉, 만리장성의 축조는 백성들에게는 '통곡'이라는 뜻이다. 강제적으로 부역에 동원된 사람들은 백성들, 죄수들, 유랑민들, 그리고 군인들이었다. 저들은 가혹한 감독자들의 잔혹함에 시달려야만 했으며 목숨을 잃어야만 했다. 시황제는 장성을 축조하는 동안에 낮잠을 자는 노동자가 있다면 즉시로 장성에 묻어 버리라고 명했다. 감독자들의 부패는 극심하여 노동자들에게 전달하라는 182자루의 쌀 중에 한 자루만 노동자들에게 전달되었다고 한다(장벽의 문명사, p. 93).

'장성은 통곡으로 지어졌다'라는 민요가 중국에 전해지고 있고, 이 만리장성의 길이는 1,775~3100km라고 하며 혹자는 10,000km라 한다.

백성들을 강제적으로, 그리고 가혹하게 장성 축조에 동원했던 진시황제는 장성 축조와 아방궁 건립, 진시황릉, 병마용갱이라는 대규모 토목공사를 시행했다. 그는 '분서갱유(전국의 모든 책을 모아 불사르는 사건)'라는 악행을 저질렀다. 그러한 진나라는 시황제가 사망한 뒤 불과 8년 후인 206년에 멸망하고 만다. 장성 축조 등 악행을 저지르면서 힘을 뺀 결과라 아니할 수 없다.

(2) 자금성 건립

자금성은 명(明)의 영락제가 1406~1420년까지 건립하였으며 세계에서 규모가 가장 큰 궁궐이다. 가히 세계의 중심 국가라는 중국에 걸맞는 궁궐이라 할 수 있다. 궁궐의 재료들로 남서부의 고급 녹나무와 베이징 근처의 큰 대리석이 동원되었고 전정의 바닥에는 쑤저우에서 구운 금 벽돌이 사용되었다. 자금성은 중국 고대 건축사에 가장 찬란한 유산이며 건축 기술과 예술의 가장 높은 경지를 대표하는 궁궐 건축물의 집대성이다.

그 규모는 800채의 건물과 9,999개의 방(실제로는 8,707칸)으로 된 궁궐이다. 황제의 옥좌가 있는 '태화전'은 72개의 남목 기둥으로 지탱하고 있으며 황제의 옥좌와 가까운 6개의 기둥들은 모두 금으로 덧씌워져 있다. 태화전의 천장에는 거대한 용(龍)이 조각되어 있고 거대한 여의주를 물고 있다. 옥좌는 용(龍)이 꿈틀대며 승천하는 모습이다. 또한 태화전으로 올라가는 계단 옆으로도 큰 대리석에 용이 꿈틀대고 있다. 용의 모습은 자금성 어디에서나 볼 수가 있다. 전각의 문짝마다 그 문양이 용으로 덮여 있다. 그러니까 문짝마다 용으로 된 장식품이 박혀 있는 것이다. 문짝 하나에도 수십 마리의 용이 박혀 있다. 자금성 안에는 헤아릴 수 없이 무수한 숫자의 용(龍)이 있는 것이다.

그러나 이 궁궐은 건립되기까지 15년의 세월 동안 100만여 명의 백성들이 부역하여서 건립된 궁궐이다. 백성들의 피와 땀으로 이루어진 것이다. 이러한 궁궐을 건축한 영락제 황제는 왕국의 영원함을 바랐을 것이고 용(龍)들이 자신의 왕국을 지켜 줄 것이라 생각했을 것이다. 그러나 백성들의 고혈로 건축한 자금성의 명(明)나라는 자금성 완공 후 224년 만인 1644년 청(淸)에 의하여 그 명맥이 끝나고 만다.

(3) 해금(海禁)의 피해

중국의 해안선 길이는 11,000㎞이다. 상하이에서 광저우까지만 해도 4,000㎞이다. 현대와 같이 하늘의 비행기가 다니기 전에는 바다야말로 해외와 교통하는 통로였다. 특히 중국의 광둥(廣

東), 쨩수(江蘇), 저쟝(浙江), 푸지엔(福建), 상하이(上海)의 사람들은 항구라는 장점을 살려 해외 무역을 발전시키고 있었다.

중국은 송(宋)과 원(元)나라 시대 400여 년 동안 아라비아 반도에서 동남아시아를 거쳐 일본까지 연결된 해상무역망의 중심에 있었다. 유럽인이 바다로 진출하기 이전 세계 무역은 중국을 중심으로 이루어지고 있었다.

그런데 중국은 명(明)나라의 통치가 시작되자 1371년 해금(海禁)을 선포하고 바다를 닫아 버린다. 해상무역을 금지하는 법이 시행된 것이다. 이는 참으로 중국의 앞날에 큰 그림자를 드리우는 정책이었다.

ⓐ 해상무역 금지 진행

세계 해상무역의 선도국가였던 중국은 이제 해상무역의 금지로 인하여 바다를 통한 외국과의 교통이 공식적으로는 중단이 되었으며, 아래와 같은 규제가 생겼다.

- 배의 크기는 돛대 2개를 넘으면 안 된다.
- 민간인이 국외에 체재하는 기간이 1년을 넘을 수 없다.
- 무기, 유황 등 중요물자를 반출할 수 없다.

이러한 규제가 발표됨으로써 이제까지 무역에 종사하던 사람들이 반발한 것은 물론이거니와 저들은 자신들의 살길을 찾아서 밀무역을 성행시키고 말았다.

ⓑ 해금의 영향

- 공식적인 선원이 없어지다.
- 항해술의 발전이 중단되다.
- 조선소가 없어지고 선박 건조의 기술이 중단되다.

　1371년 해금이 실시된 이후 1685년 해금 해제까지의 세월은 세계가 빨리 변화하던 시기였다. 유럽에서는 목재자원의 고갈로 인하여 연료 위기를 극복하기 위한 기술혁명이 진행되었다. 1540~1640년 석탄산업의 발전을 가져오는 등 기술이 급속도로 발전하였으며 농민혁명으로 초기 자본주의가 발전하고 있었다. 이러한 시기에 중국은 바다를 닫아 버리고 외국에 대한 정보도 닫아 버리고 말았던 것이다.
　그 결과로 인하여 중국의 국력은 쇠퇴하고 있었다. 중요한 것은, 중국은 자기 나라의 국력이 쇠퇴하고 있다는 것조차도 모르고 있었다는 점이다.

ⓒ 존 웨들 선장 선단, 중국 대포 포대 제압

　상선인 존 웨들 선장의 선단이 중국 대포 포대를 제압하는 일이 벌어졌다. 1623년 6월 영국의 존 웨들 선장이 4척으로 구성된 선단을 이끌고 마카오 외곽에 닻을 내렸다. 우여곡절 끝에 존 웨들 선장은 무역을 성사시키기 위하여 광저우로 선단을 진입시키는 결단을 내렸다. 이를 저지하기 위하여 중국의 대포가 선단을 향해 날아왔다. 그런데 그 대포는 대포로서의 기능을 발휘하지

못하였다. 일시에 웨들 선장의 선단의 대포가 중국의 대포를 제
압하고 말았다. 이 사건으로 중국의 대포는 무용지물이나 다름
없다는 것이 드러나고 말았다.

중국의 총과 대포는 포르투갈, 네덜란드 상인에게서 가져와 모
방하여 만든 것이었다. 유럽의 총과 비교하면 낙후된 총이었고,
유럽의 대포와 비교하면 그 사정거리가 1/3 정도였으며 파괴력
도 비교가 되지 않았다. 극히 허약한 중국 군사력의 실체가 드러
났다.

ⓓ 유럽식 해군이 없으며 전함도 없다

실제로 중국은 유럽식의 해군이 없었으며 해전(海戰)이라는 개
념도 없었다(아편전쟁, p. 110). 외국 상인들과 문제가 발생하면 협
상으로 해결하고 관리들은 그 문제를 뭉개 버리는 데 힘을 쏟았
다.

그러니까 중국의 무기와 대포 등의 문제를 정부에 보고하고 개
선하려는 의지가 거의 전무하다시피 하였던 것이다.

ⓒ 유럽인들을 오랑캐(洋夷)라 칭하며 천시했다

중국은 사람의 신분을 구별하고 있었다. 사농공상(士農工商)이
라 하여 선비를 중시하고 상인(商人)을 천시했다. 이러한 생각을
외국인에게도 그대로 적용했다. 광저우의 관리들은 유럽의 상인
들과 만나지 않았다. 하급 관리도 마찬가지였다. 저들은 천한 오

랑캐와 상대하지 않겠다는 것이다. 홍상이라 하여 중국인 상인을 내세워서 거래를 하였던 것이다(아편전쟁, p. 98).

또한 외국의 상인들이 중국의 백성을 고용하지 못하게 했다. 즉, 천한 오랑캐가 천조상국의 백성을 고용할 수는 없다는 논리였다. 그러나 이러한 정책은 아무 쓸모가 없었다. 가난한 백성들은 외국인에 고용되어서 생활비를 벌어들일 수가 있었기에 관리들도 모른 척했다. 앞과 뒤가 맞지 않는 정책을 선포하고 있던 것이다.

해금(1685년) 후에도 중국 관리들이 서양 오랑캐와 직접적인 만남을 갖지 않았기에 중국은 서양의 발전에 대하여 그 정보를 제대로 알 수가 없었던 것이다.

ⓕ 중국인의 눈을 멀게 하고 귀를 닫게 하다

해금 정책은 중국인의 눈을 멀게 하고, 귀를 닫게 하고 말았다. 유럽 열강은 그 시기에 엄청난 기술의 발전을 거듭하여 왔는데 중국은 바다의 문을 닫아 버림으로써 유럽의 발전에 대하여 그 정보가 어두워지고 말았던 것이다.

그리하여 무기 체계는 유럽에 비하여 크게 뒤떨어지고, 해군과 전함이 없는 나라가 되고 말았다.

하나님의 뜻과 세계 역사

(4) 공산당의 승리

마오쩌둥이 이끄는 공산당이 1949년 10월 1일 중화인민공화국을 설립함으로써 중국은 소련의 영향하에 있는 공산주의 사회가 되었다. 이는 중국 인민들이 공산주의의 폐해를 고스란히 겪어야만 하는 결과를 가져왔다. 공산주의의 폐해는 이미 세계의 역사 속에서 증명되고 있다. 공산주의 종주국인 소련이 연방을 해체해야만 했고, 이로써 경제적 낙후를 면하기 어려웠다. 코리아의 남한(South Korea)과 북한(North Korea)을 비교해 보면 공산주의의 폐해가 얼마나 큰지 분명하게 드러난다.

- 1961년 South Korea: 일 인당 소득(GNI) 80 US달러
- 1961년 North Korea: 일 인당 소득(GNI) 240 US달러

이는 북한의 소득이 남한보다 3배 많았다는 통계이다.
그러나 60년이 지난 2021년 남한과 북한의 소득 수준에는 엄청난 차이가 있다.

- 2021년 South Korea: 일 인당 소득(GNI) 35,000US달러
- 2021년 North Korea: 일 인당 소득(GNI) 1,200US달러(1,380,000원)

남한이 북한에 비하여 30여 배 소득이 많다는 것이다. 이는 같은 민족인 코리아에서 민주주의와 공산주의의 현격한 차이를 보이는 것이다.
이처럼 중국도 민주주의 사회가 되지 못하고 공산주의 사회가 되면서 공산주의의 폐해를 국민들이 고스란히 감당해야만 하는

불행을 겪은 것이다.

당시로서는 농민, 노동자, 대학생들이 마오쩌둥의 정책을 좋아해서 마오를 지지하였으나 세월이 흐르고 난 다음에 역사의 평가는 냉엄한 결과를 가져왔다는 것을 알게 된다.

오늘날도 포퓰리즘으로 나라의 경제가 크게 어려워진 남미의 여러 나라들이 있다. 우리나라에서도 한때는 국민들이 그러한 유혹에 속았다. 국민 대중이 앞날을 바라보는 혜안이 있어야만 된다는 것을 깨달아야 한다.

(5) 한국전쟁 참전

한국전쟁(Korean war)은 1950년 6월 25일 04시를 기하여 38선 전역에 선전포고 없이 암호명 '폭풍 224'라는 기습으로 침공해 온 침략전쟁이다. 초반에는 북한군이 승승장구하여 낙동강(경상북도 구미)전선까지 밀고 왔다. 그 전쟁이 맥아더 장군의 인천상륙작전으로 역전되어 북한을 거의 다 점령하기 직전이었다. 바로 이때 1950년 10월 19일 100만여 명의 중국군이 압록강을 건너와 참전하게 된 것이다. 중국이 왜 한국전쟁에 참전하였는가. 자기들 나름의 이유가 있었을 것이다. 그러나 분명한 사실은 코리아전쟁에 중국군이 참전을 했다는 사실이다. 이는 코리아의 미래를 결정할 중요한 일에 저들이 끼어든 것이다. 이미 중국은 수없이 외국의 침략을 받아왔던 터이다. 침략을 당한 나라의 국민들이 어떠한 고난을 당하는가를 저들은 너무나 잘 알 것이다. 그런데도 저들은 코리아전쟁에 참전을 했다. 북한이 남한을 침략한 침략전쟁에 발을 담근 것이다.

하나님의 뜻과 세계 역사

이 전쟁으로 인하여 중국은 197,653명의 전사자를 내고 말았다. 그 사망자들을 '열사'라 칭송하지만 젊은이들을 전쟁터로 내몬, 그리고 죽음으로 내몬 마오쩌둥은 중국 군인만이 아니라 코리아 국민들에게 큰 죄악을 저지른 것이다.

(6) 문화대혁명(1966년 5월~1976년 10월)

마오쩌둥은 1958년 대약진 정책의 실패 후에 국가주석직을 사임하게 되었다. 그는 권력을 다시 탈환하기 위하여 '프롤레타리아 문화대혁명'을 일으켜서 전국 학교에 '홍위병'을 조직하고 대자보를 통하여 류사오치와 덩샤오핑등 공산당 내 다수파를 '자본주의의 길을 걷는 실권파'라 비판하는 캠페인을 벌였다. 마오쩌둥의 권위를 방패로 삼은 문화대혁명파는 각 도시에서 주도권을 장악하게 되었다.

급진화된 홍위병은 학교의 문을 닫아 버리고 '부르주아 전문가'로 교사, 교장, 교수를 지정하고 권위적이라 여겨진 지식인과 당 간부를 집회에 끌어내어 신체적, 정신적인 박해를 가했다. 저들은 철저히 부르주아 민족주의 부정, 봉건적 전통문화를 부정(중국 내셔널리즘, p. 222)하였다.

홍위병은 봉건적, 자본주의적이라고 간주된 사물을 철저히 파괴하기 시작한다. 저들은 불파불립(不破不立), 선파후립(先破後立)이라 하면서 파괴하였다. 10여 년의 문화대혁명 기간 동안 4,000년의 중국사와 중국 전통문화 기반이 통째로 무너지고 말았다. 심지어는 공자(孔子)의 무덤까지 파헤쳐 버렸다.

유목민에 대하여 농업으로 전환을 강요하는 등 현지의 사정을 고려하지 않은 정책이 강행되었다. 이러한 정책으로 인하여 중국에서는 경제적 파탄, 자연 파괴까지 초래되었다. 마오쩌둥의 동상이 도시에 세워지고, 마오의 거대한 초상화가 천안문 광장에 걸리고, 마오의 어록이 낭독되었다. 왜 홍위병들은 마오쩌둥에 이토록 열광한 것인가? 그 이유는 마오의 카리스마, 그리고 공산당의 선전과 동원 수법의 교활함이 그리 만들었던 것이다. 문화대혁명으로 중국 경제는 피폐해지고 사회에는 혼란과 부정부패가 만연해져 있었다.

마침내 1976년 마오쩌둥의 사망으로 문화대혁명은 종결되었다. 덩샤오핑의 부활로 새로운 중국 건설을 시작하게 되었다.

(7) 홍콩의 병합

홍콩인들이 자주적으로 홍콩을 이끌어 간다면 홍콩은 아시아에서 상당한 경쟁력을 가졌을 것이다. 홍콩은 금융의 중심지요, 중국과의 무역 중개지였다. 그러므로 그 경쟁력이 대단했다. 그러나 중국 정부의 간섭이 가해지면서 홍콩은 그 자주성을 잃어버리게 되었고 그 경쟁력이 떨어지게 되는 방향으로 가고 있다. 원래 영국이 1997년 7월 1일 홍콩을 중국에 이양하면서 당시 정치, 경제 구조를 유지하는 일국양제의 두 가지 조건 안에서 50년 동안 지키기로 약속받았다. 그리하여 홍콩은 중국의 특별행정구가 되었다.

ⓐ 약속을 지키지 않은 중국

20여 년이 지난 오늘날에 영국은 중국이 약속을 지키지 않고 있다고 주장하고 있으며 데모로 체포되는 홍콩인들이 생겨났다. 이는 중국이 영국과 세계인으로부터 신뢰를 깼다는 것이다. 홍콩을 자주적으로 행정하도록 했더라면 중국은 영국과 세계인들로부터 큰 신뢰를 얻었을 것이다. 약속을 지키는 중국, 대국(大國) 중국의 큰 마음 등 신뢰를 얻었을 것이다.

ⓑ 홍콩인들의 해외 이주

세계 역사에서 그 사회를 이끌던 인재들이 떠나 다른 나라로 이주하는 일은 그 나라에 큰 피해를 입혔다. 영국의 청교도들이 신앙의 자유를 찾아 미국으로 이주했던 사건, 프랑스의 위그노(개신교인)들이 네덜란드 등으로 이주했던 사건, 히틀러의 유대인 압박으로 유대인들이 독일을 떠나 신대륙 등으로 이주했던 사건 등 세계의 역사가 그 의미를 충분하게 증거하고 있다. 홍콩인들의 이주 사건은 중국에 큰 피해를 입히는 결과를 가져올 것이다.

그러므로 홍콩을 홍콩인들이 자주적으로 정치하는 곳으로 두었다면 중국에게 큰 유익을 주는 중국의 홍콩이 되었을 것임이 분명하다 할 것이다.

4.

중국의 미래

중국은 세계의 중심이 될 수 있는 여건을 갖춘 나라이다. 하나님의 축복을 받으면 당연히 세계 제1의 강대국이 될 수가 있다. 필자는 중국의 변화 방향을 제시하고자 한다.

(1) 패권국가 포기

패권국가(覇權國家)를 포기해야 한다. 이미 중국은 약소국으로부터 조공을 받았던 역사가 있다. 안남도호부(베트남) 안동도호부(코리아)를 설치하여 그 영향력을 행사하고자 하였으나 실패했다. 20세기 중국은 서양 열강과 일본에 침략을 당했던 쓰라린 역사가 있다. 그러므로 패권국가를 포기해야 한다,

(2) 국가 규모 축소

나라의 규모를 줄여야 한다. 미국과 일본이 각각 3.3억, 1.2억 정도의 인구를 가지고 있다. 그러나 저들은 세계 최대의 강대

국이 되어 있다. 중국이 10억 넘는 인구를 통제하는 데에 국력을 소모할 필요가 있겠는가? 소련의 고르바쵸프 서기장이 '개혁'과 '개방'으로 동유럽 국가들을 독립시켜 주었듯이 중국도 독립을 원하는 자치구들을 독립시켜 주어야 한다. 신장, 위구르 자치구, 티베트 자치구 등이다. 아울러 홍콩에도 자유를 주면 세계인들이 홍콩을 방문할 것이며, 타이완은 선린 동포국으로 대우하면 좋은 파트너가 될 것이다. 뿐만 아니라 해외 중국인들의 네트워크도 강화될 것이다.

2022년 11월 신장, 위구르 자치구에서 백지 데모가 일어나서 북경, 상해 등으로 확산이 되었다. 자치구들은 언제나 중국에 문제를 제기할 것이다. 그러므로 저들을 독립시켜 줌으로써 세계인의 마음을 얻을 수가 있으며 중국의 미래에도 큰 도움이 될 것이다.

(3) 수도를 옮겨라

북경에는 수십만~수백만 마리의 용(龍)이 있다. 자금성의 곳곳에, 그리고 문마다 용들이 있다. 하나님께서 가장 싫어하는 용(사탄을 상징)이 있는 북경을 하나님께서 축복하시겠는가? 자문해야 한다.

(4) 종교의 자유를 허용하라

하나님께서 가장 기뻐하시는 일을 하라.

(5) 세계의 평화를 위하여 활동하겠다고 선포하라

이미 그러한 일을 중국은 행했다.

- UN 인권위원회에서 러시아 안건에 기권을 행사했다.
- 러시아를 향해 우크라이나 전쟁을 멈추라고 권고했다.

(6) 타이완을 현재의 상태로 두라

타이완은 같은 민족으로서 그 어느 나라보다도 중국에 가까운 이웃이 될 수 있는 나라이다. 타이완인들의 마음을 얻는 정책을 쓴다면 저들은 중국의 발전에 크게 기여할 수 있을 것이다.

(7) 결단력을 갖춘 지도자

위의 일을 실행할 수 있을 만큼 중대한 결단을 할 지도자가 있어야 한다. 이는 중국의 백년대계(百年大計)를 위한 일이다. 마오쩌둥, 덩샤오핑을 능가하는 지도력의 지도자가 할 수 있다.

일본
日本

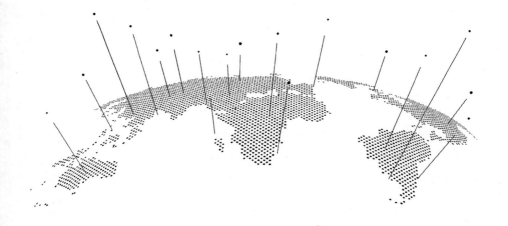

찬송가
350장 '우리들의 싸울 것은'

성경
무슨 일을 하든지
마음을 다하여 주께 하듯 하고
사람에게 하듯 하지 말라

(골로새서 3:23)

I.

일본에 대하여

일본은 4개의 큰 섬으로 구성된 섬나라다. 근세에서는 아시아에서 가장 선진화된 나라다. 해상무역으로 인하여 외국에 대한 정보를 가장 먼저 입수하였으며 그리하여 산업이 발전하였고 부강한 나라로 발돋움했다. 신식 무기로 무장한 현대식 군대를 가진 나라였다.

그러나 일본은 1592년 임진왜란(壬辰倭亂)을 일으켜서 이웃 나라 코리아를 침략했으나 패배하여 퇴진하는 수모를 겪었다. 그러나 침략 근성을 버리지 못하고 마침내 코리아를 압박하여 1910년에 한일합방을 이루었으며, 1931년 만주사변을 일으켜서 중국을 침략했다.

그리고 1941년 12월에는 미국의 하와이 진주만을 기습 침략하는 악랄한 침략행위를 서슴지 않았던 나라이다.

일본의 현재 상황을 살펴보면 아래와 같다.

- 영토: 3,779만 7,400ha, 세계 62위
- 인구: 1억 2,395만 1,692명, 세계 11위(2022년)
- GDP: 1조 7,374억 2,188만 US달러, 세계 3위
- 종교: 신도(神道), 불교, 기독교

일본은 천황을 중시하는 나라다. 천황은 원래 종교 행사를 주관하는 종교인이었다. 실질적으로 정치에 관여하기 시작한 것은 메이지 유신 때부터라 해도 과언이 아니다.

근세에 천황은 나라의 상징이 되었고 천황 중시 사상이 나타났다. 그 나라의 기본이 되는 헌법을 보면 나라가 지향하는 바를 알 수가 있다.

- 미국 수정 헌법 제1조: 의회는 종교를 만들거나 자유로운 종교 활동을 금지하거나 발언의 자유를 저해하거나 출판의 자유, 평화로운 집회의 권리 그리고 정부에 탄원할 수 있는 권리를 제한하는 그 어떠한 법률도 만들 수 없다.
- 일본 헌법 제1조: 천황은 일본국의 상징이며 일본 국민 통합의 상징으로서 그 지위는 주권을 가진 일본 국민의 총의로부터 나온다.
- 일본 헌법 제2조: 황위는 세습되며 국회가 의결한 황실전범(皇室典範)이 정하는 바에 따라 계승한다.

미국 헌법은 국민이 누려야 할 자유(종교, 언론, 출판, 집회)와 정부에 탄원할 권리를 국회가 제한하는 법률을 정할 수 없다는 것이다.

일본의 헌법은 천황이 누구인지, 그리고 그 권리와 천황의 계승권에 대하여 언급하고 있다.

단순히 헌법을 비교함으로써 나라 전체를 평가할 수는 없다. 그러나 분명히 알 수 있는 것은, 미국은 국민을 중시하는 나라이며 일본은 천황을 중시하는 나라라는 것이다.

(1) 고대 역사

ⓐ 조오몽 시대

기원전 1만여 년에 이 나라가 시작되었다고 한다. 그 시대를 '조오몽 시대'라 하는데 수렵과 어업, 식용 식물의 채집으로 생활했다고 한다. 그러나 이 시대는 거의 전설적이라 한다.

ⓑ 야요이 시대

B.C. 3세기경에 코리아에서 도래인이 일본에 정착하여 벼농사를 시작했다. 이때부터 일본 역사는 커다란 전환기를 맞게 되었으며, 금속기를 사용하여 칼을 만들고 무기 외에 동탁(銅鐸) 등 제기를 만들었다. 이때에는 조오몽 시대와는 비교할 수 없을 정도로 생산성이 발전되었다(동아 세계대백과사전, 23권, p. 527). 일본 역사는 야요이 시대로부터 실제적인 역사가 전개되었다.

이러한 일본 역사를 증거할 현대적인 연구들이 나오고 있다.

❉ 일본 문화의 발상지

아시아 대륙은 일본 문화를 특징 짓는 거의 모든 요소의 발상지였으며 B.C. 300에서 A.D. 300년의 시기에 도래인이 중국과 코리아를 거쳐 벼농사를 일본에 전했다(현대 일본의 역사 1, 앤드루 고든, p. 30).

✤ 일본인의 조상은 한국인이다

- 제레드 다이아몬드 교수(미국 UCLA 지리학자)는 일본인의 조상은 한국인이라고 말했다. 그는 B.C. 400여 년경에 일본으로 도래해 온 한국인들이 벼농사를 시작하였다고 했으며 그 도래인들이 일본인의 선조라는 것이다.
- 일본 돗토리 대학의 이노우에 다카오 교수도 B.C. 4~5세기의 일본인 유전자(DNA)가 한국인과 일치한다고 했다.

✤ 일본 천황의 언급

일본의 아키히토 천황이 말하기를, "간무 천황의 생모가 코리아 백제 무령왕의 자손이라고 속일본기에 기록되어 있어 한국과의 인연을 느끼고 있습니다"라고 표현함으로써 일본 천황가의 핏줄에 한국인이 있었음을 증거하고 있다.

© 코리아로부터 한자, 유교, 불교 문화가 전래되다

4세기 말엽에 코리아(백제)로부터 한자(漢字), 유교(儒敎)가 전래되었으며 6세기 중엽에는 백제로부터 불교(佛敎)가 전래되어서 문화 수준이 급격히 향상되었다. 백제의 성왕은 538년 태자상(太子像) 권불기(權佛器) 설불기서권(說佛起書券) 등을 조정에 보냈다.

이는 불교 서적을 일본에 보냄으로써 저들이 불교의 틀을 잡는 데 도움을 준 것이다. 이러한 코리아의 문화 전래는 미개한 수준에 있던 일본 문화를 비약적으로 발전시켜 나가는 계기가 되었다.

ⓓ 1·2차 몽골의 침공

몽골의 쿠빌라이 황제는 1274년 10월 3일 4만여 명의 군사와 300척의 군선을 동원하여 일본을 침공하였다. 쓰시마 섬과 잇카 섬을 점령한 데 이어 하카다에 상륙하였다. 그런데 강력한 폭풍이 몰아쳐서 정박해 있던 군선들이 파괴되고 군사 1/3을 잃은 채 퇴각하고 말았다. 몽골의 1차 일본 침공은 실패로 끝났다.

쿠빌라이 황제는 1281년 다시 일본을 침략하였다. 쓰시마 섬과 잇카 섬을 점령하는 개가를 올렸다. 그러나 8월 1일 태풍이 몰아쳐서 정박한 군선을 잃고는 퇴각하기에 이른다. 몽골의 제1차, 제2차 일본 침공은 태풍으로 인하여 패전하고 말았다.

(2) 중세 역사

ⓐ 군웅할거의 시대

일본은 4개의 큰 섬과 수많은 작은 섬들로 형성된 나라이다. 그러므로 지방의 영주들이 할거하는 나라였다. 1800년대 초에 이르러 인구가 3,000만이 되었으나 그 이전에는 수세기 동안 500만여 명 정도의 나라였다. 규수로부터 아시아 대륙까지는 해상 왕래가 가능할 정도의 가까운 거리에 있다. 일본인은 중국으로부터 계승한 무형의 유산을 자랑스러워하다가도 어느 순간에 언제 그랬냐는 듯 그 영향을 무시하고 독자적인 정체성을 강조하는 언행을 반복해 왔다(현대 일본의 역사 1, p. 24).

하나님의 뜻과 세계 역사

ⓑ 센고쿠(戰國) 시대를 열다

1467~1477년까지 오닌(應仁: 지방 영주들 사이의 분쟁)의 난으로 인하여 794년 이래로 천황의 궁전과 사원, 공경들의 저택이 있었던 수도 교토가 파괴되고 말았다. 이때로부터 천하통일의 시대까지 센고쿠 시대가 된 것이다.

수많은 영주들의 흥망성쇠가 이어지고 그리하여 마침내 1574년 오다 노부나가가 다이묘 지배로부터 독립해 있었던 잇코 종파(불교)의 신도 마을을 정복함으로써 천하통일의 시대를 열고 있었다.

ⓒ 천하통일 시대의 3인

❈ 오다 노부나가(織田信長) 시대

오다 노부나가는 나고야 근처 오와기쿠니의 평범한 영주로 출발하였으나 천하통일을 꿈꾸고 센고쿠(戰國) 시대를 마감하게 한 무장이다. 그는 무력으로 다이묘들을 굴복시켰으며 1574년 잇코 종파를 정복함으로써 그의 시대를 열었다. 1582년 6월에 살해되기 전까지 전 일본의 2/3를 통일한 영주다.

그는 '잔혹하고 비정한 사람'이라는 평을 들었을 정도로 비정한 영주였다. 그러나 그가 시행한 정책들은 후일 도쿠가와 평화시대에서 효과적으로 활용되어 다양한 정책들이 세워졌다.

- 연공(年貢: 연세금)을 납부하는 마을은 자율적으로 운영하도록 했다. 점차 발전하여 연공을 관리하는 관리를 두었다.
- 소규모 다이묘 수천 명을 그 영지에서 쫓아내고 대신에 지교

(知行: 가신에게 봉급으로 토지 지배권을 주다)로 보장을 해 주었다. 지교를 주기 위해서 토지의 질과 생산량, 면적, 소유자등을 체계적으로 조사하게 했다. 이 조사가 근대 정치제도의 기초 (현대 일본의 역사 1, p. 42)가 된 것이다.

- 서양에 문호를 개방했다.

✖ 도요토미 히데요시(豊臣秀吉) 시대

도요토미 히데요시는 하급 무사 출신이었으나 노부나가의 인정을 받아 나가시마 성주가 된다. 그는 정략에 뛰어난 사람이었다. 1582년 노부나가가 교토에서 부하인 아케치 미쓰히데의 모반으로 살해당하자 교토로 진군하여 교토 전투에서 승리하고 미쓰히데 잔당들을 토벌한다. 이후 그는 노부나가의 후계자가 되었으며 1591년까지 전국을 통일하였다. 히데요시는 노부나가가 만든 제도들을 계승하고 1592년 임진왜란을 일으켜 코리아를 침략하였으나 패전하고 비참하게 철수하고 말았다.

그는 노부나가가 라이벌들을 말살하고 가신들에게 영토를 분배하는 정책을 대신하여 영주들과 동맹 관계를 구축하였다. 저항하는 적은 공격하였으나 충성을 맹세하는 자는 동맹 관계를 맺었다. 1598년 사망하면서 5명의 주요 영주들을 세워서 아들 도요토미 히데요리를 보필하도록 하였으나 도쿠가와 이에야스가 반발하여 새로운 시대를 열었다.

임진왜란의 결과는 다음과 같다. 일본은 임진왜란, 정유재란을 통하여 코리아의 기술자들을 대거 납치해 갔다. 도공(陶工), 활자공, 철공, 목공 등 코리아의 인적자원을 강제로 끌어 간 것이다. 이들을 통하여 도자기와 활자 인쇄술, 건축 기술, 철기 제조 등에서 비약적인 발전을 이룩하여 근대화의 기초를 다졌다.

특히 도자기(陶瓷器)가 서양에 대량 수출되어서 많은 자금을 벌어들였다. 이렇게 벌어들인 자본이 바로 일본의 근대화를 촉진하는 밑천이 되었다. 일본은 코리아의 기술자들로 인하여 엄청난 이득을 보았던 것이다.

✠ 도쿠가와 이에야스(德天家康) 시대

도쿠가와 이에야스는 히데요시가 사망하자 그의 가신 미츠나리, 세키가하라를 오사카 전투에서 물리치고 히데요시 가문을 멸족시킨다. 이제 그의 시대가 열린 것이다. 그는 엄격한 지배자였으며 타협에 능하고 참을성이 있는 책략가였다. 원래 그는 도요토미 히데요시와 경쟁자 관계였다. 그러나 그는 참고 기다렸으며 마침내 그의 시대를 연 것이다.

3명의 통일 영주 시대를 지나면서 일본의 정치체제가 막부(幕府: 군사 정권의 지배자)로 귀결이 되었다. 막부의 초대 쇼군(將軍)은 도쿠가와 이에야스였다. 천황이 이에야스에게 쇼군의 직위를 내림으로써 명실공히 일본의 지배자가 된 것이다.

이에야스는 행정조직과 다양한 법령과 제도를 실시하여 가장 안정적인 정치질서를 확립하였다. 그리하여 영지를 확실히 안정적으로 통치할 수가 있었다. 이로부터 일본은 내전이 없는 시대 평화의 시대를 구가하게 되었으며 그 기간이 1600년~1850년대까지이니 무려 250여 년이라는 세월이었다. 그는 1605년 쇼군직에서 사임하고 아들인 도쿠가와 히데타다가 2대 쇼군에 올랐다. 물론 이에야스는 막후에서 오교쇼(上王)로 그 실권을 행사하였으며 1616년에 사망했다.

3대 쇼군 도쿠가와 이에미쓰(德天家光: 1623~1651)는 도쿠가와 독재체제를 확실히 구축하여 그 절정기에 이르렀다. 특히 이예미 쓰는 도쿠가와 가(家)의 신질서를 떠받쳐 줄 일련의 체제를 구축하여 250여 년간 평화의 시대를 열었다.

ⓓ 막부와 지방의 번주(藩主)인 다이묘의 시대

막부는 다이묘(大名)와 주종 관계를 맺었다. 지방의 번이자 영지(領地)를 가진 영주 다이묘들은 막부에 충성을 해야만 했다. 자립된 번의 다이묘들에게 세습을 허용하여 대대로 영지를 지배할 수 있게 해 준 다이묘는 약 180명이었다. 물론 세습되지 않은 다이묘들도 있었다.

ⓔ 도요토미 히데요시와 도쿠가와 이에야스의 해외 정책

히데요시는 1550년대에 일본에 건너온 선교사들이 전도 활동을 통하여 기독교 신자들을 확장해 가는 예수회 선교사들을 적대시했다. 이에야스도 1630년에 모든 서민들을 인근 사찰에 등록하도록 했다. 이는 그리스도교 금지를 철저히 하고자 했던 정책이다. 도쿠가와는 쇄국(鎖國)령을 발표하고 기독교를 전도하는 선교사들을 추방했으며, 선교사의 나라 포르투갈과 스페인과의 교역을 금지하고 배의 정박도 금지했다. 쇄국령의 발표에도 불구하고 외국과의 무역은 행해지고 있었다.

- 네덜란드 상인들은 나가사키항의 인공 섬 데지마(出島)라는

하나님의 뜻과 세계 역사

곳에서 살게 했으며 무역을 하도록 허용했다.

- 규수 남서부 사쓰마번은 류큐국(코리아, 중국, 동남아시아와의 중개 무역을 하던 나라: 1879년 일본이 류큐 왕을 추방하고 오키나와현을 설립하여 류큐국이 멸망함)과의 교역을 허가받았다. 주로 중국 상품을 교역하기 위한 창구였다.

- 쓰시마(對馬島)번이 코리아와의 무역을 담당하게 했으며 코리아 부산에 왜관(倭館)을 설치하여 코리아와의 무역을 원활하게 했다. 1700년경에는 쓰시마번이 일본 본토 가장 큰 번의 연 세수입과 필적할 정도로 수입이 컸다.

도쿠가와 이에야스의 해외 정책은 쇄국정책은 아니었다는 것이 증명이 된 것이다.

(3) 근대 역사

ⓐ 불평등조약의 시대

도쿠가와 가(家) 쇼군의 지배가 계속되는 동안에 일본은 내전(內戰)이 없는 시기가 250년(1600~1850년)이 지나가고 있었다. 그러한 시기에도 서양의 열강들은 일본의 문호 개방을 요구하는 일들이 여러 차례 있어 왔다.

마침내 1853년 미국의 페리 제독이 이끄는 군함 4척이 도쿄만에 나타났다. 그는 일본의 개항을 요구하면서 위협했다. 그가 1854년 6월에 도쿄만에 다시 나타났을 때는 군함 9척을 이끈 대함대였다. 일본은 어쩔 수 없이 '가나가와조약(미일 화친조약)'을 체결하고 사모다(下田)와 하코다테(函館)를 개항하여 미국 선박이 정박할 수 있게 했다. 미국은 1856년 사모다에 영사관을 열고 초대 총영사 타운센드 해리스가 부임했다. 해리스의 역할로 일본은 미국과 '미일 수호통상조약'을 체결하기에 이른다. 이 조약은 중국이 아편전쟁 후에 영국과 맺었던 '난징조약'과 별다를 것이 없는 불평등조약이었다. 그 내용을 보면 다음과 같다.

- 8개 항구를 개항하여 무역을 하게 했다.
- 일본의 관세 자주권과 그 조약에 명시된 항구에 대한 법적 관할권을 양도했다. 무역으로 인한 재화에 대하여 관세를 일본 정부가 자주적으로 변경할 권한이 없다(현대 일본의 역사 1, p. 119).
- 외국인에 치외법권이 적용된다. 일본 국내에서 죄를 지은 외국인은 외국의 법 아래에서 외국인 재판관이 주재하는 영사 재판소에서 판결한다.

미국과 이와 같은 불평등조약을 체결한 후에는 유럽 열강(프랑스, 영국, 네덜란드, 러시아)과도 거의 비슷한 조약을 체결하게 된다.

ⓑ 반(半)식민지 일본

일본이 서양 열강들과 체결한 조약들은 불평등조약이며 이 조약들은 일본을 반(半)식민지적인 위치에 있게 했다. 정치 면에서나 경제 면에서 일본은 외국 정부에 법적으로 종속되었다.

　　　　　　　　　　　하나님의 뜻과 세계 역사

ⓒ 도쿠가와 막부 독재 시대가 끝이 나다

막부의 시대가 250여 년이나 계속되는 동안에 반대 세력들이 자라나고 있었다. 여러 가지 요인으로 인하여 도쿠가와 막부 독재 시대의 끝이 다가오고 있었다.

✤ 외국 통상으로 인하여 일어나는 국내 갈등

미국 등 서방 열강과 맺은 불평등 통상조약으로 인하여 서민들의 경제가 어려움에 빠지게 되었다. 그로 인하여 불만이 팽배해져 갔다. 1866년 생사(生絲) 생산자들의 폭동이 일어난다. 이유는 생사의 수출과 수요가 급증한 결과 생사의 가격이 종래의 3배로 급등을 한 것이다. 또한 염가의 면직물 수입이 증가하여 소비자들은 값싸게 구입할 수가 있었으나 생사 생산자들은 폐업의 위기에 직면하게 되었다. 이러한 불만이 폭동을 일으키게 한 것이다. 또한 도쿄와 오사카에서는 1866년 대규모 식량 폭동이 일어났다.

✤ 반(反)막부파, 반(反)다이묘들

막부는 천황을 중요하게 생각하지 않았다. 권력의 중심인 막부는 도쿄에 있고 천황의 궁궐은 교토에 있었다. 막부는 천황을 방문하지도 않았으며 그저 통과의례 정도의 예우를 하고 있었다. 천황을 업신여기던 막부를 규탄하던 토막파(討幕派)가 생겨나기 시작했으며 그 세력이 점차 강해지고 있었다. 또한 다이묘들 중에서도 막부를 반대하는 세력이 나타나고 있었다. 그중에 사쓰마번(藩)과 조슈번이 있었다. 특히 조슈번은 넉넉한 자금으로 영국인 무역상들로부터 무기와 함정을(현대 일본의 역사 1, p. 133) 사들여 강력한 군비(軍備)를 준비했다. 마침내 막부는 친왕파 세력인 조슈번을 응징하기 위하여 군사를 일으켰다. 막부는 조슈번을 정벌하기 위해 사쓰마번 등에 군사를 지원해 달라고 요청하였으나 응하지 않았다. 결국은 막부의 군사들이 조슈번의 군사들에게 참패하고 말았다. 이로써 막부의 권위는 떨어지고 막부의 명령 체계는 무너지고 있었다.

뿐만 아니라 1866년에는 35회의 도시 폭동이 일어났고 106회의 농민 폭동이 일어났다. 마침내 제15대 쇼군 도쿠가와 요시노부는 1867년 10월까지 쇼군의 지위에서 물러나고 최고 권력과 주권을 천황에게 봉환(奉還)하기로 동의하게 된다.

1868년 4월 막부군 사령관은 토막파와의 협상에서 전투 없이 도쿄 성을 넘겨주었다. 이로써 구체제가 무너지고 새로운 시대 '메이지 천황'의 시대가 도래했다.

✠ 서양에서 배워야 한다

1860년 초에 막부와 번에서 파견되어 유럽과 미국을 방문했던 사절단들이 있었다. 저들 사절단원들은 서양의 발전된 기술과 발전된 제도를 알게 되었다. 서양의 기술과 정치제도가 내포하고 있는 가능성에 대하여 상당한 식견을 갖게 되었던 것이다. 저들은 서양인들을 따라잡기 위해서 먼저 서양인들에게서 배워야 한다고 생각했다. 그래야만 일본이 서양을 넘어설 수가 있다고 생각하게 된 것이다.

(4) 메이지 유신의 시대

왕정복고의 명분으로 쿠데타를 일으켜서 도쿠가와 막부의 시

하나님의 뜻과 세계 역사

대를 끝내고 천황의 시대를 열었던 인물들은 새로운 정치질서를 만들기 시작한다. 이제까지 천황은 실질적인 권력의 중심에 서 본 적이 없었다. 이제 저들은 천황을 어찌 대우해야 할지를 결정 해야만 했다. 그리하여 저들은 천황을 정치질서의 중심에 두기로 하고 1889년 수도를 교토에서 도쿄로 정하였다. 모든 토지와 인민은 천황의 지배에 복종해야 한다는 원칙을 확립하였으며 헌 법에도 천황의 법적, 문화적인 권위를 크게 격상시켰다. 그리하여 천황과 그 일족이 강력한 국민 통합력을 발휘하는 데 기여하게 했다.

ⓐ 메이지 신정부의 개혁

메이지 신정부의 지도자들은 나라를 어떻게 개혁해야 하는가에 관심을 두고 그 개혁의 방향을 잡아가고 있었다.

✠ 메이지 신정부의 지도자들
막부와 조슈번 등은 1863년에 영국으로 유학생들을 파견하였다. 이 유학생들은 영국 박물관과 공장과 산업현장을 시찰하고 난 후 엄청난 충격을 받았다. 압도적인 국력의 차이를 실감할 수가 있었다. 이들이 후일 메이지 신정부의 중요 인사들이 되었다. 이토 히로부미, 이노우에 가오루, 오쿠보 도시미치, 사부가와 에 이이치 등이다. 특히 1871~1873년에는 '이와쿠라' 사절단을 파견하였는데 이들은 수십 명의 사절단으로 18개월 동안 미국과 유럽 각지를 두루 여행했다. 그 사절단에는 이와쿠라 도오미, 이토 히로부미, 오쿠보 도시미치, 기도 다카요시 등이 포함되어 있었다. 이들의 유럽, 미국 체험은 놀라운 일들의 연속이었다. 그 중 기도 다카요시의 일기에 그 놀라움이 표현되어 있다. 그의 일기에는 서양의 건축, 교육, 산업에 대해 "놀랄 만한", "미증유의", "장대한", "절묘한", "참으로 훌륭한" 등 성과에 대한 경탄의 말들이 자주 나오고 있다(현대 일본의 역사 1, p. 159). 이들이 메이지 신정부의 중요 인사가 되어서 일본을 개혁하기에 이른다.

✠ 중앙집권적 관료제도를 확립하고 번(藩)을 폐지하다

일본은 막부와 지방의 번으로 정치체제가 형성되어 있었다. 이제 메이지 신정부는 중앙집권적인 정치형태를 구현하고자 하였다. 1869년 1월부터 저들은 통일된 정치조직체, 즉 국체(國體)의 형성을 위한 움직임을 시작했다. 주요 다이묘들, 사쓰마, 조슈, 도사, 히젠의 번주들을 설득하여 각각의 번령(藩領)을 자발적으로 천황에게 반환하도록 했다. 이러한 움직임을 시발로 하여 군소 번주들이 번령을 천황에게 반환하게 했다. 1871년 7월 천황은 모든 번을 폐지하고 현(縣)으로 한다는 발표를 하였다. 280개의 번이 72개의 부현(府縣)으로 축소되었다. 또한 현지사는 중앙정부에서 임명하였으며, 현지사들도 전의 다이묘들이 아니라 토막파 번 출신의 중층(中層) 무사들이었다.

이러한 개혁은 중앙정부가 세금을 징수하게 되는 변혁도 가져왔다. 바야흐로 메이지 정부의 개혁 드라이브가 성공 가도를 달리고 있었다. 그 개혁도 3년이란 세월 안에 이루어 냈고, 1885년 유럽식 제도인 내각체제를 발족하였으며, 1889년 메이지 헌법을 제정하였다. 이로써 천황의 법적인 지위와 국회, 내각제의 정치체제가 이루어지고 있었다.

✱ 신분제의 폐지

번주인 다이묘는 자신의 번을 유지하기 위하여 무사들을 양성했다. 번의 가신들과 무사들은 사족(士族)의 대우를 받으면서 그 신분을 유지해 왔다. 이제 번이 해체됨으로써 무사 계급의 필요성이 사라졌다. 그리하여 사족의 신분제를 폐지하고 또한 천민의 신분도 폐지하고 보통의 평민으로 하는 대대적인 개혁을 단행했다.

이러한 개혁은 쉬운 일이 아니었다. 구 사족의 반발이 심했으며 그들의 저항으로 10여 년이 걸려 그 개혁이 완수되었다. 이제 사족에게 지급되었던 재정을 다른 용도로 사용할 수가 있게 되었다. 고정화된 신분제도에서 실력 위주의 사회질서로 개편되어 갔다. 이는 일본 사회가 능력 있는 사람들이 앞서갈 수 있는 사회로 변모되어 가고 있었던 것이다.

✱ 징집병의 군대

메이지 신정부는 군제를 철저히 개혁해야 한다고 생각했다. 이미 조슈번의 지도자들은 무사, 농민들의 혼성된 군대가 막부의 군대를 격파하는 것을 경험했다. 그러므로 농민 군인들의 용감성을 확인한 것이었다. 유럽 여행에서 돌아온 야마가타 아리토모는 국민개병(皆兵)이 군사력의 증진과 충성스런 국민을 단련시키는 길임을 확신했다.

1873년 국민의 병역의무를 규정한 '징병령'을 공포하고 3년간 (20세 남성)의 병역과 4년간의 예비군 편입을 의무화했다. 정부는 애국심(기쁘게 병역에 임하도록)에 호소하며 수십 년간 국민 대중에게 애국심을 주입하기에 이른다. 1880년대와 1890년에는 해군력이 증강되었다. 1880년대 중반에 이르면 일본의 군대는 국내의 치안 유지 임무와 해외에서 일본의 의사를 밀어붙일 수 있을 정도로 막강해졌다(현대 일본의 역사 1, p. 154).

✠ 의무교육을 실시하다

다양한 분야에서 개혁을 단행했던 신정부는 교육제도의 개혁을 단행했다. 1872년 '학제 공포'를 통하여 정부는 마을에 불학(不學)의 가구가 없어야 하며 가정에 불학(不學)의 사람이 없기를 기대한다고 하면서 모든 어린이들에게 4년간의 초등교육을 의무화했다. 서양 열강의 힘이 어디에서 나오는 것인가를 연구한 유럽, 미국 사절단원들은 국민교육이 서양의 경제력과 군사력의 근원 중 하나라고 확신하였다.

그리하여 초등학교, 중학교, 복수의 대학교로 이루어진 교육제도를 확립했다. 이 제도가 실시된 이래 최초의 10년간 학령기 아동의 취학률은 25~50%였으나 19세기 말에는 90%, 1905년에는 남아 98%, 여아 93%가 취학하기에 이른다. 이제 국민들은 교육을 받는 길이 천황의 신민으로서 의무를 하는 것으로 받아들였다. 일본은 능력주의에 유리한 사회로 발전되어 가고 있었다. 일본은 그 국민들을 깨우치고 있었던 것이다.

ⓑ 부국강병의 나라로

서양의 사절단으로 다녀왔던 정부의 지도층은 유럽 부국강병의 에너지가 어디에서 나오는가를 알았다. 유럽의 산업혁명으로 인한 제조업과 무역이 군함 및 대포와 함께 유럽 제국의 국력을 뒷받침하는 중요한 원천으로 보았다.

경제력이 곧 군사력을 지탱하는 기반이었다. 그러므로 일본의

하나님의 뜻과 세계 역사

신정부가 추구해야 할 목표는 부국강병(富國强兵)이 되었다. 이러한 목표를 이루기 위하여 다양한 분야에서 개혁을 단행했다.

✠ 사회 기반시설

항만 건설을 준설하고 등대를 설치하여 연안 운송의 항로를 정비했다. 1869년 전신용 회선을 부설했다. 1871년 영국의 우편제도를 본떠 우편제도를 발족했다. 1880년 중반에는 유럽을 본떠 중앙은행을 설립하고 엔(円)화를 전국 공통의 통화제도로 확립했다. 1870년대 정부는 조선소, 탄광, 구리광산, 포병공장, 군수공장, 방적공장, 제사공장, 유리공장, 맥주공장 등 20여개 이상의 대규모 공장을 운영했다.

1872년 도쿄와 요코하마를 연결하는 철도를 개통하였으며 계속 발전시켜 1890년에 일본 철도의 총 길이는 2,250㎞에 이르렀다. 철마의 등장은 엄청난 경제적, 문화적 파급효과를 가져왔다. 정부는 시계를 보급하여서 30분 단위의 셈에서 1분 단위의 셈을 하게 했다. 또한 정부는 1870년대에 20여 나라에서 수천 명의 외국인을 고용했다. 저들로부터 상세한 기술을 배우게 된다. 메이지 정부의 지도자들이 단시간 안에 눈부신 개혁의 성과를 이루어 부국강병의 나라로 발전시켜 가고 있었다.

✠ 서양을 모델로 삼다

일본은 유럽과 미국을 모델로 하여 단기간 안에 눈부신 개혁을 이루어서 나라를 부국강병의 나라로 발전시켜 나갔다. 청일전쟁 후에 전승국 일본에 대한 평가가 놀랍다. 일본이 단기간에 글로벌 강국으로 부상한 것에 깜짝 놀란 전형적인 반응으로 1895년 4월에 런던「더 타임스」에 실린 찰스 베르즈퍼드 경의 말을 들을 수가 있다.

"다양한 단계의 통치를 체험하는 데 영국은 800년, 로마는 약 600년이 필요했지만 일본은 그것을 40년 만에 해치워 버렸다. 나는 일본에 불가능한 일이 있다고는 생각할 수 없다."

이러한 발언을 보면 일본이 아주 짧은 기간 안에 놀라울 정도의 발전을 거듭했다는 것을 알 수가 있다.

✠ 동양 3국 비교

필자는 일본의 근대화 과정을 읽으면서 그때에 코리아와 중국은 무엇을 하고 있었는가에 관심을 갖게 된다. 아래의 표를 통하여 비교해 보자.

	일본	중국	코리아
해외문호개방	△ 1858년 미국과 통상조약을 체결 △ 8개 항구 개방, 관세 자주권 포기 (불평등조약)	△ 1839년 아편전쟁 시작 △ 1842년 난징조약 체결 (홍콩 할양, 5개항구 개항, 관세 주권 포기, 치외법권 인정, 불평등조약)	△ 1858년 철종 9년 쇄국 상태 △ 1863~1873년 대원군(고종 1년)의 세도정치 (쇄국 정치)
정치제도	△ 1868년 메이지 신정부 지도자들에 의한 개혁을 단행 △ 서양을 극복하기 위해 서양을 배워야 한다는 정신으로 서양 기술과 정치제도를 배움	△ 1911년 신해혁명으로 청나라 멸망 △ 1912년 중화민국탄생, 근대화운동 시작	△ 1910년 8월 29일 한일합방, 일본의 식민지 지배 시작
군대조직	△ 1865년 서양식 군대조직으로 개편 시작 △ 영국 무역상으로부터 무기와 함정을 구입 △ 1873년 징집제 실시 (20세 남자 3년 병역의무, 4년 예비군 편입) △ 서양식 신식 군대로 재편	△ 1886년 8월 북양함대 일본 나가사키항에 입항 △ 중국은 신식 무기로 무장	△ 구식 군대

의 무 교 육	△ 1872년 교육제도 확립 △ 남녀 초등교육 4년 의무교육 △ 중학교 및 다수의 대학교 △ 19세기 말 아동의 취학률 90% △ 1905년 남아 취학률 98%, 여아 93%	△ 없음	△ 없음 △ 남녀 차별 △ 여성 교육 불가
신 분 제 도	△ 1876년 화족, 사족제도를 폐지 △ 천민 폐지, 국민으로서 신 분 차별 없는 사회로 능력 위 주의 사회질서로 개편	△ 사농공상 (士農工商)의 신분 차별 사회	△ 사농공상 (士農工商)의 신분 차별 사회

위 표는 동양 3국 중 급변하는 세계질서를 따랐던 일본과, 외면했던 중국과 코리아의 실체를 실로 적나라하게 보여주고 있다 할 것이다.

(5) 제1차 세계대전 전후 일본의 경제

ⓐ 1차 대전 기간의 활황

제1차 세계대전은 신흥 공업국 일본으로서는 큰 기회를 잡은 것이었다. 1914~1918년 사이 유럽은 전쟁 수행에 온 힘을 기울이고 있었으므로 무역 등에는 힘을 쓸 여력이 없었다. 이 기간에 일본은 공업 생산이 14억 엔에서 68억 엔으로 늘어났다. 수출 증가가 뚜렷해졌으며 면직물 수출이 185%나 증가하는 등 호황기가 찾아왔다. 공업부문의 고용 증가로 인하여 인력이 부족한 상태였다. 이로 인하여 임금이 급하게 상승하고 말았다(현대 일본의 역사 1, p. 300).

물가 상승률이 높아져서 최악의 인플레이션 현상도 나타났다. 1914~1920년 사이 쌀 소매 가격이 174%, 전반적인 도매 물가가 150%나 뛰었다. 벼락부자(나리킨)가 된 사람들도 많아졌으며, 화이트칼라 종업원들이 보너스를 400%나 받았다. 그러나 인플레이션이 극심하여 임금 상승률이 따라가지 못하는 현상이었다.

ⓑ 1920년 4월, 불황이 덮치다

1920년 4월에 호경기가 막을 내리고 불황이 덮쳤다. 주가가 크게 폭락하고 주요 수출품이던 생사 가격이 폭락을 하였다. 생산액이 1년 만에 40%나 감소하고 말았으며 대기업은 수천 명씩 노동자들을 감원하기에 이른다. 제1차 세계대전이 종전되고 유럽 국가들의 공업 생산량이 증가하여 일본 제품이 가격 경쟁력을 잃어버린 것이다. 유럽의 제품들이 다시 일본으로 돌아오고 있었다. 일본은 1920년부터 계속되는 불황의 늪을 헤어나지 못하고 있었다.

ⓒ 1923년 간토 대지진

1923년 9월 1일 간토 대지진이 수도 도쿄와 그 주변을 초토화

하나님의 뜻과 세계 역사

시켰다. 지진이 공교롭게도 점심때에 일어났다. 사람들은 점심 준비를 하느라 화로나 가스 풍로에 불을 지펴놓은 상태였다. 갑작스런 지진으로 인하여 주택 밀집 지역에서 목조건물들이 무너지고 파괴되고 화로가 뒤집히고 화재가 일어나서 아수라장이 되고 말았다. 도쿄 시가지는 폐허로 변하고 말았다. 도쿄 주택의 3/4인 57만 호가 무너지고 파괴되었다. 수십만여 명이 죽거나 행방불명자가 되었다.

일본 경제는 사실상 마비 상태가 되고 만 것이다. 다행히도 지진 후 경제가 회복되는 징조가 나타나고 있었다.

ⓓ 대규모 금융공황

1927년에는 일본의 금융제도가 이전부터 안고 있었던 약점들이 곪아 터져 대규모 금융공황이 일어나고 말았다. 이로 인하여 일본의 은행은 약 50%가 문을 닫고 말았다.

(6) 경제 회복

1929년 10월 뉴욕의 주가 대폭락은 세계 경제와 일본 경제에도 그 파급력이 컸다. 이러한 때에 일본의 경제 정책은 변화되었는데 첫째가 통화공급의 긴축과 정부 지출의 삭감이며, 둘째가 고정환율제 채택이었다. 그동안 만주 침략의 해외 사건이 일어났으며 국내 경제에 극적인 변화가 일어났다.

1931~1934년까지 공업 생산은 82%의 신장을 보였고, 일본 경

제는 서양 열강의 나라들보다 빨리 공황에서 벗어났다. 일본의 수출도 1930~1936년까지 두 배가 증가되었다. 수출 품목들도 다양화되어 면제품을 비롯하여 완구, 타이어, 자전거, 전기제품 등이었다. 1938년에 이르면 노동력 부족의 상태가 되었으며 임금도 크게 상승했다.

경제 도약의 원인은 두 가지였다. 첫째는 일본 엔화의 가치를 대폭 하락하게 했다. 1931년 말에 1달러=2円이던 환율이 1년 후에는 1달러=5円으로 변했다. 이로 인하여 수출 증가가 이루어졌다. 둘째는 영국의 경제학자 케인스의 이론을 일본이 4년 앞서 실행했다는(현대 일본의 역사 2, p, 432)것이다. 즉, 공채 발행에 의한 적자 지출이 침체된 경제를 재활성화하는 데 기여한다는 것이다.

이때 군사 예산이 3/4이나 되었다. 중앙정부의 재정 지출에서 군사 예산이 1930년 1/3이었던 것이 1937년 3/4이 되는 놀라운 일이 일어났다. 결국은 일본의 경제 회복이 군사력을 크게 키우는 계기가 되었으며 이는 곧 일본을 파국 속으로 빠뜨리는 침략 전쟁을 일으키게 되었다는 사실이다.

(7) 전후(戰後)의 일본 경제

1945년 8월 15일 일본 천황의 무조건 항복으로 전쟁은 끝이 났다. 일본의 전후 경제는 바닥이었다. 1950년 일본의 GNP는 110억 달러였으나 1951년의 GNP는 142억 달러로 발전했다. 이때만 해도 미국의 GNP 3,284억 달러, 서독 285억 달러, 프랑스 351억 달러, 영국 414억 달러와는 비교가 안 될 정도였다. 미국과 비교하면 약 1/23 정도였다. 그러한 일본의 GNP가 1955년에

하나님의 뜻과 세계 역사

는 227억 달러로 발전한다. 이때 미국 GNP는 3,980억 달러였다
(현대 일본의 역사 2, p. 538).

　일본의 경제가 이토록 빠르게 회복될 수 있었던 이유는 한국
전쟁(Korean War: 1950년 6월~1953년 7월)의 특수 때문이었다. 일본 경
제의 회복은 한국전쟁이라는 특수가 일어났기 때문에 가능했다.
그 후 일본 경제는 '기적의 경제성장'이라 할 정도로 급속히 발전
을 거듭하였다. 그리하여 1980년 일본의 GNP(10,401억 달러)는 미
국의 GNP(26,331억 달러)에 근접하게 된다. 1951년 1/23이었던 일
본의 경제가 1980년에는 약 1/2.5이 되었으니 이는 기적의 경제
성장이라 할 수가 있다. 1980년에는 서독, 프랑스, 영국의 GNP
를 앞질렀다. 이렇게도 일본의 경제성장에 기적이 일어났던 데
는 한국전쟁이 결정적인 기여를 했음이 분명하다 할 것이다.

(8) 잃어버린 10년

　일본의 경제가 전후 기적을 이루어 왔으며 1990~1991년에는
4%의 경제성장을 이루었다. 이때 미국 등 서방의 국가들이 일본
을 견제하기 시작했으며 일본 국내에서도 기준금리를 내리기 시
작하여 1995년에는 1%에 이르게 되었다. 이제 일본의 경제는 침
체기에 들어섰다. 1992년에는 GNP가 1% 성장했으며 93년에는
거의 0% 성장이었다. 1998년에는 2% 하락했고 1999년에는 0%
성장이었다.

　외국인 관찰자들은 일본을 '썩어 가는 시스템'으로 묘사했고
미국의 「뉴스위크」는 일본의 극심한 경기침체기 1990년대를 '잃
어버린 10년'이라 표현했다.

왜 일본이 이러한 경제 침체기를 당하는 것일까? 그 이유는 무엇일까? 하나님께서는 일본에게 경제의 기적이라는 기회를 주었으나 그 기회를 하나님의 뜻을 실현하는 데 사용하지 아니하였기 때문이다. 코리아전쟁으로 인하여 경제 회복의 전기를 마련했던 일본이 언제 코리아의 전후 복구를 위해 물질적으로 지원한 적이 있었던가?

독일처럼 처절한 회개를 하지 않았으며, 침략한 나라들에 전쟁 보상을 하지 않았기 때문이 아닐까? 필자는 생각한다.

(9) 종교

일본은 신도, 불교, 도교, 기독교를 믿고 있다. 일본의 전통적인 종교를 신도(神道)라 한다. 이 신도는 일본 민족의 고유한 신령에 관련된 신념을 기반으로 하여 발생한 종교를 총칭하는 말이다. 신과 관련된 신념이 생활 속에 널리 전승되어 온 사고방식까지 포함한다고 설명하고 있다. 일본인은 모든 사물에 신(神)이 있다고 생각한다.

그러한 신념이 야스쿠니(靖國) 신사에 잘 나타나 있다. 1853년에서 1945년 사이 천황을 위해 죽은 자만이 이 야스쿠니 신사에 합사되었다. 합사란 명부에 신(神)으로 이름을 올리는 것을 말한다. 그 숫자는 2,466,000명으로 하나의 영혼이 신(神)이 되었다는 것이다. 즉, 야스쿠니 신사에 합사되는 사람은 신이(이영채, 한홍구 저, 한일 우익 근대사 완전 정복, p. 56) 되는 것이다. 한마디로 사람이 신이 되는 것이다. 어떻게 사람이 신이 될 수가 있다는 말인가? 일본은 그리 만들고 있다는 것이다. 21세기를 살아가는 현대인에게는 참 신기한 일본인의 사고방식이다.

ⓐ 일본과 기독교의 만남

1549년 포르투갈의 예수회 선교사 프란시스코 하비엘이 규수 남단 가고시마에 도착하여 다이묘의 허가를 받아서 포교 활동을 시작했다. 그는 불교의 방해로 야마구치(山口)로 옮겨 교회를 세우고 활발히 전도하였다. 1582년 예수회 보고에 의하면 200여 개의 교회가 세워지고 57명의 선교사의 활동으로 150,000여 명의 신자들이 생겨났다고 했다.

영주들은 무역 확대를 통하여 부(富)를 누리려는 의도로 기독교를 수용하였으며, 서구의 문명과 지식의 전파에 대해 지배층에서는 호감을 가지기도 했다. 기독교는 자유스럽게 전도를 할 수 있는 시기가 있었던 것이다.

그러나 일본의 정치 상황상 전국 시대가 끝이 나고 통일 시대가 도래했으며 도요토미 히데요시는 1587년 이래로 국민들이 기독교화하는 것을 반대하여 기독교를 박해하기 시작했다. 그의 뒤를 이은 도쿠가와 이에야스도 해금과 외국과의 무역도 금지하는 쇄국정책(鎖國定策)을 쓰기 시작했다. 1614년 카톨릭 성직자 70명을 마카오와 마닐라로 향하는 중국의 정크선에 태워 추방할 것을 명했다.

1629년에는 5명의 수도자를 체포하여 뜨거운 물로 고문을 하였으며 하루에도 60~70명의 신자들이 배교와 개종의 압박을 받으면서 희생되어 갔다.

ⓑ 카톨릭 신자들의 저항이 일어나다

그러다가 마침내 1638년 1월 시마하라(島原)을 중심으로 하여 카톨릭 신자 35,000여 명이 막부에 저항하는 사건이 일어났다. 막부군과 악전고투 끝에 남녀노소를 막론하고 모두 학살을 당하였다(침묵, 엔도 슈사쿠, p. 16). 이는 일본의 기독교 역사에 너무나 큰 희생이었다.

이 시마하라 내전으로 인하여 막부는 포르투갈과 통상, 교역을 완전히 단절시켰으며 모든 포르투갈 선박의 도항을 금지했다. 또한 기독교에 대한 박해는 더욱더 심해졌다.

ⓒ 배교를 강요당하다

체포당한 신부와 수도사들은 온갖 고문으로 끈질긴 배교의 압박을 당하였다, 순교를 택한 신부도 있었고, 배교를 선택한 신부도 있었다.

포르투갈의 신부 페레이라 크리스트반은 배교하여 일본인 아내와 자녀를 두고 살았다. 그는 배교한 후에 천문학과 의학 서적을 번안하여(침묵, p. 188) 봉사하였다.

여하튼 일본은 기독교 지도자들을 통하여 서구의 발전된 천문학과 의학 서적을 접할 수가 있었던 것이다.

하나님의 뜻과 세계 역사

ⓓ 신앙 자유 허용

헌법은 '일본 신민의 안녕질서를 방해하지 않고 신민의 의무를
저버리지 않은 한 신앙의 자유를 갖는다'라고 신앙의 자유를 허
용했다. 1870년대에 카톨릭, 그리스도교, 러시아정교회 등 여러
종파의 선교사들이 일본으로 돌아왔다.

우리가 관심을 가져야 할 것은, 1%에도 미치지 못하는 그리스
도교인들이 일본의 문화와 정치에서 큰 역할을 했다는 것이다.
19세기 말부터 20세기 초에 걸쳐 그리스도교 활동가들은 사회주
의와 노동운동을 비롯하여 다양한 사회개혁운동의 지도자가 되
었다(현대 일본의 역사 1, p. 239).

2.

하나님의 뜻을 따르는 방향의 일본

(1) 미국 페리 총독의 개항 강요와 일본인 만지로의 공로

1853년 페리(Comodore Mattew Perry) 제독은 미국의 흑선을 이끌고 도쿄만에 들어와서 미국을 대표하여 개항을 강요했다. 당시 미국의 대포는 사거리가 8,000m이고 일본 대포의 사거리는 2,000m였다. 1854년 결국 일본의 막부 정권은 미일 화친조약을 체결함으로써 개항을 하게 된다. 이때 미국에 대한 정보가 없었던 일본 대표는 만지로(萬次郎)를 통하여 정보를 얻게 된다. 만지로를 협상장 옆방에 있게 하고 미국인들의 말을 듣고 정보를 알려 주는 역할을 하게 한 것이다.

이 만지로라는 사람이 일본에 엄청난 정보를 제공한 사람이다. 만지로는 1841년 14세 때에 어선을 타고 고기를 잡았는데 그의 배가 난파를 당했다. 그는 미국의 포경선 존 하울랜드호에 구조되어 1여 년간 그 배를 타고 세계를 일주하게 된다. 당시 일본은 쇄국정책을 쓰던 때라 일본에 돌아갈 수가 없었던 만지로는 미국에서 10여 년을 지내면서 영어를 익히고 미국의 선진 기술 등을 익혔다.

그가 10여 년 만에 일본에 돌아와서 서구에 대하여 말하기 시작했다. 그의 고향의 야마우치 다이묘가 개혁 지향적인 인물이어서 만지로를 대우하고 영어를 가르치도록 했다. 이러한 때에 미국의 페리 제독이 도쿄만에 온 것이다. 미국에 대한 정보를 가지고 있었던 만지로는 미국과의 협상장에서 유리한 정보를 제공하는 인물이 되었던 것이다. 이후 만지로는 쇼군에게 그 공로를 인정받아서 귀족이 되고 일본의 엘리트들에게 영어와 미국에 대하여 가르치는 사람이 되었다.

우연히 어부 만지로가 미국의 포경선에 구조되어서 미국에서 10여 년을 지내면서 보고 듣고 배웠던 정보가 일본에게 유익한 정보를 제공하게 되고, 일본이 개항하는 데 큰 역할을 하였던 것이다.

(2) 메이지 정부의 개혁

1868년 메이지 신정부의 지도자들은 짧은 기간 안에 괄목할 만한 개혁을 이루었다. 그것은 1863년 영국 유학을 갔던 유학생들과 1871~1873년의 이와쿠라 사절단으로 참가했던 사람들로 인한 것이다. 저들은 유럽 열강과 미국을 여행하면서 압도적인 국력의 차이를 실감한 사람들이다. 유럽의 산업혁명, 공장, 군함, 대포, 정치제도 등을 보면서 일본이 개혁해야 할 방향을 알게 된 것이다. 저들은 서양 열강을 모델로 하여 개혁을 단행하여 성공한 것이다.

정치제도, 군대제도, 의무교육제도, 신분제 폐지, 철도 건설, 조선소 건설 등 다양한 분야를 발전시켜 나갔던 것이다

영국이 800년, 로마가 600년 걸려서 이룩한 일들을 일본은 40

년 만에 이룩한 것이다. 이러한 개혁의 성공은 나라를 부국강병의 나라로 발전시켜 나갔으며, 신분제 폐지와 의무교육을 통하여 능력 위주의 사회로 발전시켜 나갔다.

　그리하여 일본은 청일전쟁에서 승리한 후에 글로벌 강국으로 부상하게 되었던 것이다. 이는 먼저 깨달은 지도자들의 지도력이 얼마나 나라의 발전을 가져오는지, 그리고 그것이 국민들의 삶의 질을 얼마나 높여 주는 것인지를 알게 하는 일이었다.

3.

하나님의 뜻을 거스르는 방향의 일본

(1) 기독교를 박해하다

1549년 포르투갈의 예수회 선교사 프란시스코 하비엘이 규수 남단 가고시마에 입항하여 다이묘의 허가를 받아서 포교 활동을 시작하였다. 그리하여 한때는 150,000여 명이나 되는 기독교 신자들이 생겨났다. 그랬던 기독교에 대해 도요토미 히데요시가 1587년 기독교 포교를 중단시키고 박해를 하기 시작했다. 마침내 1638년 1월 시마하라(島原)를 중심으로 카톨릭 신자 35,000여명이 막부에 저항하여 몰살을 당했다. 이 사건으로 인하여 일본은 포르투갈과의 통상과 교역을 중단시켰다. 1870년대에 기독교 선교사들이 다시 일본으로 돌아오기까지 수백 년 동안 일본에서는 기독교 전도를 금지했던 것이다.

(2) 타이완과 코리아를 식민지화하다

일본은 청일전쟁의 배상금으로 1895년 4월 타이완을 할양받아 1945년 8월 15일까지 식민 지배를 하였다. 이토 히로부미라는 괴상한 노인이 온갖 수단 방법을 동원하고 무력으로 압박하여 코리아를 1910년 8월 29일 강제로 합병하고 1945년 8월 15일까지 식민 지배를 하였다.

그 코리아가 어떠한 나라냐? 저들 일본에 한자와 유교, 불교와 선진문화를 전해 준 은혜의 나라다. 일본은 은혜를 원수로 갚는 나라였다. 일본인들은 식민 지배 동안 이루 말할 수 없는 악독한 짓거리를 행했다.

역사왜곡(歷史歪曲)으로 코리아인의 열등함을 부각시키고, 일본인으로 성씨개명(姓氏改名)을 강요하고, 엄청난 자본을 수탈해 갔으며, 일본군에 강제 입대시켜서 총알받이가 되게 한 코리아의 청년들, 강제 동원하여 광부가 되게 하였으며, 일본인 위안부로 처녀들을 강제로 데려가는 등 참혹한 짓거리를 서슴없이 행했다.

(3) 침략전쟁을 일으키다

일본은 메이지 유신으로 인하여 국력이 크게 신장되자 그 힘을 침략전쟁에 쏟아부었다.

그리하여 코리아의 주도권을 둘러싸고 청일전쟁, 러일전쟁, 그리고 마침내 미국의 진주만을 기습 공격하는 비겁한 짓거리를 하고 말았다.

ⓐ 청일전쟁

1894년 7월부터 1895년 4월까지 코리아의 주도권을 둘러싸고 진행된 청일전쟁이 시작되었다. 일본은 코리아 땅에서 전쟁을 수행하다가 1895년 2월 17일 '웨이하이웨이'에 있는 청나라 북양함대 기지를 기습 공격하여 기지를 점령함으로써 전쟁의 주도권을 쥐게 되었다. 이 전쟁에서 일본이 승리를 하였다. 전쟁 배상금으로 2억 냥(일본 정부의 4년 치 예산)이라는 어마어마한 배상금과 랴오뚱 반도와 타이완을 할양받았다.

ⓑ 중국을 침략하다

1931년 9월 18일 선양 부근 류타오후(柳條湖)를 지나던 철로가 폭파되었다. 일본 관동군의 자작극이었지만 일본은 중국의 소행이라 주장하며 '만주사변'을 일으켜 1932년 1월에 14,000여 명의 병역을 진주시켰다. 중국 침략전쟁이 시작된 것이다. 이로부터 1945년 제2차 세계대전이 끝날 때까지 일본은 중국 대륙을 초토화시키는 악랄한 전쟁을 수행한 것이다. '난징 대학살 사건', 731부대의 '생체실험 사건' 등 이루 말할 수 없는 악행을 거침없이 행한 것이다.

ⓒ 러일전쟁

일본은 청일전쟁으로 국력을 증강시키고 러시아와의 전쟁을 일으킨다. 일본은 러시아 극동군이 100,000여 명 정도임을 간파하고 중국에 주둔하고 있던 일본 관동군이 250,000여 명이므로 승리할 수 있다고 확신하고 1904년 2월 8일 중국 뤼순항에 있는 러시아 함대와 코리아 인천항에 정박 중인 러시아 전함을 동시에 기습 공격하여서 타격을 주었다. 기습 공격을 받은 러시아가 정신을 차리고 일본을 공격하면서 전쟁의 기간이 길어지게 되었다. 미국의 중재로 1905년 9월 5일에 전쟁을 끝내기로 합의하였다.

ⓓ 진주만 공습

일본은 1941년 12월 7일 미국 태평양 함대의 기지가 있는 하와이의 '진주만'을 기습 공격하였다. 이 기습 공격을 당한 미국의 함선 12척이 침몰하였으며 188대의 비행기가 격추되거나 손상을 입었다. 2,335명의 군인과 68명의 민간인이 사망하였다. 이렇게 엄청난 피해를 입은 미국 국민들은 일본의 야만적인 기습 공격을 이겨내기 위하여 일치단결하여 제2차 세계대전을 승리로 이끌었다. 1945년 8월 히로시마와 나가사키에 원자폭탄이 투하되자 1945년 8월 15일 천황의 조건 없는 항복 선언이 발표되었다.

일본이 저지른 침략전쟁은 그 주특기가 기습 공격이었다. 보통 나라와 나라가 전쟁을 할 때면 상대국에 선전포고를 하고 전쟁을 시작한다. 그러나 일본은 비겁하고도 졸렬하게 기습 공격으로 전쟁을 시작하고 있다.

ⓔ 난징 학살 사건

1937년 8월 중순 오후 2시 12대의 일본군 비행기가 중국의 수

도 난징(南京)을 공습해 왔다. 매일 밤 난징은 폭격을 당했다. 수
도의 밤하늘은 불바다를 이루었다. 12월 13일 일본군이 난징에
진주해 들어왔다. 그들은 난징에서 3만여 명의 군인과 2만여 명
의 일반인을 학살했다. 후일 중국 정부는 난징에서 30만여 명이
학살당했다고 했다. 승리한 일본군은 약탈, 살인, 강간, 방화 등
무자비하고 야만적인 행동을 거침없이 행했다. 오죽하면 역사에
서 '난징 학살'이라 표현을 했겠는가?

ⓕ 731부대의 인체실험 사건

만주에 진주한 731부대는 1936년에 설립되어 1945년까지 활
동한 일본군 부대다. 정식 명칭은 방역급수부대였다. 부대의 명
칭대로라면 전염병을 예방하고 부대의 물을 공급하는 부대라야
했다. 그러나 이 부대는 엘리트 과학자들이 사람을 대상으로 실
험을 하여 생물학 무기를 개발하는 비인간적인 부대였다.

실험 대상자를 '마루타'라 하여 산 사람에게 탄저균, 천연두균,
콜레라균 등 바이러스균을 주사하여 그 결과를 지켜보았다. 저
들의 만행은 말로 표현할 수 없을 정도로 악랄한 실험이었다.
- 산 사람을 해부하여 내장을 빼내거나 타 동물과 교체하는 실
  험을 하다.
- 대량 학살의 방법으로 저진공에 넣었다.
- 산 사람을 대상으로 화염방사기를 실험하다.
- 마취를 하지 않은 채로 실험하다.
- 영하 50도에서 몇 분이면 죽는가를 실험하다.
- 독가스를 터트리고 몇 분이면 죽는가를 실험하다.

- 임산부를 동원하여 몸의 일부만 얼리는 실험을 하다.

이외에도 여러 분야에서 살아 있는 사람을 실험 대상으로 하였다. 그 결과 실험 대상자 중 생존자가 한 사람도 없었다.

이 부대의 실험 대상자들은 주로 중국인이었으며 그 외에도 코리아인, 소련인 등이 있었다.

(4) 제암리 학살 사건(虐殺事件)

1919년 3월 1일 코리아는 일본의 식민 지배에 저항하여 독립 만세 사건을 일으켰다. 수많은 사람들이 살해되었으며 수많은 사람들이 감옥에 갇혔다. 수많은 물자들이 파괴되었다. 그중에서도 천인공노할 사건이 일어났다.

1919년 4월 15일 화성시 향남면 제암리에 일본 군인들이 나타나서 제암리 교회 안으로 15세 이상의 남녀들을 모이게 하였다. 그 후에 출입문과 창문을 폐쇄하고 집중사격을 가했다. 그리고 교회당에 불을 질렀다. 이는 계획적인 집단 학살 사건이다. 이 사건으로 23명의 생명이 죽고 말았다. 일본군의 이러한 잔악 행위는 일본인의 잔학함을 잘 나타내는 상징적인 사건이라 할 것이다.

(5) 사과하지 않는 나라 일본

일본이 제2차 세계대전의 전범국으로서 식민지화했던 코리아

하나님의 뜻과 세계 역사

나 대만 등에 대하여 독일과는 전혀 반대의 길로 갔다. 즉, 진심이 담긴 사과를 하지도 않았고 합당한 배상을 하지도 않았다는 것이다. 그것은 세계인들이 다 알고 있는 진실이다.

악행을 저지르고 참담한 피해를 입혔다면 사과하고 배상을 해야 함이 당연하다. 그 당연한 일을 회피하고 엉뚱한 이유를 대고 있는 나라가 일본이라는 나라다. 그러한 일본의 뻔뻔함에 대하여 세계인들의 반응은 싸늘하기만 하다.

마음으로부터 존경하는 나라가 아니라는 뜻이다. 세계 제2~3위 부국으로서의 위상은 있을지 모르나 세계인의 마음을 얻는 나라는 될 수 없는 나라이다. 수많은 예들이 있겠으나 몇 가지만 들어 보겠다.

ⓐ 일본에 거주하는 조선인(코리아인)에 대한 차별

조선인(코리아인)은 일본에 강제로 잡혀 와서 광산 일 등을 했던 사람들의 후예다. 제2차 세계대전이 종전되고 일본에 살고 있는 조선인들이 자신들의 후예들을 가르치기 위하여 학교를 세웠다. 한국학교(S. Korea)와 조선학교(N. Korea)를 세웠다. 2007년 일본에는 약 200개의 외국인 학교가 있다. 그 학교들을 각종학교로 취급하고 정부의 그 어떠한 지원도 하지 않았다. 엄연히 교육의 차별이 있다는 것이다.

외국인 학교는 정규학교가 아니기에 고등학교를 졸업해도 대학에 입학할 자격이 주어지지 않았다. 그래서 검정고시를 통해야 대학에 입학을 할 수가 있다. 2010년 고등학교 무상화가 시작되었으나 코리아 학교는 정부의 지원이 없어서 무상화가 실현되지 못했다. 이러한 차별이 일본의 교육 차별이다. 뿐만 아니라 1992년까지 일본에 거주하는 외국인에게 지문등록을 강요했고 국제적인 비난을 받으면서도 수십 년 동안 이 제도를 시행해 왔다(한일 우익 근대사 완전 정복 p. 199). 일본은 재일 한국인에게 다방면으로 차별을 해 오고 있다. 자신들의 강요에 의하여 일본에 거주하는 코리아인들을 당연히 더 우대해야 함에도 불구하고 오히려 차별을 하고 있는 것이 일본이다.

ⓑ 히로시마 원자폭탄 코리아인 위령탑이 공원 밖에 있다

필자가 히로시마를 방문했을 때 원자폭탄이 떨어지고 그로 인하여 남아 있는 앙상한 건물인 원폭 돔(겐바쿠 도무: 당시 물산 장려관)을 목격할 수가 있었다. 그 일대를 히로시마 '평화 기념공원'으로 조성하였고 당시 피해의 심각성을 기념관에 전시하고 있다. 그런데 그 공원의 담장 밖에 한 '위령탑'이 있었는데 그것은 바로 코리아인의 희생자들을 위한 위령탑이었다. 초라한 위령탑이지만 코리아인의 희생을 기념하고 있었다. 그 위령탑의 위치가 어찌하여 공원 담장 안에 있지 아니하고 공원 담장 밖에 있느냐고 물어보았다. 공원 안에 세울 수 있도록 여러 차례 서류를 냈지만 일본 당국이 허락하지 않아서 어쩔 수 없이 공원 담장 밖에 만들었다는 것이다.

필자는 아연실색(啞然失色)을 했다. 자신들의 강압에 의하여 일본에 끌려와서 온갖 노역을 하다가 히로시마에 있었던 코리아인들이 일본의 죄악으로 인하여 원자폭탄의 희생자가 되었는데 그 대우가 어찌 이리도 차별적인 것인지? 일본인의 머리가 이상하

지 않은 것인지 의심하게 되었다. 독일인들은 '걸림돌 프로젝트'
인 '슈톨퍼슈타인'을 만들어서 희생자들의 이름, 생년월일, 사망,
추방 일자를 동판에 기록하여 거리에 붙여 놓는 운동으로 '나치
청산'을 행하고 있다.

　독일인들과 비교하면 일본인들을 어떻게 평가해야 옳은 것인
가? 분명한 것은 일본인의 마음이 좁다는 것이다. 코리아인들과
중국인들이 일본 남자들을 왜○(倭○)이라고 하던 말이 생각이
난다.

(6) 독도가 일본 땅이라고 거짓을 가르치는 나라

　독도를 일본의 섬이라 주장하고 있다. 허무맹랑한 주장이다.
독도는 그 역사적으로나 고(古)지도상으로나 여러 가지 문헌상으
로도 명백한 코리아의 섬이다. 독도는 경상북도 울릉군 울릉읍
독도리 산 1-37번지에 있는 두 개의 섬이다. 그러함에도 불구하
고 일본은 독도를 자기들의 섬이라고 주장하고 있다. 심지어 시
마네현에서는 2005년 2월 22일을 다케시마(독도)의 날이라고 조
례까지 만들었다.

　무엇에 근거하여 그러한 거짓말을 만들어서 기념하는지 알 수
가 없다. 그 시마네현에서는 거짓을 주장하고 있다. 거짓을 주장
하고 가르치는 나라가 어찌 세계의 지도국이라 할 수 있을까?

4.

일본의 미래

일본은 세계 각국에 자신들이 저지른 만행에 대하여 할 일을 해야 한다. 침략국인 일본이 세계에 행한 추악한 행위에 대하여 철저히 회개해야 한다. 그것만이 하나님의 구원을 받는 길임을 알아야 한다. 이미 일본에는 하나님 진노의 징조가 있었다.

(1) 히로시마와 나가사키에 투하된 원자폭탄

일본은 세계에서 가장 비참한 폭격을 당한 나라다. 1945년 8월 6일 히로시마에, 8월 9일 나가사키에 원자폭탄이 투하되었다. 원폭 비극을 맛본 세계 최초의 나라가 된 것이다. 그로 인하여 천황이 조건 없이 항복하였다. 이는 하나님의 진노다.

(2) 2011년 동일본 대지진

2011년 3월 11일에 일어난 동일본 대지진은 조용하고 아름다운 해변 마을에 쓰나미가 덮쳐서 아수라장을 만든 지진이다. 이

지진으로 2만여 명이 사망했으며 물적 피해는 천문학적이다. 특히 후쿠시마 원전이 폭발함으로써 방사성 물질의 확산으로 환경 오염이 심각한 수준이며, 2022년 오늘에 이르기까지 방사성 물질로 인한 오염 등의 문제로 세계가 주목하고 있다. 일본에는 지진의 위험이 항상 잔존하고 있다.

- 1923년 9월 1일 관동 대지진으로 40만여 명이 사망하거나 행방불명이 되는 피해를 보았으며 12만 가구가 무너지고 45만 가구가 불탔다.
- 1995년 2월 17일 고베 대지진.
- 2011년 3월 11일 동일본 대지진과 쓰나미, 후쿠시마 원전 폭발.
- 2016년, 2021년, 2022년 후쿠시마 지진이 일어났다.
- 일본의 유명 드라마 '일본침몰'은 일본 전 열도가 태평양 바다로 침몰할 것이라는 가상의 드라마다. 무엇을 시사하고 있는 것인가?

(3) 후지산 화산의 폭발 가능성이 높아지고 있다

해발 3,776m의 후지산이 폭발할 징조들이 나타나고 있다고 한다. 전문가들의 견해에 따르면 후지산 화산의 폭발 가능성이 꽤 높다고 한다. 이는 언제 폭발할지 모르는 아주 위험한 화산이다. 이 역시 일본이 세계를 향해 철저하게 회개해야 하는 이유이다.

(4) 후지산에 미사일 여러 발이 떨어진다면 어떻게 될까?

후지산 화산이 폭발할 가능성이 높다는 전문가들의 견해이다. 후지산 근처에는 일본의 수도 도쿄가 있다. 그러한 가운데 인위적으로 미사일 몇 발이 후지산 정상에 떨어진다면 어떻게 될까?

생각만 해도 아주 끔찍한 일이다. 그러므로 일본은 이제부터는 그 어떠한 전쟁도 하지 말아야 한다. 현대 세계의 첨단 무기들이 후지산을 공격하면 핵무기 이상의 끔찍한 피해가 일어날 것이다.

(5) 식민지 지배와 침략전쟁 배상금을 지불하라

일본이 제대로 회개하는 길은 식민지 지배와 침략전쟁에 대한 배상금을 지불해야 가능하다 할 것이다. 일본은 청일전쟁 후에 중국으로부터 일본 정부 1년 예산의 4배나 되는 2억 냥(兩)을 전쟁 배상금으로 받은 바 있다. 그러므로 일본도 당연히 배상금을 지불해야 한다. 그 배상금의 기준을 어떻게 정할 것인가는 어려운 일이다. 그러나 최소한 1년을 1개월로 계산하는 방식으로 처리할 수 있다. 즉, 코리아를 35년 동안 식민지 통치를 하였기에 코리아 정부의 예산 35개월분을 배상하라는 것이다. 중국은 15개월분, 타이완은 50개월분을 지불해야 한다.

이는 빨리 지불하면 할수록 일본에게 유리하다 할 것이다. 왜냐하면 나라들의 예산이 해마다 증가하고 있기 때문이다. 이처럼 처절한 회개와 배상의 행동만이 일본이 살아갈 수 있는 길임을 깊이 생각하라.

(6) 기독교 선교를 활성화하라

메이지 유신의 유학파 지도자들이 선진화된 유럽과 미국을 시찰하면서 저들의 산업혁명, 공장, 무기 등에 놀란 후 일본은 유럽을 모델로 하여 개혁하였다.

그리하여 일본은 세계의 강국으로 부상했다. 그런데 저들 지도자들이 한 가지 깨닫지 못한 것이 있다. 그것은 바로 기독교를 올바르게 깨닫지 못했다는 점이다.

유럽과 미국을 선진 발전의 나라가 되게 하신 분은 하나님이시다. 유럽의 산업발전과 미국을 있게 한 사람들이 누구인가? 그들은 다 기독교인들이었다. 나라를 발전시킨 주역들이 기독교인들이라는 것이다. 일본의 유학 지도자들이 이 사실을 깨닫지 못하였던 것이다. 그러므로 일본이 다시 하나님의 축복을 받기 위해서는 기독교 선교사들의 활동을 적극 지원하여 기독교인들의 숫자가 비약적으로 늘어나야 할 것이다.

(7) 침략전쟁의 종언을 선포하라

일본의 침략전쟁은 자신들의 나라에도 엄청난 재앙을 초래했다. 이루 헤아릴 수 없는 젊은이들이 전장에서 죽어 갔으며 마침내 원자폭탄이 일본에 투하되었다. 그러므로 앞으로 일본은 침략전쟁을 하지 않겠다는 것을 세계에 선포해야 한다. 그 길이 바로 일본이 사는 길이요, 번영하는 길이다. 일본은 그 어떠한 나라에도 위협이 되지 않는 나라로 거듭날 것을 선포하라는 것이다.

(8) 필자의 견해

　필자가 생각하건대 일본은 하나님의 도움을 처절하게 간구해
야 하는 나라이다. 이미 보여준 하나님 진노의 징조들이 많다.
하나님의 그 진노의 경고를 무시한다면 고통당하는 것은 일본이
다. 그러므로 하나님의 경고를 깊이 깨닫고 처절하게 회개해야
할 것이다. 그래야만 살길이 열릴 것이고, 하나님 구원의 손길이
임하실 것이다. 회개(悔改)하는 나라에 대하여는 하나님의 긍휼하
심이 임하게 하시고 구원의 길을 열어주시는 사랑 많으신 하나님
이시다.

대한민국
S. 코리아

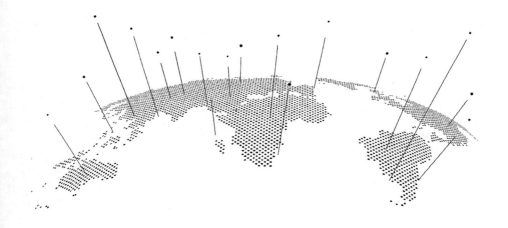

찬송가
9장 '하늘에 가득 찬 영광의 하나님'

성경
사랑하는 자여
네 영혼이 잘됨같이
네가 범사에 잘되고 강건하기를
내가 간구하노라

(요한삼서 1:2)

I.

코리아에 대하여

대한민국(South Korea)은 신비한 나라이다. 이리 말할 수 있는 것
은 근대의 역사 때문이다. 1910년 8월 29일 우리나라 조선은 이
웃 나라 일본의 침략으로 일본에 합병이 되고 말았다. 그리고 35
년간의 가혹한 식민 통치에 희생된 나라이다. 1945년 8월 15일
해방이 된 우리나라는 우익과 좌익의 심각한 투쟁으로 수천 명이
죽어 나가는 사상투쟁이 있었던 시기를 겪었다. 그러다가 1950
년 6월 25일 소련 공산당의 사주로 김일성이 일으킨 한국전쟁은
엄청난 재난을 가져왔다. 나라가 독립이 되고 나라를 세우기 위
하여 힘을 써야 하는 시기에 사상투쟁으로 시간을 낭비하였고,
그리고 동족이 동족을 죽이는 무서운 전쟁이 일어난 것이다. 마
침내 1953년 7월 27일 평화가 찾아왔으나 국민들은 먹고 사는
문제로 고통을 받았던 것이다. 전쟁으로 인하여 나라의 물화는
파괴되었고, 젊은이들도 희생되었으니 나라를 일으켜 세울 동력
이 아주 약화되고 말았던 것이다.

그 엄청난 비극적인 전쟁의 피해에도 불구하고 불과 43년 만
에 대한민국은 1996년 국제경제협력개발기구(OECD) 회원국이
되었다. 이는 대한민국이 세계의 경제협력기구에서 당당히 그
역할을 할 수 있는 나라가 된 것이다. 뿐만 아니라 2020년 말에

는 세계 10대 경제 대국으로 자리매김을 하게 된 것이다. 우리나라 뒤에 있는 11위의 경제 대국이 러시아이다. 그러니까 대한민국이 러시아보다도 그 경제 규모가 커진 상태이다.

이러한 비약적인 발전이 어떻게 이루어졌을까? 생각하면 신비한 나라임에는 틀림이 없다 할 것이다. 그리고 그 대답은 명확하다 할 것이다. 이러한 나라로 발전한 이유는 창조주 하나님의 축복이 있었기 때문이다. 달리 그 답을 얻을 수는 없다. 오직 한 가지의 답이 있다. 그것은 창조주 하나님의 축복이 있었기 때문에 오늘날의 대한민국이 있게 된 것이다.

필자는 이제 2020년에 세계 10대 경제 대국이 된 그 놀라운 발전을 넘어서서 세계 5대 강대국가로 발전할 수 있음을 논증하고자 한다.

우선 코리아의 역사에 대해 살펴보겠다. 코리아는 독자적인 연대가 있다. 금년이 단기 4356년(서기 2023년 + 2333년)이다. 로마 역사가 2,773년이고 미국 역사가 435년(1585년 100여 명의 영국인이 노스캐롤라이나 연안에 도착)이라면 코리아의 역사는 미국보다 3,920년이나 앞서며 로마보다도 1,580년이 앞선다.

코리아의 역사는 세계의 그 어느 나라에 뒤지지 않는 역사를 자랑하고 있다. 그 기나긴 역사 속에서 어떠한 일들이 있었으며, 어떠한 인물들이 있었을까 생각해 본다.

(1) 원시 시대의 코리아

ⓐ 구석기 시대

코리아의 구석기 시대는 약 50만 년 전으로 거슬러 올라간다. 경기도 연천군 전곡리의 유물, 상원의 검은모루, 공주의 석장리, 제천의 점말동굴, 청원의 두루봉동굴, 웅기의 굴포리 등은 구석기 시대의 유물로 밝혀지고 있다.

이외에도 코리아 곳곳에서 구석기 시대의 유물이 발굴되고 있다. 그러므로 한반도에는 50만년 전에 사람들이 살고 있었다는 것이다.

ⓑ 중석기 시대

중석기 시대의 문화는 확실히 밝혀지고 있지 않으나 공주의 석장리 최상층 문화와 점말동굴의 위층 문화는 중석기적 특색을 보여주고 있다.

이 시대에는 화살촉, 작살 같은 석기가 만들어지고 고기잡이 등과 활을 사용하며 사냥하는 기술이 익혀졌다.

ⓒ 신석기 시대

B.C. 4000년부터 시작되는 신석기 시대에는 청동기(靑銅器)와

철기(鐵器)로 대표되는 금속문화(金屬文化)를 알게 되었다. 코리아의 금속문화는 대체로 B.C. 10세기경 북쪽에서부터 시작이 되었다.

이때의 유물로는 세형동검(細形潼劍), 세문경(細文鏡), 동모(銅鉾) 등이 여러 곳에서 출토되고 있다.

(2) 고조선(古朝鮮) 시대

B.C. 2333년 단군(檀君)이 한반도에서 고조선을 세워 최초의 나라가 되었다. 당시의 나라들은 부족국가 형태였다.

각 부족들은 나름대로의 정치질서를 세우면서 발전시켜 나갔으나 그 부족을 통일하고 나라가 형성된 것이 바로 고조선이다. 고조선은 대동강과 요하 일대(현 중국 영토)에 걸치는 광활한 땅을 가진 나라였다. 처음에는 청동기문화 위주로 발전해 갔으나 후에는 철기문화를 알게 되었다.

이 시기의 지도자는 위만(衛滿)이었는데 중국의 통일 국가 한나라의 한무제(漢武帝)와 충돌이 있었다. 마침내 한무제는 대군을 이끌고 침입하였고 고조선은 1년 이상 대항하여 싸웠으나 끝내 B.C. 108년 왕검성이 함락되고 말았다(동아 세계대백과사전, 9권, p. 58P).

(3) 삼한(三韓) 시대

B.C. 400년경에 한강 이남 지역에 3개의 부족국가가 있었다.

마한(馬韓), 진한(秦韓), 변한(弁韓)이 존재했다.

마한은 경기도, 충청도, 전라도 지역의 소국 54국으로 구성된 나라였으며, 진한은 대구, 경주 근처의 12개 소국으로 구성되었다. 변한은 김해, 마산 근처의 12개 소국으로 구성된 나라이다.

이들 나라들은 군장국가였다. 제사장 천군이 신성지역인 소도를 다스리는 제정분리(祭政分理) 국가였다. 죄인이라도 소도(蘇塗)로 도망가면 군장이라도 함부로 잡아갈 수 없었다.

이 삼한의 나라들이 고구려, 신라, 백제가 세워지는 시기에 그 운명을 다했다.

(4) 부여국

부여(扶餘)는 B.C. 4세기경에 동명왕이 세운 부여와 B.C. 59년 해모수가 세운 북부여가 있다. 부여의 경우 4세기경의 기록이 불명확하다. 해부루왕의 B.C. 60년경 나라에 대한 기록은 분명하다.

부여의 영토는 현재의 중국 땅인데 창춘시 이통강 유역에서 쌍양이며 남쪽으로는 랴오닝성(遼寧省)이며, 북쪽에는 헤이룽(黑靴江) 유역이였다.

부여국은 광대한 국토를 차지하고 있었으며 494년 고구려 문자명왕 때 부여국의 진왕이 고구려에 항복함으로써 나라가 망하게 된다.

하나님의 뜻과 세계 역사

(5) 삼국 시대

ⓐ 고구려

고구려는 B.C. 37년에 주몽이 세운 나라다. 고구려의 영토는 졸본(卒本: 랴오닝성 번시시 환련현)을 수도로 그 후 평양성(수도)을 중심으로 하여 한반도의 중북부와 현재의 중국 둥베이(東北)에 이르기까지 광대한 영토를 차지하고 있었다. 기마민족의 문화를 받아들여 전쟁에 능하였다. 한족(漢族: 중국 민족)과의 투쟁 과정에서 강대해졌다. 특히 태조왕(53~146)은 현도군(玄菟郡)을 푸순(撫循) 방면으로 축출하고 옥저(沃沮)와 동예(東濊)를 복속시켰다. 494년 부여국의 항복을 받아서 그 영토를 다 차지하게 되었다.

598년 수나라 문제(文帝)는 30만 대군을 이끌고 고구려를 침공해 왔다. 그러나 문제의 대군은 고구려를 이기지 못하고 쓸쓸히 돌아가야만 했다. 수나라 2대 황제 수양제(隋煬帝)도 100만 대군으로 고구려를 침략해 왔다. 압록강을 건너 침공해 왔으나 고구려의 명장 을지문덕(乙支文德) 장군의 '살수대첩'으로 대패하게 된다. 30만 대군에서 겨우 2,700명만 살아서 돌아갔다. 1·2대 황제의 무모한 고구려 침략으로 국력이 기울어진 수나라는 망하게 되고 당(唐)나라가 그 뒤를 잇게 된다. 당태종(唐太宗)도 645년 고구려를 침략하여 안시성 전투에서 패배하고 만다. 그 강대한 고구려가 수와 당나라의 수차례 침략으로 인하여 국력이 쇠진하게 되었으며, 668년 보장왕 2년에 신라와 당나라 연합군에 의하여 패배하고 망하게 되고 말았다.

ⓑ 백제

　백제는 B.C. 18년 주몽의 아들 온조가 위례성과 한강 유역을
중심으로 하여 세운 나라다. 한반도 서남부에 위치하였으며 4세
기경에는 국력이 부강해져서 북으로는 황해도, 경기도, 충청도,
전라도를 포함하는 영토를 가졌다. 중국의 남조(南朝)와 일본(日
本)과 우호 관계를 유지해 왔다. 특히 일본 문화에 지대한 영향을
끼쳐 왔고 불교를 일본에 전했으며 불경(佛經) 등 관계 서적을 보
냈다.

　『일본서기』에 따르면 524년부터 554년까지의 두 나라 관계가
상세하게 기록이 되어 있다. '524년 1월 백제 태자 명이 즉위하
다. 549년 9월 천황에게 장육본을 보내 오다. 550년 2월 일본에
서 사신이 백제에 오다. 554년 1, 2월 일본에 사신을 보내 군사를
요청하다. 554년 5월 일본의 수군이 백제에 도착하다.' 백제와
일본 사이에 사신이 오갔으며, 심지어는 군사를 요청하고 군사를
보내는 등 대단히 밀접한 관계를 유지해 왔다. 그러나 백제의 의
자왕 20년(660년)에 나당(羅唐) 연합군에 의해 패배하고 나라가 망
하게 되었다.

ⓒ 신라

　신라는 B.C. 57년 박혁거세가 경상도를 중심으로 하여 세운
나라다. 수도가 경주인데 천년의 고도(古都)이다. 오늘날에도 경
주 시가지 일원에는 왕릉(王陵)이 산재해 있다. 진흥왕 때인 6세
기경에 가야를 병합하였으며 676년 삼국통일을 이룩한 나라다.

　　　　　　　　　　　　　하나님의 뜻과 세계 역사

한반도에서 최초로 통일된 나라를 이룩하였다. 그러나 신라는 3국 중에서 가장 군사력이 약했던 나라다. 신라는 일찍이 '화랑도'라는 이름으로 군사들을 훈련하여 나라의 군대를 강군으로 양성하고 있었다.

642년 8월 백제의 장군 윤충(允忠)이 신라의 대야성(합천)을 공격하여 함락시켰다. 신라는 백제의 위협 속에 지냈다. 신라는 김춘추(金春秋)를 고구려에 파송하여 원병을 요청하였으나 오히려 고구려는 신라에 영토를 반환하라고 압박을 가하면서 김춘추를 억류하고자 했다. 이러한 과정을 겪으면서 신라는 김춘추를 보내 당나라와의 외교관계를 돈독하게 했다. 그리하여 김춘추가 신라의 제29대 무열왕이 되고 걸출한 장군 김유신(金庾信)과 함께 삼국통일(三國統一)의 과업을 달성하기에 이르렀다.

660년 백제 의자왕 20년에 백제를 멸망시켰으며, 668년 고구려 보장왕 2년에 고구려를 멸망시켰고, 당(唐)나라의 세력을 한반도에서 완전히 몰아내었으며 그리하여 마침내 한반도에 통일 왕국이 탄생하게 되었다. 이로부터 신라는 935년 고려의 왕건에게 멸망을 당하기까지 한반도에 통일 왕국을 유지해 왔다.

(6) 신라의 삼국통일 시대

신라와 당나라의 나당 연합군은 660년 백제를 멸망시켰으며, 668년에는 고구려를 멸망시켰다. 이로써 한반도 땅에는 삼국이 하나가 되는 삼국통일의 시대가 활짝 열리는 듯했다. 그러나 당(唐)나라는 연합군 전승국으로서의 권리를 차지하고자 했다. 668년 당나라는 평양성에 안동도호부(安東都護府)를 설치하였으며 신라에는 계림 대도독부를, 백제 땅에는 웅진도독부(熊津都督府)를 설치하였다. 이는 당나라가 옛 고구려와 옛 백제를 효과적으로 통치하기 위하여 도호부와 도독부를 설치한 것이었다. 이는 곧 당나라가 한반도를 통째로 통치하겠다는 의도를 나타낸 것이다. 삼국통일의 길이 험하고 멀었던 것이다.

이에 신라는 분노하고 670년 장군 설오유와 고연무가 2만의 군사들을 이끌고 압록강을 건너 요동성을 선제공격하기에 이른다. 이로써 신라와 당나라의 전쟁이 시작된 것이다. 이어서 품일 장군과 문충 장군이 이끄는 신라군이 63성을 함락시키고 671년에는 가림성을 공격하여 3,500여 명의 당군을 죽이고 승리했다. 675년 이근행 당나라 장군이 20만 대군을 이끌고 신라를 침략했다. 신라군은 매초성(買肖城: 경기도 연천군 청산면 대전리 산성)에서 당군을 크게 물리치고 승리를 하였다. 676년에는 해로(海路)로 남하하던 설인귀 군대를 사찬 사득이 기벌포(技伐浦: 금강 하구)에서 격파함으로써 서해(西海)의 해상권을 장악하게 되었다. 당나라는 신라에 크게 패배하게 된 것이다. 마침내 당나라는 676년 안동도호부를 평양성에서 철수하여 압록강(鴨綠江)을 건너 수백 km 떨어진 요동고성(遼東古城: 당시 고구려의 성이었으며 현재 중국 랴오닝성 성랴오닝시)으로 이동하게 되었다.

마침내 한반도에 통일 왕국이 이룩된 것이다. 신라는 676년 당나라를 물리치고 삼국통일 왕국을 확립하게 되었던 것이다. 이로부터 신라는 통일 왕국의 시대를 통치하였으며 935년 고려의 왕건에 의해 멸망을 당하기까지 한반도에 유일한 왕국으로 존재하였다.

ⓐ 삼국통일의 주역 김유신 장군

김유신(595~673, 경주: 흥무대왕으로 추봉)은 17세 때 홀로 중악산 석굴에서 하나님(天)께 기도하기를 적들을 물리칠 수 있는 능력을 달라고 기도하였다. 4일째 한 노인이 나타나 그대가 어린 나이에 삼국을 합병할 뜻을 두니(有幷三國之心) 장하다(삼국사기, 김부식, p. 730) 하면서 비법(秘法)을 알려주었다.

김유신은 다시 열박산(咽薄山) 깊은 골짜기에 들어가서 하나님께 기도하였더니 하늘에서 광채가 드리워 보검(寶劍)에 영기(靈氣)가 내렸다. 3일 밤을 보검에 영기가 비추어서 칼이 저절로 움직이는 듯했다. 김유신은 하늘로부터 영기를 받은 보검으로 수많은 전장에서 승리를 하였던 것이다. 유신이 두 번 깊은 산속에서 하나님께 기도하여 능력을 얻게 되었다. 이는 범상한 일이 아니었다. 중악산에 나타난 노인의 이름은 난승(難僧)이었는데 그는 천사(天使)였다. 당시 중국의 경교(기독교: 635년)에서 승(僧)은 목사를 뜻하며 사(寺)는 교회를 뜻한다. 이는 후에 불교의 스님들이 사용한 말이다. 그리고 보검에 영기가 내림도 하나님의 특별하신 능력이 임한 것이다. 김유신은 하나님께서 인정하는 인물이었다.

ⓑ 삼국사기(三國史記: 김부식 저)에 기록된 김유신 장군

열전(列傳: 많은 사람의 전기이며 충효, 용사, 문인, 반역인 등) 10권을 기록하고 있는데 책의 전체가 882페이지고 그중에 열전이 차지하는 페이지는 154페이지다. 10권의 열전에 등장하는 인물은 51명이다. 삼국 시대의 유명 인사들을 총망라한 것이다. 김유신의 비중은 압도적이다. 1~3권까지가 김유신 한 사람에 대한 글이며 그 분량은 34페이지다.

왜 김부식은 이토록 김유신을 높이 평가했을까? 당시 역사학자로서 역사를 기록함에 있어 김유신이라는 인물의 그 크기가 남달랐기 때문이다. 이 큰 인물 김유신이 삼국통일을 이루는 데 결정적인 역할을 한 것이다.

(7) 고려 시대

고려는 918년 왕건이 세운 나라다. 고려는 후삼국 시대를 겪으면서 이룩된 나라다. 고려는 고구려를 다시 일으킨다는 목표를 가지고 건국되었다. 고려, 후백제, 신라가 세력을 다투면서 경쟁해 오다가 왕건이 935년에 신라를 멸망시키고 900년 견훤이 세운 후백제를 936년에 멸망시키면서 후삼국을 통일하게 되었다. 고려의 건국 후 거란군이 3차에 걸쳐 침공해 왔으며, 원(元)나라와 30년의 긴 전쟁을 하였다. 금속활자를 발명하여 문화의 꽃을 피운 나라이기도 하다. 1392년 이성계의 역성혁명으로 나라의 운명이 다했다.

ⓐ 거란과의 전쟁과 강감찬 장군의 귀주대첩

993년(성종 12년) 겨울에, 그리고 1010년(현종 원년) 11월에 거란의 대군이 침략해 왔다. 그리고 1018년(현종 9년) 12월에 다시 거란이 고려를 침공해 왔다.

소배압 장군이 이끄는 20만 명 이상의 대군이었다. 이에 고려는 강감찬 장군을 보내 거란을 막아내게 하였다. 강감찬 장군은 삼교천(三橋川) 상류에 소가죽으로 강을 막고 기다렸다. 이윽고 거란 병사들이 삼교천을 건너갈 때에 막았던 물을 터트렸다. 이로써 거란 병사들은 수장이 되고 큰 혼란에 빠졌다. 이 기회를 이용하여 고려의 기병들이 거란군을 급습하여 대승을 거두었다. '귀주대첩(龜州大捷)'이라 명명한 이 전투로 거란의 대부분 병사들이 죽었다. 거란은 그 후로 다시는 고려를 침공하지 않았다.

ⓑ 몽골(원나라)과의 전쟁

1231년(고종 19년) 8월에 1차 몽골의 침략이 있었다. 그 후 1259년(고종 46년) 9차 몽골의 침략전쟁이 일어났다. 징기스칸의 몽골이 유라시아 대륙을 제패하고 중국의 금나라까지 멸망을 시키고 원(元)나라를 세웠다. 몽골은 고려까지 복속시키기를 원하여 9차례나 침공을 해 온 것이다. 고려 조정은 끈질긴 항쟁을 벌이면서 강화도로 조정을 옮기는 수모를 당하였다. 1259년 몽골의 새 황제 쿠빌라이 칸이 등장하자 고려는 사절단을 보내서 전쟁을 종식시키고자 하여 마침내 고려와 몽골의 전쟁이 끝났다. 그리고 고려는 몽골의 제후국으로 전락하고 말았다. 그로부터 고려는 끊임없이 몽골의 간섭을 받아야만 했다.

ⓒ 세계 최초 금속활자를 발명하다

고려의 숙종 때인 1102년에 금속활자(金屬活字)를 발명했다는 설이 있으며 1234년『상정고금예문』을 금속활자로 찍었다고 전해지나『상정고금예문』이 전해지지 않고 있다.

그러나 1377년 공민왕 때에『직지심체요절』이 청주의 홍덕사에서 인쇄되었으며,『직지심체요절』은 유네스코 세계기록유산에 등록이 되었다. 또 다른 한 본은 프랑스 국립도서관에 보관되어 있다.

뿐만 아니라 조선의 태종은 1403년에 주자소(鑄字所)를 설립하여 1407년에 조선 최초의 금속활자 '계미자'를 제작하였다. 특히 세종은 금속활자의 백미(白眉)라 할 수 있는 '갑인자'를 제작하였다. 이로써 고려와 조선의 금속활자 제작은 세계에서 가장 빠른 발명인 것이 증명된 것이다.

독일 구텐베르크의 금속활자 발명이 1447년이니『직지심체요절』이 70년이나 앞섰다는 것이다. 이처럼 코리아의 금속활자 발명은 인쇄혁명에서 괄목할 만한 것이다. 책의 보급이야말로 문화혁명을 일으키는 계기가 되는 것이다.

(8) 조선 시대

조선(朝鮮)은 1392년에 이성계 장군이 위화도 회군으로 고려를 멸망시키고 조선으로 개국한 나라다.

1897년 고종이 나라의 이름을 대한제국(大韓帝國)으로 고쳐 선포하였다. 518년 동안 계속된 조선은 1910년 일본의 야욕으로 한일합방이라는 침략을 당하여 나라가 일본의 식민지가 되고 말았다.

조선은 '숭유억불(崇儒抑佛)' 정책으로 유학(성리학)을 숭상하는 정책을 채택하였으며 1,000년 이상 한반도의 종교로 있던 불교를 억압하기에 이른다.

조선은 가부장제(家父長制)를 실시하였으며 신분제도도 있었다. 양반, 중인, 상민, 천민의 신분제도가 있어서 신분 상승에는 엄격한 기준이 적용되었다. 5% 정도의 양반이 지배 계급이었으며 초기에는 왕권이 강화되었다.

임진왜란(1592년: 일본의 침략전쟁), 병자호란(청나라의 침략전쟁: 1636년 12월 28일부터 1637년 2월 24일)을 겪었으나 영조(21대 왕: 1724~1776), 정조(22대 왕) 때에는 화려한 문화의 꽃을 피우는 전성기를 보냈다.

후반 들어 세도정치로 인하여 나라가 혼란스러워졌으며 말기 무렵에는 제국주의 열강의 간섭을 당하는 약소국의 비운을 겪다가 마침내 일본의 식민지가 되는 나라가 되고 말았다.

ⓐ 금속활자를 활성화하다

고려 공민왕 1377년에 금속활자로 『직지심체요절』이 출판되었으며, 조선의 태종은 1403년 주자소(鑄字所)를 설립하여 금속활자를 주조하게 하였으며 4대 세종 대왕은 1407년 '계미자'라는 금속활자를 주조하여 다양한 책들을 출판하기에 이른다. 이처럼 금속활자를 활성화했다.

ⓑ 발명품들

  조선은 다양한 발명품들을 만들어서 백성들의 삶을 편리하게
했다. 측우기(測雨器), 자격루(自擊漏), 혼천의(渾天儀), 앙부일구, 화
차(火車), 신기전(神機箭: 오늘날의 로케트 같은 다연발 무기) 등 과학 기술
이 탁월하게 발전하였다.

ⓒ 한글 창제(創製)

  한글은 세종대왕이 1446년 9월 '훈민정음(訓民正音: 백성을 가르치
는 바른 소리)'을 창제하여 반포하면서 시작된 글자다. 당시 우리나
라는 한자(漢字)를 글로 사용하고 있었기에 일반 민중들은 자신의
의사를 글로 표현할 수가 없었다. 한자를 배운 사람은 소수의 사
람이고 배우기에 어려운 글자였다. 이를 안타까이 여긴 세종은
배우기에 쉬운 우리말을 창제하기로 한 것이다. 훈민정음(창제 당
시 28자: 자음 17자, 모음 11자)에서 언문(諺文: 우리말)으로 불리다가 '한
글'로 불리고 있다.
  한글의 한(漢)은 '하나', '큰'의 뜻으로 한글을 높이는 말이다. 한
글은 과학적인 음운학 연구를 토대로 만들어졌으며 한글은 발성
기관의 모양을 본뜬 자음(子音)과 천지인(天地人)의 모양을 본뜬 모
음(母音)으로 구성되어 있다. 이는 누구나 쉽게 습득할 수 있게 만
든 문자로, 세계 역사에서도 그 유례를 찾기 어려운 독창적인 문
자다. 이는 한국인의 우수한 창의성(創意性)을 잘 나타내 주는 사
례라 할 수 있다.

ⓓ 6진 개척과 김종서 장군

　　오늘날의 코리아 영토(S. Korea, N. Korea)를 확립한 때는 조선의 세종대왕 때다. 옛 고구려의 영토였던 두만강 유역을 고려 시대에도 회복하지 못하고 있었다. 세종은 김종서(金宗瑞) 장군에게 옛 고구려 땅인 두만강 지역을 회복하라고 명령했다. 김종서 장군은 1434년부터 1449년까지 여진족과의 전투에서 여진족을 물리치고 영토를 회복하게 된다. 그때 두만강 유역에 6진(종성군, 회령진, 경원부, 경흥군, 온성군, 부령부)이 설치되었다. 마침내 세종은 두만강 유역의 옛 우리나라 영토를 회복하고 오늘날 코리아의 영토를 확정하게 되었다. 이때 옛 고구려의 영토였던 압록강을 넘어서 요령성(현재 중국 랴오닝성)과 요하 일대를 회복하지 못함은 한스러운 일이나 그래도 두만강 유역을 회복했다는 것에 그 의미를 두어야 할 것이다.

ⓔ 임진왜란과 이순신 장군

　　임진왜란(壬辰倭亂)은 1592년(선조 25년) 5월 23일~1598년 12월 16일에 끝이 난 일본의 침략전쟁이다. 1591년 일본을 통일한 도요토미 히데요시는 국내 무사들의 불만을 잠재우려 조선 침공을 계획한다. 그는 조선에 요청하기를 명(중국)나라를 침략하는데 길을 내어 달라고 한 것이다. 이를 거부하자 일본은 1592년 5월 23일 20만 대군으로 부산에 상륙함으로써 조선(조선군 145,620명)을 침략한 것이다. 갑작스런 일본의 침략에 조선은 제대로 전투를 해 보지도 못하고 6월 11일(음력 5월 2일)에 수도 한양이 함락되었으며 6월 15일에 평양성이 함락을 당하고 말았다.

　파죽지세의 일본 육군이 북진을 계속하자 조선 조정은 의주로 몽진하게 되었다. 1592년 7월 이후에는 조선의 군대가 재조직되고 일본군을 향한 전투에 임하게 되었다. 실제로 7월 이후의 전투 17회에서 일본군이 주도한 전투는 4회뿐이고 나머지는 조선군이 주도한 전투였다. 이 전투 17회에서 조선군의 승리는 8회였으며, 무승부는 3회이고 일본군의 승리는 6회였다.

　또한 1592년 7월 명(明)나라가 조선을 도우려 파병을 하게 된다. 명은 1593년 1월 27일에 평양성 탈환에 성공한다. 조선군은 1593년 4월 18일에 수도 한양을 탈환하게 되었다. 뿐만 아니라 조선 의병(義兵: 일본군을 물리치려 백성들이 자발적으로 만든 군대)의 뛰어난 전투로 일본군이 수세에 몰리게 되었다. 7여 년의 전쟁에서 의병의 전투 능력은 놀라울 정도였다. 육지에서는 이처럼 전투가 계속되었으며 마침내 도요토미 히데요시가 사망하자 일본군이 철수함으로써 전쟁이 끝나게 되었다.

　조선 수군과 이순신 장군의 활약을 빼놓고는 임진왜란을 논할 수 없다. 전쟁 초기부터 조선의 수군은 일본 수군을 물리치고 승전을 계속하였다. 이순신 장군(전라좌수사)은 거북선(크고 투박하여 흉물스럽다고 하는)을 건조하였으며 23전 23승의 전투를 한 장군이다.

- 1차 전투: 옥포 앞바다, 일본 군선 30척을 파괴하고 승리를 거두다.
- 2차 전투: 한산도 앞바다, 일본은 73척으로 전투하였으나 59척이 파괴당하고 14척만 도망하다.
- 3차 전투: 안골포해전, 일본 군선 79척을 파괴하다.

- 마지막 전투: 노량해전, 일본으로 철수하는 일본군을 소탕하기 위해 노량에서 전투하다. 이 해전에서 200여 척의 일본 군선을 파괴했다. 1598년 12월 16일에 적군의 조총에 맞아 사망하다. "나의 죽음을 적에게 알리지 말라."

이순신 장군의 해전(海戰)은 세계 역사에서도 찾아보기 힘든 승리의 전투였다. 그의 해전 23전 23승은 너무나 대단하다. 이는 일본에서 공급되는 군수품을 막음으로써 일본 육군이 막대한 지장을 받게 한 것이다. 해로를 확보하지 못해서 저들의 수송전략에 엄청나게 어려움을 겪게 했기 때문이다. 즉, 적의 후방을 이순신 장군이 교란한 것이다. 도요토미 히데요시의 죽음으로 철군을 결정하였지만 실제로도 일본은 전쟁을 계속 수행하기가 어려웠던 것이다. 이러한 상황에서 이순신 장군의 역할은 지대하다 할 것이다. 그는 임진왜란의 영웅이다.

⨍ 기독교가 전래되다

병자호란(1636~1637) 이후부터 청나라에 파견된 조선의 관리들은 청나라에 유입된 서양 문물에 관심이 많았다. 당시 로마의 예수회에서 파송된 마태오 리치(Matteo Richi: 1552~1610) 신부가 중국에서 『천주실의(天主實義)』를 간행했다. 조선의 선비들이 이 『천주실의』를 가져오면서 천주교가 조선에 들어온 것이다. 조선의 선비들은 자발적으로 기독교를 받아들였으며 조선의 왕과 조정도 관용적인 태도를 보였다. 이는 기독교와 유교적 사고의 타협을 추구한 예수회 신부들의 가르침 때문이었다.

✠ 이승훈(李承薰: 1756~1801)

이승훈은 사신단의 일원으로 북경에 갔다가 예수회의 그라몽 신부로부터 1784년 세례(베드로)를 받아 한국인 최초의 세례교인이 되었다. 이승훈은 일찍이 서양 문물에 관심을 두고 서양 학문과 천주학 연구, 기하학 등에 관심을 가졌다. 정약용, 정약전이 그의 처남이었다. 천주교인이 된 후 조선에 돌아와서 이벽, 권일신 등과 '명례방 공동체(신앙 모임)'을 이끌었다. 그가 1791년 평택 현감으로 있을 때에 '신해박해'가 일어나서 관직을 박탈당했다. 1795년 '을묘박해' 때에 귀양살이를 했으며 1801년 '신유박해' 때에 순교했다.

✠ 신해박해와 제사 문제

조선의 선비들은 서양 학문에 관심을 가지고 『천주실의』 등을 연구하였으며 이벽, 권일신, 이승훈이 천주교를 전파하여 비주류 양반들에게 널리 퍼져나갔고 일반인들에게도 전파되었다. '사람은 평등하다'라는 천주학의 가르침으로 인하여 신자들이 증가되었다. 그러한 때에 1791년 전라도 진산군에 사는 윤지충과 권상연이 모친상을 당하여 신주(神主)를 불태우고 천주교 교리로 장례를 치렀다. 이 제사 문제로 두 사람은 처형당하여 순교하게 된다. 또한 천주교인들도 박해를 당하기 시작한다. 이를 '신해박해'라 한다.

2014년 8월 프란치스코 교황은 윤지충(바오로)를 비롯하여 순교를 당한 123위 동료 순교자들을 '복자'의 반열에 올렸다.

하나님의 뜻과 세계 역사

❖ 신유박해

1794년 4,000여 명이었던 신자들이 중국인 신부 주문모의 활동에 의해 1800년 10,000여 명으로 증가했다. 한편 조선 조정에서는 노론의 벽파가 시파를 제거하기 위하여 천주교 탄압을 명분으로 하여 1801년 '신유박해'를 일으켜서 정약종, 이승훈, 최필공, 최창현, 홍낙민, 홍교만을 음력 1801년 2월 11일 처형했다. 또한 주문모 신부를 음력 4월 19일 처형했다. 이러한 박해가 계속되자 황사영은 지방으로 피신하였다가 제천에서 10월 29일 체포된다. 이때 그는 밀서를 가지고 있었다. 소위 '황사영 백서'이다. 그 밀서는 북경의 구베아 주교에게 조선의 천주교 박해와 주문모 신부의 처형 소식을 전하며 중국과 서양 군대의 무력을 통해서라도 신앙의 자유를 찾아 달라는 내용이었다. 결국 황사영은 대역죄로 11월 5일 처형을 당했으며 이 백서 사건으로 천주교는 매국의 종교로 오해받게 되었으며 서원을 중심으로 '천주교 배척운동'이 일어났다.

❖ 김대건 신부의 순교와 4대 순교

김대건(1822년~1846년 9월 16일) 신부는 천주교 신자의 가정에서 태어났다. 그의 증조부는 10여 년의 옥고 끝에 1814년 해미에서 순교했으며, 조부 김택현도 1830년에 순교하였고 부친 김제준도 1839년 순교하였다. 마침내 김대건 신부도 순교하였으니 4대가 순교를 한 것이다. 이 얼마나 안타까운 일인가?

김대건 신부는 상해에서 신학을 공부하고 1845년에 신부에 서품되었다. 그는 당진 출신으로 조선 최초의 신부로서 활동하였으나 1846년 9월 16일 새남터에서 순교하였다. 로마의 교황청은 1984년 그를 성인(聖人)으로 선포하였다.

⑧ 대원군의 세도정치와 쇄국정책

　대원군은 고종 황제(1863~1907)의 아버지다. 그는 12세에 왕이
된 아들(고종)을 대신하여 섭정(攝政)으로 10여 년 동안 조선을 통
치했다. 그의 섭정 기간 동안 1866년 '병인양요(프랑스군 1,000여 명
이 조선에 통상을 요구한 사건)'에서 프랑스군을 물리쳤고 1871년 미
국의 '제너럴셔먼호'가 통상을 요구하는 '신미양요' 전투에서도
조선군이 승리하였다. 이 두 사건으로 인하여 대원군은 쇄국정
책(鎖國政策: 문호를 굳게 닫고 외국과 통상을 하지 않는 정책)을 발표하였
다. 특히 대원군은 서양 제국의 평등 사상을 싫어했다. 그리하
여 대원군은 그의 섭정 10여 년 동안 철저한 쇄국정책을 실시함
으로써 조선은 서양 제국의 공장, 군사, 철도 등 산업발전에 눈을
감고 말았다. 이는 코리아의 발전에 큰 지장을 초래하고 말았던
것이다.

　대원군의 천주교 박해 내용은 다음과 같다. 대원군이 섭정으로 정
치를 하던 시기였던 1866~1873년까지 8년 동안에 4차례의 큰
박해가 있었다. 1866년 병인양요(프랑스 군함의 통상 요구)로 인한 보
복으로 천주교 신자들에게 대거 박해를 가하였으며, 1871년 신
미양요에 대한 보복으로 박해를 가하였다. 그가 실각하는 1873
년까지 천주교 신자 8,000여 명이 순교했다고 하니 그는 쇄국정
책과 더불어 하나님의 뜻을 거스르는 일을 하고 말았던 것이다.

ⓗ 코리아와 개신교의 만남

✠ 토마스 목사 최초로 순교하다

영국 런던선교회 소속의 목사 로버트 저메인 토마스(Robert Jermain Thomas, 1839년~1866년 8월 31일)는 중국과 조선의 선교를 목적으로 상해에 입국한 목사다. 그는 1866년 미국인 상선 '제너럴 셔먼호'에 승선하여 조선으로 왔다. 셔먼호가 조선과의 통상을 원했으나 조선은 원하지 않았다. 셔먼호는 평양 대동강 모래톱에 걸려 좌초하게 되었고 토마스 목사도 승무원 23명과 같이 대동강에서 죽어 가야만 했다. 이때 토마스 목사는 자신을 죽이려는 군사를 향하여 두 손을 번쩍 들고 성경(한자)을 주고자 했으며 "예수"라는 소리를 지르면서 순교하였다. 이 한 알의 밀알이 된 토마스 목사의 순교로 조선은 하나님의 사랑을 받는 나라가 되었음을 세월이 지난 후에 알게 되었다.

✠ 존 로스 목사의 한글 성경 번역

존 로스(John Ross)목사는 1872년 스코틀랜드 장로교회가 중국으로 파송한 선교사이다. 그가 만주에 도착한 후에 영국인 토마스 목사의 순교를 알게 되었다. 그리하여 그는 코리아 선교에 열심을 내게 되었으며 코리아인 이응찬에게 한글을 배웠다. 후일 그는 이응찬, 서상륜 등과 같이 한글 성경을 번역하여 『예수셩교 누가복음젼서』, 『예수셩교 요한복음젼서』를 출판하였다. 1887년 마침내 신약성경 전체를 한글로 번역하였다. 한글 신약성경이 출판된 것이다. 한글 신약성경이 압록강을 건너 의주에 도착했다. 그리하여 남쪽 지방까지 한글 성경이 전달되었다.

성경이 번역된 것은 너무나 중요한 사건이다. 언더우드, 아펜젤러 선교사가 1885년 코리아에 입국한 후 2년 만에 한글로 번역된 성경이 대중들에게 읽혔다는 것은 참으로 중요한 사실이며, 이는 코리아가 하나님의 사랑을 받고 있었다는 증거이기도 하다.

① 기독교 선교사들이 입국하다

1876년 고종은 문호를 개방하고 서양 제국과의 통상을 하게 했다. 이때로부터 기독교의 전도 활동을 암묵적으로 인정하기에 이른다. 미국인 알렌 선교사는 1885년 서양식 병원 '광혜원'을 설립하였으며 아펜젤러 선교사는 1885년에 배재학당을, 스크렌튼 여사는 이화학당(이화여자대학교의 전신)을 설립하였다.

언더우드 선교사는 연희전문학교(연세대학교의 전신)를 설립했다. 이로써 조선에 파송되었던 미국인 선교사들은 학교와 병원을 설립하여 조선의 민중을 섬기며 젊은이들을 가르치기 시작한 것이다. 그 후 일본이 조선을 강점하였던 시기에도 선교사들은 한국인에게 우호적이었으며 한국인의 편에서 활동하였다. 기독교 200여 년은 서구 문명을 이해하고 수용하는 관문의 역할을 하였으며 독립 후 한국의 급격한 산업화 시기에도 기독교는 노동자와 시민의 인권보호에 앞장서서 활동함으로써 민주화에도 기여했다.

(9) 한일합방이 선포되다

일본은 1910년 8월 29일 조선을 일본과 합방한다는 발표를 하였다. 이미 일본은 청일전쟁(1894~1895), 러일전쟁(1904년 2월~1905년 9월)에서 승리함으로써 조선에 대한 주도권을 가지게 되었다. 청나라도 러시아도 조선에 대하여 자신들은 물러나고 일본이 주도권을 갖도록 허용을 하였던 것이다.

사실 일본은 1876년 운요호 사건(1875년 9월 20일 일본의 운요호가 강화도로 침입한 사건: 1876년 2월 군함 5척을 보내 압박을 가함)을 의도적으로 일으켜서 '조일 수호조규'를 강압적으로 맺었으며 조선의 문호를 개방하게 했다. 이는 한반도 침략의 교두보로 삼고자 했던 사전의 책략이었던 것이다. 1905년 제2차 조일협약을 강제로 체결하였다. 이때 일본은 조선의 외교권(外交權)을 빼앗아서 자신들이 행사했다. 즉, 조선은 외교권을 잃고 만 것이다. 나라가 외교권이 없다는 것은 무엇을 의미하는 것인가? 그것은 주권을 잃어가고 있었던 것이다. 1906년 2월 일본은 서울에 '조선통감부'를 설치하고 일본 군대를 진주시키고 한국을 통치하기 시작한 것이다. 이때 일본이 내건 명분은, 이는 조선 왕실의 안녕과 평화를 유지하기 위해서라는 것이다. 언제 조선 왕실이 일본에게 보호해 달라는 요청을 하였던가? 그런 일은 없었다. 이는 모두 다 조선을 집어삼키기 위한 사전의 책략이었다.

통감부의 초대 통감은 이토 히로부미다. 그는 노련한 정치가로서 일본의 수상을 여러 차례 했던 악독한 사람이다. 그는 우리 조선의 안중근 의사의 총탄에 의해 죽은 사람이다. 일본의 통감부 설치를 반대하는 등 일본을 물리치려 애썼던 고종 황제를 1907년에 일본은 강제로 퇴위시키고 만다. 그리고 마침내 1910년 8월 29일 '한일합방'을 선포하기에 이른다. 오호라, 애달프다.

ⓐ 3·1 만세운동(대한독립만세운동)

1919년 3월 1일 조선 독립을 선언하고 비폭력 만세운동을 일으켰다. 민족 대표 33인(대표 손병희, 기독교 대표 16명: 길선주 목사 등)이 서울시 종로에 있는 태화관에서 '조선은 독립국'임을 선포한다. 이 선언을 계기로 하여 전국에서 만세독립운동(萬歲獨立運動)이 일어났다. 3월 1일에 시작된 만세운동은 5월 말까지 계속되었으며 이 운동에 참여한 사람은 200만여 명이다. 사망자는 7,509명, 부상자는 15,961명이며 체포된 자는 46,948명(한영우, 다시 찾는 우리 역사, 경세원, 2002년)이라 한다. 이와같이 엄청난 희생을 치른 만세운동은 조선인의 나라 독립의 의지이며, 이 운동이 낳은 결과로 1919년 4월 11일 중국 상해에서 '대한민국 임시정부'가 세워졌다. 또한 이 운동은 중국인들에게도 큰 영향을 끼쳐서 베이징에서 대학생들이 5·4 운동(항일운동)을 일으키는 계기가 되었다. 조선 총독부도 이제까지의 무단통치(강압적 통치)에서 문화통치(회유적 통치)로 바꾸었다.

ⓑ 예비 독립 선언

제1차 세계대전이 종전되고 난 후 미국의 우드로 윌슨 대통령은 '각 민족의 운명은 그 민족 스스로 결정하자'라는 내용의 '민족자결주의'를 선포하였다. 이를 계기로 조선의 지식인들은 독립을 쟁취하는 계기를 마련하고자 했다. 1919년 2월 1일 중국 길림성에서 '무오독립선언'을 선언하였으며 1919년 2월 8일에는 일본 동경 재일본 한국 YMCA 회관에서 2·8 독립선언서를 선포하였다. 이러한 과정 속에서 고종 황제가 갑자기 서거하자(독살설이 퍼짐) 전국에서 고종의 장례에 참예하기 위해 50만여 명이 서울에 집결하게 된다. 분노한 조선의 민중들이 만세운동에 앞장을 서게 되었다.

ⓒ 교회의 역할

서울 연희전문학교와 이화학당, 배재학당 등 기독교 학교의 학생들이 독립선언서를 가지고 전국으로 흩어졌으며 전국의 기독교 교회당은 만세운동의 소식을 그 지역에 알리는 역할을 하였을 뿐만 아니라 주도적으로 만세운동을 일으켰다. 이미 민족 대표 33인 중에 16명이 기독교 대표로서 서명을 할 정도로 기독교는 민족의 독립에 깊이 참여하고 있었다.

⑽ 8·15 독립과 사회 혼란의 시기

1945년 8월 15일은 드디어 코리아 대중이 일본의 식민지에서 해방이 된 날이다. 그러나 이때에 코리아에는 통치 세력이 없었다. S. Korea로 진군한 미군과 N. Korea로 진군한 소련군이 있었을 뿐이다. 38도선을 중심으로 남과 북이 나누어진 상태였다. 1945년 12월 16일부터 25일까지 모스크바에서 열린 삼상회의(미국, 영국, 소련의 외무장관)에서 코리아에 대한 논의 끝에 코리아의 독립국으로 민주적인 정부를 세우기 위하여 미국과 소련의 공동위원회를 설치하여 4국(미국, 영국, 소련, 중국)이 5년간의 신탁통치를 한다는 것이었다. 이 소식이 전해지자 코리아의 지식인들은 신탁 반대, 신탁 찬성으로 나누어졌으며 극심한 대립으로 혼란스러운 상태가 되고 말았다.

초창기에는 이승만, 김구, 북한의 좌익도 반탁의 입장이었다. 그러나 북한의 좌익이 찬탁으로 기울어지는 등 좌익(공산주의), 우익(민주주의)으로 두 진영이 나누어져서 다투고 있었다.

ⓐ 좌우합작운동(左右合作運動)

중도파(김규식, 여운형, 안재홍 등)가 주도한 이 운동은 좌익과 우익이 합작하여 한반도 남북통일 임시정부 수립을 목표로 활동한 운동이다. 1946년 7월부터 시작하여 1여 년 동안 어렵사리 '좌우7원칙'을 세우는 데 성공을 했다. 그러나 미국과 소련의 대립이 심화되면서 좌우익 반발이 격화되어 갔으며 여운형이 암살되자 이 운동은 무산되고 말았다.

ⓑ 남북연석회의

좌우합작운동의 실패로 남북 분단이 현실화되어 가자 김구와 김규식이 좌우합작운동을 계승하는 '남북연석회의'를 이끌었다. 그러나 북한 정권이 세워지고 대한민국 정부가 수립됨으로써 남북연석회의는 무산되고 말았다.

하나님의 뜻과 세계 역사

(ⅱ) 대한민국 정부가 수립되다

  1948년 8월 15일 S. 코리아에 대한민국 정부가 수립되었다. 이승만 대통령은 1919년 4월 11일 상해에서 세워진 대한민국 임시정부 건국의 뒤를 이어 국호를 '대한민국'이라 칭하였으며 대한민국의 건국일은 1919년 4월 11일이라 했다. 이로써 상해 임시정부의 정통을 이어받은 대한민국 정부가 정식으로 세워진 것이다.

  북한의 정권은 1948년 9월 9일에 '조선민주주의인민공화국'을 건국하였다. 그리하여 한반도 코리아에는 S. Korea와 N. Korea가 공존하게 되었으며, 이렇게 분단국가가 들어서는 비극이 초래되고 말았다.

ⓐ 이승만 대통령과 농지개혁

  이승만 대통령의 '농지개혁'은 건국 못지않은 위대한 업적이었다. 당시 북한은 1946년 '무상몰수 무상분배'의 농지개혁을 20일 만에 완수했다. 이는 지주들로부터 강제적으로 무상몰수를 실시하였으며 그리하여 농민들에게 무상으로 경작권(소유권 불허)을 부여한 것이다. 경작권을 받은 북한의 농민들은 대환영이었다. 이러한 때 70%가 넘는 농민이 있는 남한에서도 북한식의 농지분배를 요구하기 시작했다. 그러나 미군정(彌軍政)은 북한식의 농지개혁을 반대했다. 이는 자본주의의 상징인 사적(私的) 소유권(所有權)을 부정하고 있기 때문이었다.

  이러한 갈등이 있었던 때에 이승만은 대통령이 되고 난 후 즉시로 농지개혁을 강하게 주장하여 11개월 만에 '농지개혁법'을 확정하고 농지개혁을 단행했다. 개혁 내용은 연평균 생산량의 30%(일제 때 소작료가 50%가 되는 곳도 있었다)를 5년 동안 정부에 내면 자기 농지가 되는 것이다. 지주들에게는 지가증권(地價證券)으로 지불했다. 이러한 농지개혁은 실시가 늦어졌는데, 그 이유는 북한의 지령을 받은 국회 내 좌익 세력의 지연 전술 때문이었다. 즉, 북한은 남한의 농지개혁이 통일된 '인민공화국'의 걸림돌이라 판단했기 때문이다. 좌익 세력의 방해에도 불구하고 이승만은 1950년 4월 농지분배 예정 통지서를 발부하였다. 이로써 전격적인 농지개혁이 실시된 것이다. 강원대 김학성 교수는 이 농지개혁이 이승만의 업적 중 건국 못지 않은 위대한 업적이라 평가했다. 왜냐하면 농지를 분배받은 농민들이 6·25 한국전쟁이 일어났을 때에 목숨을 걸고 자기의 땅을 지키려 했기 때문이었다. 만약에 농지개혁이 늦게 실시되어 공산주의 식 농지분배의 달콤한 속임수에 농민들이 넘어갔다면 쉽게 이 땅의 공산화가 이루어졌을 것이기 때문이다. 이는 애국가의 가사처럼 '하나님이 보우하사' 우리나라를 민주주의 나라로 지켜 주셨기 때문이다.

ⓑ 6·25 한국전쟁(The Korean war)

　1950년 6월 25일(일) 04:00에 북한군이 암호명 '폭풍 224'라는 치밀한 사전 계획에 따라 북위 38도선 전역에 걸쳐 기습 공격을 가해 온 것이다. 이는 소련 스탈린의 지원을 받은 김일성이 민족의 가슴에 총부리를 겨눈 참혹한 전쟁이 일어난 것이다. 1953년 7월 27일 정전협정이 조인되기까지 3년 2개월의 전쟁이 계속되었다.

　이 전쟁으로 대한민국과 북한의 피해는 실로 엄청났다. 이 전쟁으로 UN군에서 미국을 비롯하여 16개국이 참전하여 대한민국을 위하여 싸웠으며, 6개국의 의료진이 UN군을 도왔다. 북한의 공산군에도 중국, 소련, 북베트남군이 참전하였으며 6개국의 의료진이 북한군을 도왔다.

	S. Korea	N. Korea
군인 수	92만여 명	120만여 명
인적 피해	군인 전사자: 170,927명 군인 실종자: 32,585명 군인 부상자: 566,434명 민간인 사상자: 100만여 명	군인·민간인 전사자: 250만여 명 (대규모의 민간인 월남)
피해 규모	공업 기반시설 1/2 소실 피해액 30억 달러 (국부의 1/4 손실)	전력의 74% 소실 연료공업 89% 소실 화학공업 70% 소실

ⓒ 박정희 대통령과 경부고속도로 건설

　경부고속도로 건설은 한국의 경제를 비약적으로 발전시킬 수 있는 인프라였다. '국토의 대동맥'이자 '한강의 기적'을 이루었던 한국 고도 경제성장의 대표적인 상징물이라 평가하는 경부고속도로는 1968년 2월 1일에 착공하여 1970년 7월 7일에 완공하여 개통했다. 이는 당시 서울에서 부산까지 13시간이 걸리던 것을 5시간 이내로 단축을 시킨 대역사였다. 이는 박정희 대통령의 리더십을 보여주는 건설사업이었다. 그는 1964년 서독을 방문했을 때에 '본-쾰른'

의 아우토반을 여러 차례 왕복하면서 경부고속도로 건설의 꿈을 키웠다고 한다. 그리하여 그는 야당 등의 수많은 반대에도 불구하고 경부고속도로를 건설함으로써 한국의 경제를 크게 발전시킬 수 있는 계기를 마련한 것이다. 이는 나라 경영에 대한 박정희 대통령의 탁월한 지도력을 보여주었다 할 것이다.

ⓓ 박정희 대통령과 새마을운동

대한민국의 경제는 한강의 기적을 이룩하였고 세계가 주목하는 경제 대국이 되었다. 이 놀라운 경제성장의 주역은 박정희 대통령이다. 그가 경제개발 5개년 계획(4차례)을 세우고 기업들을 종용한 가운데 대한민국의 경제가 놀랍도록 발전에 발전을 거듭하여 세계 10대 경제 대국이 된 것이다.

그는 경부고속도로를 건설함으로써 비약적인 경제발전의 기틀을 마련했으며, 또한 농촌을 새롭게 발전시키기 위하여 1969년 11월 '농촌 근대화 촉진법'을 발표하고 1970년 4월 전국지방장관회의에서 새마을 가꾸기 운동을 말하면서 5~6월 구체적인 '농촌계몽운동'을 실시하기에 이른다.

'잘살아 보세, 잘살아 보세, 우리도 한번 잘살아 보세'라는 구호처럼 농촌을 잘살게 하기 위하여 실시한 '새마을운동'은 근면(勤勉), 자조(自助), 협동(協同)을 3대 정신으로 하였으며, 이 운동의 목적은 농촌을 살리고 경제를 부흥시키는 데 있었다. 1975년에는 도시와 공장에도 새마을운동이 확대되었다.

✠ 가나안 농군학교

박정희 대통령은 '가나안 농군학교(김용기 장로가 이끄는 기독교의 농촌운동)'를 방문하여 감명을 받았으며, 비서관을 보내 상세한 학교의 내용에 대해 보고를 받았다.

✠ 류태영 박사

류태영 박사(건국대 부총장)는 새마을운동의 기획자로 활동하였다. 그는 농촌 전문가로서 이스라엘과 유럽을 10여 년 동안 방문하면서 농촌 계몽과 현대화를 연구한 학자다.

✠ 새마을운동의 전파

새마을운동은 세계에서 상당히 높은 평가를 받고 있으며 특히 제3세계가 주목하는 농촌운동이다. 한국의 급속한 경제발전에 관심을 갖고 자국에 도입하여 농촌을 계몽, 발전시키고자 했다. 미얀마가 도입하여 시행하였다.

ⓔ 한강의 기적을 일으킨 경제인들

한강의 기적을 이룬 대한민국의 경제발전은 박정희 대통령의 주도하에 경제인들의 탁월한 경영으로 이루어진 결과이다. 2022년 한국의 국력이 세계 6위가 되는 엄청난 기적을 이루어 놓았다. 이 놀라운 기적을 어찌 사람들의 힘만으로 이룰 수가 있었겠는가? 특별하신 하나님의 도우심으로 가능한 일일 것이다.

하나님께서 사용하신 경제인들을 생각해 보자.

✠ 이병철 회장: 삼성(三星)그룹

이병철 회장(1910년 2월 12일~1997년 11월 19일: 경남 의령)은 일본 와세다 대학 정치경제학과를 중퇴하고 대구에서 '삼성상회'를 시작하여 9여 년 동안 서문시장을 중심으로 활발한 상업활동을 하였다. 그 후 서울로 옮겨 '삼성전자' 등을 창업하여 장족의 발전을 거듭한 기업인이다. 그는 1980년대 제2차 석유파동을 겪으면서 '반도체'에 회사의 운명을 걸기로 했다. 모두가 반대하는 가운데서도 그는 30년 앞을 내다본 마인드로 '반도체'에 투자하였다. 그 '반도체'가 삼성전자를 세계적인 회사로 발전하게 했으며, 대한민국의 경제를 발전시키는 데 지대한 공헌을 하고 있다.

✠ 정주영 회장: 현대(現代)그룹

정주영 회장(1915년 11월 25일~2001년 3월 21일: 강원 통천)은 현대그룹의 창업자로서 그의 기인(奇人) 같은 경영은 놀라울 정도이다. 조선소 시설도 없는 가운데서 영국의 바클레이 은행에서 융자를 얻어서 현대조선소(중공업)를 설립하여서 오늘날 세계적인 조선소로 발전시켰다. 1998년 소 떼 1,000마리를 이끌고 북한을 방북한 사건은 유명하다. 그가 창업한 ㈜현대건설, ㈜현대자동차는 세계적인 기업이 되었다. 그가 창업한 수많은 회사들이 대한민국의 경제발전에 지대한 공헌을 하고 있다.

✠ 박태준 회장: 포항제철그룹

한국의 철강왕 박태준 회장(1927년 9월 29일~2011년 12월 13일: 부산시 기장)은 육군사관학교 출신으로서 소장으로 예편하여 기업가로 변신한다. 그는 만성적인 적자에 시달리던 ㈜대한중석을 맡아 1년 만에 흑자로 돌아서게 했다. 그가 박정희 대통령의 발탁

하나님의 뜻과 세계 역사

으로 '포항제철'을 맡아서 세계적인 기업으로 발전시켰다. 그는 "조상의 혈세로 짓는 제철소다. 실패하면 우향우해서 영일만에 빠져 죽자", "제철보국을 우리 인생의 신조로 삼자", "자원은 유한하지만 창의는 무한하다", "안 된다고 포기하지 말라" 등 수많은 일화를 남긴 인물이다. 그가 이룩한 제철사업은 조선, 자동차, 건설 등 대한민국 경제에 크게 기여하게 되었다. 광양제철소, 포스코건설, 포스코대학교 등이 있다.

❋ 그 외의 기업

한강의 기적을 이룩한 코리아의 기업은 삼성, 현대, 포항제철 외에도 많이 있다.

- 대우그룹의 창업자 김우중 회장(1936년 12월 19일~2019년 12월 9일: 대구시 봉산동)
- SK그룹의 창업자 최종건 회장(1926년 1월 9일~1973년 11월 15일: 경기 수원)
- LG그룹의 창업자 구인회 회장(1907년 8월 27일~1969년 12월 31일: 경남 함안군)
- 롯데그룹의 창업자 신격호 회장(1921년 11월 3일~2020년 1월 19일: 울산시 울주군)
- 한화그룹의 창업자 김종희 회장(1922년 11월 12일~1981년 7월 23일: 충남 천안)
- 코오롱그룹의 창업자 이원만 회장(1904년 9월 7일~1994년 2월 14일: 경북 경주)
- 한진그룹의 창업자 조중훈 회장(1920년 2월 11일~2002년 11월 17일: 서울 서대문구)

⑿ 평화의 나라 코리아

ⓐ 코리아는 침략전쟁을 일으킨 적이 없다

코리아는 중국이라는 대국을 머리에 두고 존재해 왔기 때문에 침략의 역사는 없다고 해도 과언이 아니다. 대신에 침략을 당해 온 것이 사실이다. 중국으로부터, 그리고 마침내 일본의 침략으로 인하여 35년간 식민지로 살아야만 했다. 그러니까 대국인 중국, 그리고 이웃 나라 일본으로부터 침략을 당했을지언정 다른 나라를 침략한 적은 없다는 것이다.

그러나 전쟁의 역사는 있다. 그 전쟁의 역사는 다른 나라의 침략을 방어하기 위하여 불가피하게 전쟁에 나선 것이다.

ⓑ 뛰어난 3대 대첩(大捷)

한반도의 역사에는 3대 대첩이 있다. 대첩이란 대승(大勝)을 의미한다.

✠ 살수대첩

이는 중국 수나라 양제가 고구려를 침공한 전쟁이다. 군사 1,133,800명을 이끌고 612년 고구려를 침략해 왔을 때에 을지문덕 장군이 살수에서 수양제의 30만 별동대를 격파하고 승리한 대첩을 말한다.

✠ 귀주대첩

이는 거란의 소배압 장군이 1018년 고려를 침략해 왔을 때에 강감찬 장군이 귀주 들판에서 거란군을 궤멸하고 승리한 대첩을 말한다.

✠ 한산도대첩

이는 1492년 일본이 조선을 침략해 왔을 때에 이순신 장군이 거북선을 이끌고 일본의 해군을 수장시킨 대첩을 말한다.

한반도의 뛰어난 3대 대첩은 침략당한 우리나라를 방어하기 위한 전쟁이었다. 그 놀라운 3대 대첩은 한민족의 우수함을 중국과 거란, 일본에 분명하게 보여준 승리의 전쟁이었다.

ⓒ 대마도(일본명: 쓰시마 섬)를 정벌하다

대마도(對馬島)는 일본 본토와 한반도의 중간에 있는 섬으로 중간 무역의 근거지였다. 날씨가 청명한 날에는 거제도에서 대마도가 보인다.

그러나 대마도는 양식 등이 부족하여 한반도의 남해안 연안과 중국의 연안에 침입하여 그 물적인 것들을 노략해 가는 해적 무리들의 근거지였다.

이러한 해적을 소탕하기 위하여 한반도는 3차에 걸쳐 대마도를 정벌하기에 이른다.

✠ 1차 대마도 정벌

고려 창왕 2년인 1389년에 박위 장군이 이끄는 군대가 대마도를 정벌하였다.

✠ 2차 대마도 정벌

조선 태조 5년인 1396년에 김사형 장군이 이끄는 군대가 대마
도를 정벌하였다.

✠ 3차 대마도 정벌

조선 세종 1년인 1419년에 이종무가 이끄는 군대가 13일 동안
에 대마도를 정벌하고 대마도주 종정성(宗貞盛)의 항복을 받아냈
다. 대마도주는 항복문서에서 대마도를 코리아의 경상도 일부로
편입해 줄 것과 조공을 바칠 것을 명기하고 있다. 이는 대마도가
코리아의 땅이 되게 해 달라는 요청이었던 것이다. 3차 대마도
정벌로써 해적의 무리가 소탕되는 듯했다. 그러나 저들은 살기
위해서 도적질을 계속해야만 했던 것이다. 그 후에도 해적의 무
리들이 조선의 연안을 침입하여 사람과 물화를 노략해 갔던 것
이다.

대마도 정벌의 역사는 결코 침략의 전쟁이 아니다. 이 역시 해
적을 소탕하기 위한 자구책으로 일으킨 전쟁임이 분명하다. 코
리아의 백성들을 지키기 위한 불가피한 전쟁이었을 뿐이다.

⒀ 코리아의 선교 역사

ⓐ 선교사가 왔던 나라 코리아

✠ 언더우드 선교사와 아펜젤러 선교사의 코리아 선교

1885년 4월 5일(부활주일)은 코리아의 선교 역사에 괄목할 날이다. 이는 미국 북장로교회의 선교사 호러스 그랜트 언더우드와 미국 북감리교회의 선교사 헨리 아펜젤러가 인천항을 통하여 입국한 날이기 때문이다. 그 후 그들이 코리아 선교에 남긴 족적은 대단했다. 오늘날의 연세대학교, 이화여자대학교, 그리고 정동제일교회, 새문안교회와 경신중고등학교, 배재중고등학교 등이 두 선교사가 세운 학교와 교회이다. 이들이 선교에 이바지한 일들은 참으로 괄목할 일들이었다. 이는 곧 오늘날의 코리아 탄생에 밑거름이 되어준 일들이라 할 수가 있다.

✠ 알렌 선교사의 활동

미국 북장로교회의 선교사이며 의사인 호러스 뉴톤 알렌은 당시 미국 공사관의 의사로 임명되어 1884년에 코리아에 왔다. 그가 온 지 3개월 만에 갑신정변이 일어나고 왕비의 친족인 민영익이 치명적인 외상을 7군데나 입게 되었다.

생명이 경각에 달려 있던 민영익을 알렌이 서양 의사로서 외과처치를 통하여 살려내자 고종 황제가 알렌의 의술을 알게 되면서 1885년 광혜원(세브란스 병원)을 설립하게 되었다. 코리아에 서양 의사의 의술이 펼쳐지게 된 계기였다.

✠ 조선인의 손으로 교회를 세우다

카톨릭의 이승훈은 1784년 스스로 중국의 성당에 찾아가서 그라몽 신부로부터 세례를 받은 사람이다. 그는 조선에 돌아와서 '명례방 공동체(신앙 모임)'를 이끌었다. 이는 조선인 스스로가 교회를 세우고 신앙활동을 한 것이다.

ⓑ 선교사를 파송하는 나라 코리아

✠ 이제는 파송하는 나라로

코리아는 선교사를 받아들이는 나라에서 이제는 파송하는 나라로 변화되었다. 이는 세계의 선교 역사에 새로운 이정표를 기록하고 있다. 받는 나라에서 주는 나라가 된 것이다.

한국 세계 선교협의회의 자료에 의하면 한국은 이제 세계에서 두 번째로 많은 선교사를 파송하는 나라라고 한다. 첫 번째가 미국이고, 두 번째가 한국이라는 것이다.

다음은 선교사 파송 현황이다.

- 1979년 93명의 선교사를 파송하다.
- 2008년 20,503명의 선교사가 파송되다.
- 2020년 한국 국적의 장기 선교사 22,259명, 단기 선교사 451명.
- 한국 선교단체에 속한 국제(타국) 선교사: 70개국에서 1,435명.

✠ 선교사 수 증가 추세

서구의 선교사들은 새로이 파송하는 숫자보다 은퇴자가 많아서 감소세로 돌아선 반면에 한국은 해마다 1,500명의 새로운 선교사를 배출하고 있는 현상이다. 이처럼 한국은 새로운 선교사를 파송하는 일에 열심을 내고 있다. 이는 멀지 않은 장래에 한국의 선교사 숫자가 세계 제1위가 될 수도 있다는 것이다.

하나님의 뜻을 따르는 방향의 코리아

(1) 세계 최초로 금속활자를 발명하다

404쪽 참고

(2) 한글 창제

406쪽 참고

(3) 선교사를 받아들이고 파송하다

앞에서 기술한 것처럼 코리아는 선교사들을 받아들였으며, 이제는 수많은 선교사들을 해외로 파송하고 있다.

(4) 3·1 만세운동(대한독립만세운동)

416쪽 참고

(5) 이승만 대통령의 농지개혁

　우리나라 곡창인 호남의 경우에 소작농의 비율이 대체로 약 80%에 이른다. 그러니까 일 년 농사를 열심히 지었어도 그 소작료로 약 50%를 지주에게 주고 나면 소작농민은 살기에 힘겨운 것이다. 이러한 한국 농촌의 병폐를 간파한 이승만 대통령은 1950년 4월 20일 '토지개혁'을 단행했다. 그러니까 지주들의 농지를 정부가 구입하고 그 대금으로 토지증권을 주었다. 그 농지를 소작농민들에게 주고 일 년에 수확량의 30%를 정부에 내면 5년 후에는 농민의 땅이 되게 했다. 소작농민은 이제 자신의 농지를 소유하게 되었다. 이는 괄목할 만한 농지개혁이었다. 이제 농민들은 소작농민이 아니라 자신의 땅을 가진 지주 농민이 된 것이다.

　물론 5년에 걸쳐 그 농지 대금을 갚으라고 했다. 그러나 분명한 것은 자신이 농지의 주인이 되었다는 것이며 5년 동안 정부에 30%(소작료보다 낮다)씩을 갚으면 완전히 자신의 농지가 된다는 것이다. 이러한 '농지개혁'은 소작농민들에게 큰 희망이 되었으며, 이렇게 소작농들이 자신의 농지를 소유하게 되었던 것이다. 이 농지개혁은 6·25 한국전쟁에도 큰 영향을 주었다. 공산당들이 남한에 진주하면서 선전한 것이 무엇이었느냐? 지주들에게서 농지를 강제로 빼앗아서 소작농민들에게 준다는 것이다. 실제로 북한에서는 지주로부터 농지를 강제로 빼앗아서 소작농민들에게 주었던 것이다. 그러나 남한은 정부가 지주들로부터 농지를 구입해서 배분을 한 것이다. 이러한 일들을 알게 된 남한의 소작농민들은 이미 우리는 농지를 받았다, 강제가 아니라 정당하게 배분을 받고 그 농지 대금을 갚아나간다는 것이었다. 이승만 대통령의 '농지개혁'은 국민 모두가 잘사는 나라를 이룩하고자 하는 개혁이었다. 이를 하나님은 기뻐하신다.

(6) 박정희 대통령과 경부고속도로 건설

421쪽 참고

(7) 박정희 대통령과 새마을운동

422쪽 참고

(8) 북한 동포들을 수용하다

6·25 한국전쟁이 일어났을 때에 북한에서 남한으로 피난을 온 사람들이 수백만여 명에 달했다. 남한은 그 피난민들을 수용하고 함께 살아왔다. 물론 6·25 전쟁 전에도 한경직 목사 같은 분들은 공산주의가 싫어서 남한으로 이동해 왔다. 그러한 사람들이 상당한 숫자였다. 그러나 결정적으로 6·25 한국전쟁에 의해 공산주의의 그 횡포를 목격하고 남한으로 줄을 이어 피난을 온 것이다. 이 수백만의 북한 동포들을 남한의 사람들은 수용하여 함께 살아왔다.

세계의 역사 속에서 한국전쟁 때처럼 짧은 기간에 수백만 명이 이동해 오고, 그 수백만 명을 수용한 역사는 없다 해도 과언이 아니다. 이는 성경에서 객과 고아와 과부를 대접하라는 말씀을 남한 사람들이 포용한 것이다.

북한으로부터 남한으로 온 사람들은 나그네들이었다. 그리고 한국전쟁으로 인하여 고아가 된 수많은 아이들을 고아원 등에서 수용하여 길렀다. 특히나 미국 등의 원조로 한국의 교회들이 앞장을 서서 고아원을 설립하고 그들을 돌보아 온 것이다. 이러한 일들을 하나님은 기뻐하시는 것이다. 그렇기에 하나님은 코리아를 축복하신 것이다.

(9) 교육에 대한 한국 교회의 열망

대한민국의 사립학교는 미션스쿨이 많다. 연세대학교, 이화여자대학교, 배재대학교 등 다수의 대학과 경신중고교, 대광중고교, 문화중고교 등 수많은 사립학교가 있다.

그 비율을 정확히는 알 수 없으나 분명한 사실은 기독교 교회가 세운 학교가 많다는 사실이다. 사립 중고교 중에는 기독교 학교의 비율이 70% 정도라는 말도 있을 정도이다. 이처럼 기독교 교회들이 학교를 열심히 세운 것은 선교에 목적이 있을 뿐만 아니라 교육을 통하여 하나님의 나라를 건설하는 것에 목적이 있었다.

이러한 기독교의 교육 열망이 대한민국의 근대화에 앞장을 선 것이다. 개화된 학생들이 세계의 정세를 알고 세계화에 눈을 돌리고 세계화에 크게 기여하게 된 것이다.

⑩ 4·19 혁명과 민주화 운동

4·19 혁명은 1960년 4월 19일을 전후로 일어난 민주화혁명이다. 3·15 마산 의거를 통하여 이승만 독재 정권에 항거하였으며, 4월 11일 제2차 마산 항거가 일어났다. 이 항거운동이 전국적으로 확산되어 4·19 혁명이 일어났다.

이는 독재에 항거하고 민주주의를 열망하는 한국인들의 외침이었다. 이는 1919년 3·1 운동의 정신을 이어받은 것이며, 생명을 바쳐 독립운동을 하였던 선조들의 정신이 흐르고 있음을 증거하는 항쟁이었다.

한국의 민주화 과정에서 수많은 사람들이 희생되었다. 이는 '자유가 아니면 죽음을 달라'라고 했던 페트릭 헨리의 외침과 같이 한국의 '자유민주주의'를 위하여 항거한 민주화의 거대한 물결이었다.

ⓐ 부마 항쟁

1979년 10월 부산과 마산을 중심으로 일어난 항쟁이다. 박정희 유신 정권의 퇴진을 외친 항쟁이다.

ⓑ 5·18 민주화 항쟁

1980년 5월 18일을 전후로 하여 광주에서 민주화 항쟁이 일어났다. 전두환 정권의 폭압에 항거하여 일어난 항쟁이다. 수많은 생명이 희생되었던 아픔의 항쟁이었다.

ⓒ 6·10 민주화 항쟁

　1987년 6월 10일을 전후로 하여 일어난 민주화 항쟁이다. 전두환 정권의 장기 집권 저지와 민주화 헌법 쟁취를 목적으로 하였다. 마침내 6·29 선언이 발표되고, 대통령의 5년 단임 직선제 개헌이 이루어졌다.

3.

하나님의 뜻을 거스르는 방향의 코리아

(1) 왕조 시대와 신분제도

코리아는 왕조 시대로 이어져 왔다. 일제강점기를 지나 8·15 해
방이 된 이후에야 비로소 S. Korea에 민주주의 정부가 세워졌다.

왕조 시대는 평등의 시대가 아니었으며, 또한 신분제도(사농공
상)의 차별이 존재했던 나라이다.

(2) 쇄국정책

코리아는 쇄국정책을 펼쳐왔다. 특히 홍선대원군(1863~1873)의
쇄국정책은 변화하는 세계정세 속에서 암흑기를 가져온 불행한
시대였다.

이로써 코리아의 발전도 늦어지게 된 것이다.

(3) 신사참배를 결의하다

한국 교회가 참으로 비참한 죄악을 저지른 사건이 일어나고 말았다. 이는 '신사참배'를 결정한 사건이다. 신사(神社)는 일본에서 왕실의 조상, 국가에 공로가 큰 사람을 신(神)으로 모신 사당인데, 이곳을 참배하는 일은 일본의 죽은 사람을 하나님보다 더 높이며 절을 하는 큰 죄악인 것이다. 당시 총독부는 한국 교회에 신사참배를 강요하였으며, 신사참배를 반대하는 기독교 학교를 폐교하겠다고 위협하는 상황이었다.

1938년 9월 10일 일본 경찰의 삼엄한 경비하에 '평양 서문밖교회'에서 제27회 '조선 예수교 장로회' 총회가 열렸다. 이때의 대표는 193명(목사 86명, 장로 85명, 선교사 22명)이었다. 총회장 홍택기 목사가 '신사참배' 안건을 상정하면서 가(可)만 묻고 부(否)는 묻지도 않은 채 '신사참배'가 만장일치로 가결되었다고 기습적으로 선언했다. 이때 선교사 20여 명이 일어나 외치기를 "안 돼요", "불법이요", "항의합니다" 하였으나 소용이 없었다. 이로써 한국 교회는 하나님께 씻을 수 없는 큰 죄악을 행하고 말았다.

신사참배의 후폭풍은 컸다. 일본의 폭압정치에 교회가 항복함으로써 교회가 힘을 잃어버리게 된 것이다. 뜻있는 사람들이 교회를 떠나가고 수많은 기독교인들이 신사참배를 거부하다 투옥되고 희생되었다. 주기철 목사등이 신사참배를 반대하였으며, 105인 사건은 유명하다. 그리고 마침내 장로교단 내에서 교단이 분열되고 말았다. 영적으로 해석하는 사람들은 북한이 공산주의가 된 것이 신사참배와 무관하지 않다고도 해석한다.

ⓐ 신사참배를 반대하다

1938년 6월에 부산 해운대교회에서 개최된 제41회 경남노회
(최상림 노회장)에서 신사참배 안건을 상정하여 반대하는 결의를
하였다. 이는 9월에 개최될 예정인 평양 총회 전에 신사참배 반
대를 결의한 것이다.

6·25 전쟁 후 1950년 8월에 한국은 공산 치하에 들어갔다. 그
러나 경상남도와 경상북도 일부는 공산 치하에 들어가지 않았
다. 이는 무엇을 말하고 있는 것인가?

ⓑ 장로교회가 70%였다

당시 한국 교회의 70%는 장로교회였으며 30% 정도가 타 교단
이었으니 신사참배 사건에 있어서 장로교회의 책임은 크다 할 것
이다.

1936년 6월 감리교회도 신사참배를 결의하였으며, 천주교도
로마 교황청의 지시로 신사참배를 하였다. 마지막 장로교회가 견
디지 못하고 1938년 9월 10일에 신사참배를 결의하고 만 것이다.

그러나 끝까지 신사참배를 반대하던 '성결교단'은 1943년 12월
29일 교단이 해체되고 말았다.

ⓒ 북한이 공산화되다

1945년 조선의 교회는 3,000여 개였다. 그중에 2,500여 개는

북한 지역에, 500여 개는 남한 지역에 있었다. 그러나 신사참배 사건과 6·25 전쟁 후 북한에는 교회가 존재하지 못하게 되었으며 남한의 교회는 크게 부흥하였다.

ⓓ 신사참배를 회개하다

1950년 8월 30일 부산의 초량교회에서는 한상동 목사를 비롯하여 250여 명의 교역자들이 신사참배 회개 및 구국기도회를 시작하였다. 이는 나라의 위기 앞에서 한국 교회가 저지른 '신사참배', '동방요배'에 대한 처절한 참회를 하고 이로써 나라를 구하기 위하여 기도회를 시작한 것이다. 이들의 통절한 기도 소리를 우리 하나님이 들어주셨으므로 나라가 공산주의 치하에 빠지지 아니하고 '민주주의 대한민국'을 건설하게 된 것이리라.

(4) 한국전쟁

앞서 기술했듯 6·25 한국전쟁으로 수많은 피해를 낳았다.

(5) 주사파의 준동

코리아는 8·15 해방 이후 대한민국 정부가 수립되기까지 좌익과 우익의 극심한 대립이 있었던 나라이다. 이승만 대통령의 농지개혁 때에도 남한의 국회 안에서 북한의 지령을 받은 인사들이 농지개혁을 방해했다. 결국 S. Korea는 민주주의로, N. Korea는 공산주의로 그 체제가 정립이 되었다. 그리하여 민족분단이라는 비극하에 역사가 계속되어 오고 있다. 그런데 중요한 것은 S. Korea에 주사파(북한의 통치 이념을 따르는)가 준동하고 있다는 사실이다. 주사파로서 정치적인 주장을 하고 싶다면 북한에 가면 될 것이다. 왜 남한에서 북한의 정치 이념을 주장하면서 남한을 북한화하고자 하는가? 이미 세계적으로 망해 버린 공산주의의 망령에 잡혀 있는 이유가 무엇인가? 북한에도 민주주의 이념을 주장하는 사람들이 공개적으로 활동을 하고 있는가?

하나님의 뜻과 세계 역사

코리아의 미래

코리아의 미래는 장밋빛으로 물들고 있다. 이는 세계의 학자들이 그리 평가하고 있다.

(1) 한국의 국력이 세계 6위다

미국의 US 뉴스 & 월드 리포트 갈무리는 2022년 10월 7일 자로 전 세계 85개국 17,000여 명을 대상으로 하여 10개 항목을 조사한 결과 한국이 전 세계에서 국력(Power)이 6위라고 발표했다. 그 개별 점수를 보면 수출 호조 84점, 경제적 영향 79.8점, 군사력 79.1점, 국제 외교 66.4점 등 높은 점수를 받았다. 정치적 영향 48.6점, 리더십 영향 22.5점 등은 낮은 점수를 받았다. 종합 점수는 64.7점으로 6위라고 했다. 1위는 미국이며, 2위는 러시아, 3위는 중국, 4위는 독일, 5위는 영국, 7위는 프랑스, 8위는 일본이다.

코리아는 1960년대부터 꾸준히 성장해 왔으며 수출액으로는 세계 제7위이고 경제 규모는 세계 제11위라고 한다. 뿐만 아니라 코리아는 세계에서 첨단 산업의 산실이라는 평가도 받고 있다.

이러한 평가는 참으로 놀라울 수밖에 없다.

(2) GUTS 시대가 온다 I

미국에서 영향력 있는 「Foreign Policy」 2012년 호에서 앞으로 세계는 변화될 것이며 G7의 시대와 BRICS(Brasil, Russia, India, China, South Africa)시대도 가고 GUTS(Germany, United States, Turkey, South Korea)의 시대가 온다고 했다. 이러한 주장을 펼친 사람은 부르킹스 연구소의 브루스 존스(Bruce Jones)와 토마스 라이트(Thomas Wright) 연구원이다. 이들이 주장하기를 2040년경이 되면 GUTS 시대가 온다는 것이다. 향후 5년 이내에 한국은 일본의 일 인당 GDP를 능가할 것이라고도 했다.

이러한 주장에 대하여 반론을 펼치는 사람들이 있었기에 「Foreign Policy」는 그 다음 호에서 다음과 같이 한국이 세계의 강대국 대열에 합류할 수 있는 5가지 근거를 제시하고 있다.

ⓐ 국민성이 근면하고 열정(passion)적이다

코리아는 '새마을운동'의 정신(근면, 자조, 협동)을 강조하였다. 뿐만 아니라 코리아의 국민들은 근면(勤勉)한 정신이 몸에 배어 있었다. 그래야만 살 수가 있었기 때문이었다.

헤겔의 『역사철학』에는 그 마지막 결론에 열정(Passion)에 대한 글이 있다. '길고 긴 세계의 역사 속에서 그 시대의 지도자는 열정이 있는 사람이었다'라고 했다. 열정은 사람이 무엇인가를 이루어 내는 원동력이 되는 것이다. 코리아의 국민들은 목표를 향하여 열정적으로 일을 하면서 살아왔다.

ⓑ 교육열이 대단하다

코리아에는 소(牛)를 팔아서라도 자식을 공부시킨다는 말이 있다. 어찌하든지 온 힘을 다하여 자신의 자녀를 공부시키겠다는 마음이다. 이러한 부모의 교육열이 오늘날 코리아의 놀라운 발전에 지대한 공헌을 하게 되었다.

ⓒ 기술(technology)의 발전이다

코리아에는 세계적인 1등 기업들이 있다. 반도체, 조선, 철강, 원자력 발전소 등 기술적인 발전의 속도가 놀라울 정도이다.

ⓓ 해외 교포들이 자산이다

해외의 한국인이 700만여 명이다. 1997년 금융위기 때에 미국과 캐나다에 거주하는 동포가 30억 US달러를 모금하여 한국 정부에 보내왔다.

ⓔ 기독교가 정신적인 지주다

한국의 프로테스탄트 교회는 한국인들에게 정신적인 영향을 끼쳤다. 세계 선교 역사에서 가장 성공적인 나라는 한국이다.

(3) GUTS 시대가 온다 2

2022년 9월에 미국 부르킹스 연구소의 부르스 존스와 토마스 라이트가 주장하기를 GUTS 시대가 온다고 했다. 즉, 코로나 팬데믹이 지나가고 우크라이나 전쟁이 종전되며, 현재 세계의 불경기가 지나가고 난 후에 어떠한 세계가 펼쳐질 것인가? 이제는 GUTS(Germany, United States, Turkey, South Korea) 시대가 온다는 것이다. 두 사람의 연구원은 2012년에도 그러한 주장을 하였는데 10년이 지난 후에도 같은 주장을 펼치고 있다. 한국은 이미 2022년 국력에서 제6위라는 평가를 받고 있다.

(4) 한류 문화 K-POP이 세계화되다

한류 문화(韓流 文化, Korean Wave: 코리아의 대중문화를 좋아하여 열광하는 현상)는 1997년 정부의 문화 수출 일환으로 영화, 드라마가 타이완, 일본, 베트남, 중국 등에 방영됨으로써 코리아의 대중문화가 인기를 얻게 되었다.

2003년 '겨울연가'가 일본에서 큰 인기를 얻었으며 타이완에서도 '가을동화'가 방영되어 인기를 얻었다. 그리하여 2000년대에는 아시아에서, 2010년대에는 세계화로 발전하게 되었다.

ⓐ K-POP의 인기는 하늘을 찌른다

코리아 아이돌의 K-POP(Korean POP)은 세계의 젊은이들을 열광시키고 있다. 코리아에서 대중적 인기를 얻은 코리아의 댄스(Dance) 음악인 K-POP은 음악의 새로운 장르를 개척했다. 즉, 이제까지의 듣는 음악에서 보는 음악으로 변화를 준 것이다. K-POP의 인기는 일본과 중국, 아시아를 넘어 북미, 유럽, 중동 젊은이들의 마음을 사로잡고 있다. K-POP은 원더걸스의 'Tell Me'를 기점으로 질적, 양적으로 크게 성장을 거듭해 오고 있다. 방탄소년단도 'DNA' 발표부터 세계 음악시장을 크게 흔들어 놓고 있다.

ⓑ 한류 문화의 다양화

한류 문화(K-Culture)의 다양함이 세계로 뻗어나가고 있다. K-POP, K-드라마, 게임, 영화, 만화, 캐릭터, 한식(韓食), 한글 등 세계의 젊은이들로부터 다양하게 인기를 얻고 있다. 한류 문화의 확장은 세계인의 마음에 코리아에 대한 이미지를 좋게 할 뿐만 아니라 코리아의 상품들에까지 확장되어 가는 힘이 있다 할 것이다.

(5) 코리아의 교회가 희망이다

코리아의 교회는 세계의 선교 역사에서 가장 성공적인 사례라 한다. 코리아의 인구 1/4이 기독교(카톨릭, 개신교, 성공회)인이다. 카톨릭 선교 238년(이승훈 세례 1784년)과 기독교 선교 137년(언더우드 선교사 1885년 입국)의 선교 기간 동안에 대단한 선교의 결실을 얻은 것이다.

뿐만 아니라 개신교 교회의 선교사 파송은 세계에서 미국 다음으로 2위를 기록하고 있으니 대단한 결실이라 할 수가 있다. 또한 코리아는 '통일 코리아'를 준비하고 있다. 이는 N. 코리아의 동포들을 어떻게 복음화할 수 있을까를 고민하고 그 준비를 하고 있는 것이다.

이미 코리아에는 기독교가 배출한 걸출한 인물들이 독립운동과 건국 한강의 기적을 이루는 데 큰 역할을 하였다.

ⓐ 독립운동과 계몽운동

3·1 운동 33인 대표 중 16명이 기독교 대표이며, 이승훈 선생(오산학교 설립자, 3·1 독립선언서 서명자), 유관순 열사(3·1 운동), 안중근 의사(카톨릭), 김구 선생, 김규식 박사(좌우합작의 주역), 서재필 박사(독립신문) 안창호 선생(흥사단), 이상재 선생(YMCA운동) 등이 있다.

ⓑ 정부 수립과 한강의 기적

이승만 대통령, 한경직 목사(아시아인 최초로 템플턴 상 수상), 조용기 목사(세계 제1의 교회를 이룩함), 김선도 목사(세계 제1의 감리교회를 이룩함), 정주영 회장(현대그룹), 박정희 대통령(주일학교 다님), 김영삼 대통령(장로), 김대중 대통령(카톨릭), 이명박 대통령(장로), 김활란 박사(이화여대 총장), 김용기 장로(가나안 농군학교 설립자), 김진홍 목사(통일 한국을 준비하는 신광두레교회) 등이 있다.

(6) 기독교와 코리아

코리아에 기독교가 전파된 역사는 카톨릭 역사 238년, 개신교 역사 137년이라고만 알려져 있다. 그러나 1965년 경주의 불국사에서 '돌 십자가'와 '철제 십자가 무늬의 장식 2점', '성모 소상'이 출토됨으로써 학계의 관심이 일어났다.

즉, 기독교의 코리아 전파는 더 오랜 역사를 가지고 있다는 주장이다.

ⓐ 삼한(三韓) 시대에 소도가 있었다

삼한(B.C. 4세기~B.C. 108년) 시대는 군장과 천군(제사장)이 함께 나라를 다스리는 제정분리(祭政分理)의 시대였다. 그때 죄인이 제사장이 다스리는 소도(蘇塗)로 들어오면 군장이라도 잡아갈 수가 없었다.

이는 무엇을 뜻하는 것인가? 그것은 성경 민수기 35:11의 도피성(逃避城)과 같은 제도이다. 뿐만 아니라 삼한 시대에 레위 지파 사람들이 삼한에 와서 살았으며 저들이 천군이 되어 제사장의 역할을 감당했다는 것이다.

그러므로 코리아에는 이미 B.C. 4세기경부터 유대인 레위 지파 사람들이 거주하였다는 것이다.

ⓑ 사도 도마 상(像)이 발견되다

1987년 경북 영풍군 평은면 왕유리에서 5m 높이의 머리 잘린 석상이 발견되었는데 그 옆에는 히브리어로 '도마'라고 쓰여 있었다.

이 석상이 도마 상이라고 증명할 수 있는 특징이 있다. 석상의 수세(手勢)와 상의 구도나 복장의 화려함, 샌들을 신은 열 개의 발가락 등의 조형이 기독교 특유의 것이라는 것이다. 이 석상을 관찰한 윌리엄 스텐리(Dr. William Stannly) 영국 에딘버러 교수는 말하기를, 인도에도 이와 비슷한 그림이 있으며 특히 양손의 모양이 불상과는 다르다고 했다.

도마 상이 발견됨으로써 코리아에도 '사도 도마'의 복음 전파가 1세기에 이루어졌다는 것을 알 수가 있다.

ⓒ 김수로왕릉에 '오병이어'의 그림이 있다

김해에 있는 '김수로왕릉'에는 성경의 '오병이어'를 의미하는 그림이 그려져 있다.

이는 허왕옥 왕비가 김해로 올 때에 기독교 신앙을 가지고 왔다는 반증이다. 허 왕비는 인도의 아유타국의 공주였는데 그가 김해로 와서 김수로왕의 왕비가 되었으며 그녀의 영향으로 김수로왕릉에 '오병이어'의 그림이 있다는 주장이다.

ⓓ 불국사에서 십자가가 출토되다

1965년 경주의 대표적인 사찰 불국사에서 '돌 십자가'와 '철제 십자가 무늬의 장식 2점' 그리고 '성모 소상'이 출토되었다. 이는 신라 시대에 기독교가 전파되었다는 뜻이 아닌가?

통일신라 시대에는 중국의 당나라와 그 교류가 활발했던 시기였다. 당태종 9년(635년 경교 전파됨) 때에 경교가 활발했었기 때문에 신라에도 경교가 전파되어 '돌 십자가' 등이 불국사에서 출토된 것이 아닌가 한다.

(7) S. Korea vs N. Korea

남북한의 평화로운 통일을 위하여 남북한은 국제정세를 면밀히 검토하고 상황에 적합한 정책을 세워나가야 한다.

ⓐ 전제

북한의 핵 문제를 해결하기 위하여 2003년 8월 27일 '6자 회담 (남한, 북한, 미국, 일본, 러시아, 중국)'이 시작되었다. 2007월 2월 13일 상당한 합의를 이끌어 냈다. 합의한 내용을 보면 다음과 같다.

핵시설 폐쇄와 불능화, 핵사찰 수용, 중유 지원 100만 톤 상당의 경제 지원이다. 그러나 현재 2022년까지 그 어떠한 결과물도 만들어 내지 못하는 상태가 되었다.

여기서 남북한 당국이 분명히 알아야 하는 것이 있다. 그것은 미국, 일본, 중국, 러시아가 한반도의 통일을 원하지 않는다는 것이다. 저들 국가들은 남북한을 이용하고자 하는 마음이지, 한반도가 통일되어 강대국으로 발돋움하는 것을 원하지 않는다는 것이다. 따라서 '6자 회담'이 아무런 성과물을 내지 못했다는 것이다.

그러므로 남북한은 이러한 국제정세를 분명하게 판단하여서 한반도 한민족의 운명을 이끌어 가야 할 것이다.

ⓑ 핵전쟁은 없다

군사 비전문가인 필자가 확실히 주장할 수 있는 것은, '핵전쟁은 없다'라는 것이다. 왜냐하면 N. Korea가 핵으로 S. Korea를 공격한다면 S. Korea는 미사일로 평양, 핵기지, 군사기지를 공격할 수가 있다. 미국의 핵무기를 N. Korea에 공격하기 전에도 S. Korea군(軍)의 미사일이 충분하게 목표를 공격할 수가 있다. 북한은 남한을 상대로 전쟁을 해서는 안 되는 것이다. 같은 민족끼리

서로 죽이고 파괴하는 핵전쟁은 한반도에 재앙을 불러올 것이고 그리하면 전쟁을 일으킨 자는 한반도 역사가 계속되는 한 만고의 죄인이 되는 것이다.

✳ 백두산 천지연은 큰 핵무기다

백두산 천지연에 미사일 여러 발이 떨어진다고 생각해 보라. 활화산인 백두산은 상상을 초월한 핵무기가 되어 북한을 덮칠 것이다. 화산 폭발은 상상할 수 없는 재앙을 불러온다. 실제로 북한은 큰 핵을 머리에 이고 살고 있는 형국이다. 그러므로 북한은 핵전쟁을 할 수가 없는 나라이다.

✳ 김정은 위원장은 평화를 원한다고 알려 왔다

김정은 위원장은 미사일을 실험하는 자리에 딸을 두 차례나 데리고 나왔다. 이는 무엇을 의미하는 것인가? 그것은 '평화'를 원한다는 뜻을 전하고자 함이다. 부모가 어찌 딸을 피비린내 나는 전쟁 속에 빠뜨리게 하겠는가? 그 어떠한 부모라도 딸을 평화로운 세상에서 살게 하기를 원할 것이다. 그렇기에 김 위원장은 사랑스러운 딸을 미사일 실험하는 장소에 데리고 오면서 자신의 뜻은 '평화'라고 표현하고 있는 것이다.

(8) 희망의 코리아

코리아 반도에는 희망이 넘쳐난다.

만약에 S-N. Korea가 평화롭게 통일이 된다면 그 얼마나 놀라운 나라가 될 것인가!

- 인구: 8,000만여 명
- 국토: 22만 ㎢
- 지하자원: 북한의 정주에 희토류 매장량이 세계 매장량의 2배가 있다고 한다. 이러한 지하자원만이 아닐 것이다. 경제 대국이 될 수 있는 지하자원이 북한의 땅속에 매장되어 있다는 것이다.
- 핵무기를 보유한 나라: 북한이 가지고 있는 핵무기를 평화롭게 사용한다면 한반도의 평화를 크게 보장할 수 있는 무기이다. 이제 그 어떠한 나라도 한반도를 공격할 수가 없을 것이다.
- 남북의 장점을 서로 공유하고 협력할 수가 있다. 그 시너지 효과는 실로 엄청난 결과를 가져올 것이다.

ⓐ 김정은 위원장이 결단할 수 있다

언제쯤 코리아가 평화롭게 통일이 될 것인가? 사람이 알 수 있는 문제가 아니다.

✠ 하나님만이 아신다

남북통일의 시기는 하나님만이 아신다. 방법이 없는 것은 아니다. 하나님의 방법이 있다. 전지전능하신 하나님의 방법으로 남북한을 통일시킬 수가 있다. 하나님의 방법은 사람이 가히 상상할 수 없는 기적적인 방법일 것이다.

✤ 김정은 위원장의 결단으로 가능하다

김 위원장의 결단으로 가능하다. 이는 자신의 희생을 바탕으로 해야 한다. 그리고 그가 그러한 결단을 내리지 말라는 법은 없다. 그의 마음이 한민족(韓民族)의 백년대계(百年大計)를 위하여 자신이 희생하겠다고 생각하면 결단할 수가 있는 것이다. 그러면 한반도는 평화롭게 통일이 될 것이고 그러한 결단을 내린 김 위원장은 한민족에게 영원히 기억되는 인물이 될 것이다.

ⓑ 강대국 코리아

하나님께서는 아시아 국가들에게 사랑을 나타내셨다. 중국을 들어 사용하고자 하셨으나 중국은 '공산주의' 국가가 되었으며 21세기의 중국은 경제 규모가 세계의 2위이지만 그 지향하는 목표가 '패권국가(霸權國家)'이다. 홍콩 병합 후의 정책이나 타이완에 대한 정책, 그리고 일대일로의 정책이 패권국가를 지향하고 있다.

일본을 들어 사용하고자 하셨으나 일본은 이미 1·2차 세계대전에서 침략국으로서 그 발톱을 드러내고 말았다. 코리아, 중국, 미국을 침략한 나라다. 경제력도 중국에 추월당하고 말았다.

이제 코리아다. 하나님께서는 코리아를 들어 사용하시고자 하신다. 남북 분단의 비극을 극복하고 하나 되는 코리아를 하나님께서는 허락하실 것이다. 그날이 오면 코리아는 분명히 세계의 강대국으로 발돋움할 것이다. S. 코리아만으로도 2022년 세계 제6위의 강대국이라고 한다. 그리고 2040년경이 되면 GUTS 시대가 온다고 한다. 코리아에게 주어진 난제들을 지혜롭게 극복하면 코리아는 하나님의 쓰임을 받는 나라가 될 것이며 세계의 강대국으로 높이 솟아오를 것이다.

에필로그

　필자는 『하나님의 뜻과 세계 역사』의 원고를 탈고한 다음에 많은 것을 깨달았다. 그중에 세 가지를 뚜렷하게 독자들에게 강조할 수 있다.

- 세계 역사의 중요 기점에서 기적이 일어났다.
- 성경 번역의 역사와 함께 세계문화와 힘의 중심축(中心軸)이 이동하였다.
- 인구이동(탈출)으로 인하여 나라의 번영이 좌우되었다.

(1) 세계 역사의 중요 기점에서 기적이 일어났다

ⓐ 예수 그리스도께서 십자가에서 죽으시고 부활하셨다

　예수 그리스도의 탄생을 기점으로 하여 'B.C.', 'Before Christ', '기원전' 그리고 'A.D.', 'Anno Domini', '예수 탄생 이후', '기원후',

'서기'로 세계의 역사를 기록하고 있다. 예수님이 얼마나 중요한 분이신가를 잘 알 수가 있다. 그런데 예수님은 십자가에서 죽으셨다. 그러나 3일 만에 다시 살아나셨다. 부활하신 예수님을 만났던 제자들이 죽음을 각오하고 복음을 전 세계로 전파하여서 오늘에 이르렀다.

ⓑ 콘스탄티누스 황제의 빛나는 십자가

로마의 황제 콘스탄티누스는 밀비우스 다리의 전투를 앞두고 전세의 불리함으로 깊이 고민하고 있을 때에 하늘에서 빛나는 십자가를 보았으며, 그날 밤 구세주가 나타나셔서 '십자가 깃발을 만들어서 전투에 나가면 승리할 것이다'라는 계시를 받았다. 그리하여 콘스탄티누스는 다음 날 전투에서 크게 승리하였다. 그의 신비로운 체험으로 콘스탄티누스는 313년 '밀라노 칙령'을 발표하여 기독교를 로마의 합법적인 종교로 인정하였다.

ⓒ 프랑코 부족의 클로비스 족장이 기독교로 개종하다

프랑코(프랑스, 독일) 부족의 족장 클로비스가 496년 알레마니족과 전투할 때의 일이다. 그는 전투에서 위급함을 당하였을 때에 하나님께 기도했다. "이번에 승리하면 개종하겠습니다." 그러한 기도 후에 기적적으로 승리하게 되었다.

갑자기 알레마니족이 혼란에 빠지면서 클로비스가 승리하였던 것이다. 그는 하나님께 약속한 대로 로마의 카톨릭으로 개종을 하였다.

ⓓ 잔 다르크가 나타나다

100년전쟁에서 프랑스는 영국에게 영토를 빼앗기고 샤를 황태자는 왕위 계승권마저 없는 위기의 지경에 있었다. 그때 1429년 17세의 소녀 잔 다르크가 들판에서 "프랑스를 구하라"라는 하나님의 음성을 듣고 전쟁에 참전하게 되었다. 그녀가 지휘하기 시작한 전투에서 '승리'라는 말이 따라왔다. 이는 100년전쟁이 시작되고 난 후 92년 만에 프랑스군이 승리라는 말을 하게 되었던 것이다. 잔 다르크가 흰 갑주에 흰옷을 입고 선두에서 지휘하면 잔 다르크의 모습만 보아도 영국군은 혼비백산하여 도망을 갔다는 것이다. 이처럼 하나님의 음성을 들은 소녀가 조국 프랑스를 구했던 것이다.

ⓔ 신교도의 바람이 불었다

1570년 영국의 엘리자베스 여왕은 교황으로부터 파문을 당하였다. 그리고 교황 지지자 에스파냐의 무적함대에 맞서 싸워야만 했다. 1588년 8월 8일 도버 해협 칼레 앞바다에서 영국의 함대와 에스파냐의 무적함대 사이 전투가 시작되었을 때에 갑자기 바다에서 큰 바람이 불어 왔다. 그리하여 영국 함대는 무적함대 81척을 침몰시키고 승리하였다. 이때 갑작스럽게 불어왔던 큰 바람을 사람들이 '신교도의 바람'이라 한다. 하나님께서 일으키신 바람이라는 뜻이다. 그 후로부터 영국은 해상에서 에스파냐를 압도하게 되었으며 세계적인 대제국으로 발돋움할 수가 있었다.

(2) 성경 번역의 역사와 함께 세계문화와 힘의 중심축(中心軸)이 이동하였다

세계의 문화와 힘의 중심축이 '히브리 문화(구약성경이 히브리어로 쓰임)'에서 헬라 문화로 이동하였다.

ⓐ 헬라 문화로 세계문화의 중심축이 이동하였다

이는 헬라어로 구약성경을 번역한 『70인역 성경』의 역사와, 그리고 신약성경이 헬라어로 기록됨으로써 '헬라 문화'가 꽃피게 된 것이다. 3세기까지 400~500년의 헬라 문화는 세계문화의 중심축에 있었음이 분명하다 할 것이다.

ⓑ 라틴 문화로 힘의 중심축이 이동하였다

라틴어 성경 '불가타 번역본'이 이루어진 4세기경부터 세계의 문화와 힘의 중심축이 로마의 '라틴 문화'로 이동하였다. 이후 1,000여 년의 세월은 라틴 문화가 꽃을 피웠던 시기이다. 1450년 구텐베르크가 불가타 성경을 인쇄함으로써 라틴 문화가 15세기에도 그 영향력이 대단했음을 보이고 있다.

ⓒ 영어 문화권으로 그 중심축이 이동하였다

영국의 존 위클리프는 1382년 라틴어 성경 '불가타 성경'을 텍스트로 하여 영어로 성경을 번역하기 시작했다. 그 이후 '영어 성경의 아버지'라 불리는 윌리엄 틴들은 히브리어 구약성경과 헬라어 신약성경을 텍스트로 하여 영어로 번역하기 시작하였으며, 마침내 1611년 47명의 학자들이 '킹 제임스 성경'을 완성했다.

영어 성경 번역이 곧 세계문화와 힘의 중심축이 영국으로 이동한 것임을 세계의 역사는 증거하고 있다. 21세기 오늘날에도 영어 문화권이 세계문화와 힘의 중심축이 되어 있다.

이처럼 성경 번역의 역사는 세계의 문화와 힘의 중심축이 이동해 왔음을 확실하게 보여 주고 있다 할 것이다.

(3) 인구이동(탈출)으로 인하여
나라의 번영이 좌우되었다

세계 역사의 중요한 흐름 중에 하나가 인구이동이라는 변수였다. 인구의 이동(탈출, 망명, 자유 및 평등을 위한 이주 등)은 인재의 해외 유출이다. 특히 단기간에 대거 이동한다는 것은 나라의 번영에 지대한 영향을 끼친다는 사실은 세계 역사를 통하여 충분히 증거되어 왔다 할 것이다. 그 사례를 다음과 같이 살펴본다.

하나님의 뜻과 세계 역사

ⓐ 영국 청교도들의 미국 이동

영국의 청교도들은 종교의 자유를 찾아 1620년 102명이 미국으로 이동하였다. 그 후 1640년까지 16,000여 명이 미국으로 이주하였다.

이처럼 영국의 실력파들이 미국으로 이동함으로써 그로 인한 손실이 실로 크다 할 것이다.

ⓑ 프랑스 위그노의 탈출 러시

프랑스에서는 '위그노 전쟁(1562년 3월~1598년 4월)'이 일어났다. 내전으로 인한 피해가 너무나 심했다. 그리하여 1598년 4월에 '낭트 칙령'이 발표되어서 위그노(신교도)들의 종교의 자유가 허용되었다.

그러나 1685년 1월 18일 '퐁텐블로 칙령'을 발표하여 '낭트 칙령'을 폐지했다. 이에 프랑스의 위그노들은 프랑스를 탈출하기 시작했다. 그 숫자가 20~30만여 명에 이른다. 또한 위그노들은 주로 상공인들이었다. 그러므로 프랑스의 산업은 위축되고 상공인들의 대거 탈출로 인하여 나라의 경제가 어려워졌다.

특히 주목할 일은 존 칼빈이 스위스로 망명한 사건이다. 그는 종교개혁가로서 마틴 루터에 버금가는 인물이다. 그는 장로교의 창시자이기도 하다. 프랑스는 그러한 인재를 다른 나라에 빼앗긴 것이다.

에필로그

ⓒ 독일의 유대인 탈출 러시

　나치 독일은 1933년 '유대인 차별 정책'을 실시하여 유대인 공무원을 축출하고 교수 및 목사를 해임했으며 국방 의무를 제한하였다. 이러한 유대인 차별 정책이 현실화하자 탈출할 수 있는 유대인들은 독일을 탈출하게 되었다.

　그중에 아인슈타인도 1933년 미국으로 망명하여 프린스턴 대학교의 교수가 되었다. 이처럼 나치 독일은 유대인 인재들을 탈출하게 만들고 말았다.

ⓓ 이민자들의 천국, 미국

　미국은 그 조상이 영국의 청교도들이다. 1640년대에 이미 16,000명의 청교도들이 미국으로 이주하였다. 1840~1860년대에는 400만 명의 이민자들이 왔다. 그중에 200만여 명이 아일랜드인이고 130여만 명이 독일인들이었다.

　1900~2020년대에는 1,400만여 명이 미국으로 이민을 왔다. '자유와 평등의 나라', '기회의 나라' 미국에 세계의 인재들이 몰려오게 된 것이다. 그들이 오늘날의 미국을 번영하게 만들었다 해도 과언이 아니다.

ⓔ N. 코리아인들이 S. 코리아로 이동해 오다

　1945년 8월 15일 코리아가 일본으로부터 해방이 되자 북한에는 소련군이 진주해 들어왔다. 그때부터 '공산주의' N. 코리아는 기독교인들을 박해하기 시작했다.

그리하여 북한의 기독교인들은 남으로 탈출을 하게 되었다. 아시아에서 유일하게 템플턴 상(종교의 노벨상)을 수상한 한경직 목사는 1945년 10월에 북한을 탈출하여 남한으로 이주했다. 북한 공산주의의 압박에 견디지 못한 지식인들, 지주 계층의 사람들 등 공산주의에 반대하는 사람들이 대거 남한으로 탈출해 왔다.

더욱이 1950년 6월 25일 한국전쟁의 발발로 수백만여 명의 북한인들이 남한으로 이주해 왔다. 이들은 지식인들이요, 자본가들이요, 기술자들이었다. 이들이 남한의 발전에 크게 기여했음은 주지의 사실이다.

⑥ 홍콩인들의 탈출 러시

민주주의 체제의 홍콩이 중국으로 반환되자 여러 가지 제약이 가해졌다. 이에 홍콩인들이 해외로 이주해 가고 있다.

저들은 지식인들이요, 자본가들이다. 분명히 홍콩의 인재와 기술, 부(富)의 유출이다.

⑧ 러시아인의 탈출 러시

2022년 2월 러시아가 우크라이나를 침략하자 러시아의 자본가들과 지식인들이 러시아를 탈출하기 시작했다. 특히 전황이 러시아에 불리해지고 그리하여 2022년 9월 예비군 30만 명에 대한 동원령이 발표되자 러시아 젊은이들의 탈출 러시가 진행되어 11월까지 70만여 명이 러시아를 떠났다고 한다. 이는 분명히 러시아의 인재를 잃어버리는 결과를 가져오게 될 것이다.

(4) 맺음말

이 책을 통하여 세계를 향한 '하나님의 뜻'을 찾으시기를 바랍니다. 아울러 세계 역사의 흐름을 파악하시고 미래의 세계를 예상해 보시기를 바랍니다. 이 책으로 나라와 개인의 흥망성쇠(興亡盛衰)의 이유가 무엇인지를 알 수가 있습니다. 그것을 발견하고 깨닫는다면 분명히 승리의 삶을 살 수가 있습니다. 승리하시는 귀하의 생애가 되시기를 바랍니다.

김수태